TIEMPOS, HOMBRES E IDEAS

TIEMPOS, HOMBRES E IDEAS

JOSÉ FRANCISCO MARTINEZ GARCIA

**Para pedidos de copias adicionales de este libro,
por favor contacte con:**
Palibrio
1663 Liberty Drive
Suite 200
Bloomington, IN 47403
Llamadas desde los EE.UU. 877.407.5847
Llamadas internacionales +1.812.671.9757
Fax: +1.812.355.1576
ventas@palibrio.com
403526

ÍNDICE
....

INTRODUCCION

En nuestra vida, "corriente y moliente" las cosas suelen ocurrir con mucha naturalidad y regularidad, diríamos que los hechos se suceden y se repiten con tanta frecuencia, que a veces llegamos a hablar de una "vida rutinaria" y en ocasiones hasta...aburrida de tanta normalidad. Sin embargo, hay días que ocurren cosas que se salen de esa normalidad, y apenas las percibimos, pero "nada del otro mundo". Y, de vez en cuando, sí que ocurren cosa o hechos extraordinarios, digamos, poco comunes, que rompen nuestra monotonía. Algunas veces lo agradecemos, sobre todo si nos reportan alegría o algún beneficio, pues de lo contrario (también días malos y tragedias), nos provocan alguna pena o nos hacen sufrir, poco o mucho.

Ese sucederse de las cosas con relativa normalidad, es lo que muchas veces nos permite andar por el mundo y manejarnos con bastante soltura, con cierta seguridad y un mínimo de tranquilidad sobre lo que habrá de suceder. Las cosas serán más o menos según lo previsto o planeado, con algún margen de error, como ha sucedido generalmente entre los hombres durante siglos y siglos. Salvo excepciones verdaderamente notorias que marcan huella en la historia de la humanidad, para bien o para mal, con algunas variantes, lo que era para nuestros antecesores será para nosotros..., lo que fue, seguirá siendo, con la posibilidad de se presenten eso que llamamos: "anormal", "ilógico", "absurdo", "incomprensible", o... algo por el estilo. Perdonando la contradicción, es que hay ciertos "imprevistos" que son previsibles, al menos para la mayoría de los mortales. "No hay nada nuevo bajo el sol", dice un antiguo proverbio. Lo que ayer fue, es hoy y será mañana; y así un año y otro.

Con queremos referimos al continuo y variable acontecer de hechos físicos o naturales y también a aquellos que los hombres somos (siempre) los principales protagonistas. Mientras no interfiera algo que sale por completo de la experiencia, las estadísticas o el natural acontecer de la vida, irá por cauces normales. Es así, porque el modo de comportarse la naturaleza y el ser humano, incluso considerando sus variadísimos componentes y elementos, lo sencillo y lo complejo que resultan las relaciones humanas, sin dejar de lado otras circunstancias de tiempo, lugar y cultura, etc., vivimos en un mundo regulado por lo normal y natural. Miles, millones de millones de hombres y mujeres habitando este hermoso planeta.

Y en todo este *maremagnum*, advertimos la existencia de una cierta lógica, que el sentido común y las ciencias señalan y explican como "normal". Dicho de otro modo las cosas, lo que es o existe, es así, o deber ser así, o puede ser así, sin más. Solamente en las relaciones humanas nosotros penemos algunas las reglas, establecemos leyes para manejarnos con respeto, orden, eficacia, provecho personal o comunitario, etc.; mientras que la naturaleza impone también sus leyes (inamovibles), que son muy de tener en cuenta de nuestra en todas nuestras actividades, en la amplia gama de posibilidades que tenemos para conducirnos en esta vida, haciéndola más "humana" y confortable, y donde es necesario prever el futuro aprendiendo del pasado. Si algo falla, el error normalmente suele ser nuestro pero, pues ante todo lo que pueda ser previsto, no podemos olvidar un factor importante: la falibilidad humana y también la libertad. Junto a las constantes están también las variables...

El mundo o universo, así como lo que sucede en él, se presenta de una manera lógica, invariable, por eso encontramos razones por las que las cosas son de una manera y no de otra, aunque podrían haber sido de forma diferente, pero igualmente habría unas razones para suceder así. En pocas palabras: entendemos el mundo y nos entendemos entre nosotros. Advertimos la presencia de una relación e interdependencia entre miles y miles de cosas o sucesos y comportamientos, en la naturaleza y entre los hombres, presumiendo un orden tal, que por lo general, no admitimos una especie de "ley del caos", sino al contrario. En mundo caótico no hay orden, nada es previsible, tampoco hay regularidad, como vemos en cambio en el diario acontecer. La realidad siempre, excepto casos inusitados, descubrimos que todo tiene un "cómo", un "por qué" y un "para qué". Otra cuestión es saberlo o ignorarlo; pero esa tarea, a veces ardua y a veces fácil y agradable, es competencia de nuestra inteligencia.

Hace unos meses cayó en mis manos un libro cuyo título me llamó la atención: *"Diccionario de frases célebres"*. Primeramente leí un buen número de esas frases de muchos personajes célebres, y me gustó tanto por su contenido como por la variedad de temas, de personas y personajes citados. Pensé luego que sería bueno seleccionar algunas de esas frases... Más delante, después de una lectura más atenta y reposada, me pareció que podría escribir algo con ese material. Lo mismo están recogidas frases, que consejos, máximas y comentarios, así como expresiones de diversa índole, no sólo de personas de carne y hueso (como nosotros), también de no pocos de individuos, hombres y mujeres de fama internacional, debido a sus obras, a sus gestas y hechos, sin descartar algunos "personajes" creados por ellos que han trascendido como los propios autores.

De ese libro, seleccioné un buen número de "frases" o citas famosas, muchas de ellas bastante conocidas, otras menos, siendo sus autores: músicos, pintores, científicos y políticos, filósofos, hombres de empresa y de la milicia, también de hombres *sanctos et non sanctos*…, algunos de ellos vivieron varios siglos antes de Cristo, otros unos siglos más tarde, y otros tantos modernos y contemporáneos. Hay de todo, y no obstante las pequeñas y grandes diferencias, es notoria la condición humana como común denominador.

Aún en la época que nos ha tocado vivir (en los albores del siglo XXI), flota en el ambiente, casi como una acuerdo tácito, la idea generalizada de que los "genios" o personas "superdotadas", son gente especial, un tanto rara, y prácticamente a ellos les corresponde primeramente el derecho a hablar, de hacer, quitar y poner, etc., y de tomar ciertas decisiones por el resto de los hombres. Algo hay de eso, pero el hecho de que sean sobresalientes en algún campo de las actividades humanas, no necesariamente les hace mejores que nosotros, el resto, llámense "multitudes" o la mayoría. Es verdad que son personas destacadas, pero bien a bien, es difícil saber si son peculiares por eso o más bien por eso mismo son peculiares. No es mi intención restar o añadirle a alguien méritos personales o motivos por los que está en un lugar especial en muchas mentes, corazones, obras y palabras de tantos hombre y mujeres de hoy también (como en otro tiempo); y lo mismo si más de uno piensa que, ni la persona ni sus obras son dignas de la admiración concedida, antes por el contrario, habría que ser indiferentes sino es que despreciarles solamente…, u olvidarles.

Hemos de reconocer, al menos, que muchos de estos personajes célebres han prestado un mundo un buen servicio a la humanidad, y que nuestro mundo requiere de gente extraordinaria, sobresalientes, que marche por delante y muchas veces señale el rumbo, unifique fuerzas y pensamientos, brazos, ideales y sentimientos..., que formen una especie de valla o muro, para evitar la mediocridad o salir de ella, pues tan fácil acomodarse en ella a la mayoría de los humanos. Estas personas a las que nos referimos, han gozado de mayor o menor prestigio, poder e influencia, entre ese "resto" que formamos un sinnúmero de hombres, por los motivos y circunstancias que sean. Como de muestra podemos mencionar algunos nombres entre los filósofos, como: Sócrates, Protágoras, Platón y Aristóteles, Pitágoras, San Agustín y Sto. Tomás de Aquino, Eckhart, Descartes, Leibniz, Bacon, Hume, Kant, Hegel, Marx, Schopenhauer, Nietzche, Comte, Bergson, Husserll, Heidegger, Sartre...; Beethoven, Mozart, Handel o Bach...; y Miguel Ángel, Rafael, Velázquez, Rembrandt, el Greco...; así como Dante, Shakespeare, Cervantes, Góngora, Quevedo; también Colón, Magallanes, Cortés, Pizarro, Drake, Napoleón, Wellington, Metternich, Washington, Bismark, Bolívar, Ghandi, Hitler, DeGaulle, Stalin...; Curie, Koch, Marconi, Franklin, Bell, Dumont, Braun... ; y tantos más para no alargar la minúscula lista que ofrecemos. En la que quedan muchísimo personajes a quien nombrar.

Han sido ellos y ellas, quienes con sus acciones, palabras e ideas, aunque de diferentes maneras y en grado desigual, directa o indirectamente, han marcado una pauta señalando rumbos y metas, que han sido ocasión de diversas clases de beneficios y de males o perjuicios de los que todavía existen evidencias. De otra parte, es claro que en nuestros días (*Era de la cibernética*) son muchos quienes apenas se han percatado de esto e incluso parece tenerles sin cuidado, pues no ven ni van más allá de sus bolsillos, emociones y placeres, hasta donde alcanzan sus pies o sus manos, y esto al día de hoy: son quienes se limitan a vivir egoístamente, o tienen como lema aquel "*carpe diem*", de corte hedonista.

Si es cierto que el mundo requiere de líderes o personas superdotadas, no olvidemos que la gran mayoría de personas "normales", gente común y corriente, esos que en ocasiones son denominados "talentos medios", son o somos, quienes en realidad, valga la expresión, llevamos el mundo a cuestas. Es importante y a la vez necesario que el barco sea gobernado y dirigido por un capitán, pero ¿no son también necesarios los marineros?, ¿qué haría un capitán de navío sin subordinados?, y ¿de qué serviría una buena tripulación sin una cabeza, sin un capitán competente...?, y ¿qué pasaría en un hospital donde sólo hay enfermos y enfermeras sin médicos, o sólo médicos sin personal asistente...? Otro tanto podría decirse de un ejército con respecto al general y sus oficiales pero sin soldados, o de los soldados sin los mandos correspondientes. Todos somos necesarios. Así que todos participamos, aunque de modo diferente. *"Tenemos el clavo... Ahora nos falta encontrar el martillo"*[1], decía Pedro Antonio de Alarcón, con una lógica contundente. Es verdad: somos muchos los "clavos", pero también los "martillos" son necesarios.

Con ocasión de algunas de las mencionadas citas de personas ilustres o de personajes creados por la humana imaginación, pretendo apoyar una idea o dilucidarla si es posible; descubrir algo nuevo o remachar la misma idea y quizá ir más a fondo si me es posible; a veces, desmentir al autor, otras, comparar o contraponer ideas afines, sin dejar en ocasiones de contrastar, reforzar u ofrecer soluciones diferentes o contrarias a las ya referidas a un mismo problema;

---

[1]   *"El sombrero de tres picos"*. Tomado de *"Diccionario de citas"*, Wenceslao Castañares y José Luis González Quiroz, Ed. Noesis, Madrid 1993, p. 4, n. 5. (NOTA: en adelante señalaremos solamente la página y el número de la cita correspondientes del mismo libro, p.ej.: p. 39 n. 8, se refiere a Juan Benet, en su obra *"Volverás a la Región"*, p. 260).

considerar enfoques distintos, etc. En fin, mostrar que todos los hombres pensamos, quién más y quién menos, a la vez que compartimos tanto los aciertos como errores de unos y otros. Pero sobre todo, intento ofrecer algunas reflexiones personales y ayudar a cuestionarse algunas cosas, dándonos cuenta en buena lógica, que de hecho todos de una u otra forma filosofamos, aunque con suerte distinta, más que nada considerando lo que decía Pascal al respecto: *"burlarse de la filosofía es ya filosofar"*.[2]

Seguimos, como en otros tiempos, ávidos por conocer nuestro mundo y no está mal, pero vale la pena no interrumpir el esfuerzo por conocernos mejor a nosotros mismos, al hombre, y cada quien al propio yo, de manera que cada quien nos encontremos en condiciones de "dar a los demás lo mejor de sí mismo". No es inútil la sentencia todavía actual de un preclaro ciudadano romano, Horacio, quien pocos siglos después de Sócrates (primer filósofo griego que dirigió su atenta mirada al ser humano, ocupándose menos por la naturaleza). Esas palabras del gran orador romano, dice así: *"Examínate a ti mismo"*.[3] Esta llamada acuciante al hombre de su tiempo, representan un impulso a que no solamente vea o escudriñe su alrededor, sino sobre todo a indagar en su interior, invita a la vez a la persona a "descubrirse" a sí misma, y a cobrar conciencia de quién, y es cómo es. Solamente así percibirá un "mundo nuevo" y verá las maravillas que también hay en el ser humano, lo que significa existir, y más en concreto la inmensa diferencia entre la existencia humana y la existencia de todo lo demás. Al lado de esto, percatarse de que aún siendo parte del mundo, posee la capacidad de preguntarse y dar respuesta de sí mismo y de todo. En

---

[2]   p.71, n. 2
[3]   p. 223, n. 14

consecuencia, la realidad no se reduce a lo que nuestros sentidos pueden captar, sino que se extiende a más allá del mundo material.

El conocimiento intelectual y la autoconciencia sobrepasan la materia. Esto supone una diferencia enorme entre nosotros y los brutos; significa superarles con mucho. Pero es preciso cobrar conciencia de ello, pues de lo contrario, ya no se trataría de una vida "humana" en sentido propio, pues de continuar dependiendo de los sentidos o poniendo la razón al servicio de lo puramente sensible, es caer, no haber librado el desnivel natura entre el hombre y la bestia, porque el ser humano no mira cuanto le rodea sólo con los ojos del cuerpo sino también con los del espíritu. Así, con la mirada inteligente, comprende su grandeza y su belleza como persona. Además, existe una intimidad, hay algo por lo que puede decir yo; y decir "yo", significa: comprender que pensamos, que hacemos multitud de cosas, que obramos el bien y el mal, también, que así como amamos, trabajamos, formamos una comunidad o sociedad, etc. En fin, que somos diferentes de los animales. *"Examínate"*, *"conócete a ti mismo"*, asómbrate de lo que eres tú y de lo que hay en ti, en tu interior. Mira lo que eres y lo que puedes llegar a ser…

El presente trabajo, basado principalmente en una glosa de algunas frases célebres o tomar ocasión de ellas para ampliar el contenido de esas consideraciones y experiencias, es posible que no deje satisfechos del todo a los sus lectores por muy diversos motivos, y más que nada porque no se trata de una exposición ni monotemática ni especializada sobre algo. Por lo mismo, tratándose de unas ideas más o menos representativas y significativas, que reflejan apenas algunos aspectos de la riqueza inabarcable del pensar y del obrar humano, soy consciente del riesgo que existe de sacarlas de su contexto y hacer una interpretación o uso inadecuado de ellas, o quizá que marcho en la misma dirección. He recogido varias decenas de citas, de unos cuantos personajes, como es de suponer y se advertirá a lo largo de esta obra, pues las contenidas en el libro antes mencionado sobrepasan los cinco millares. De ese libro "Diccionario de citas", extraje el material aludido. Hay individuos a los que se les dedica más espacio mientras a otros apenas se les menciona con una, dos o tres citas, por ejemplo. También soy de la opinión que podrían haberse incluido otros más..., pero sería cosa de no acabar.

Una persona de mediana cultura, tiene noticia de muchos de los textos o personas invocadas en los textos siguientes, por lo que no sería extraño que pensara o hiciese un comentario más o menos de este tenor: "eso ya se me había ocurrido a mí"; o bien: "me ganó la idea"; o a lo mejor: "¿cómo se le ocurre semejante tontería?"...; o tal vez: "pero ¿en qué cabeza cabe...?"; y quizá algún otro: "¡es genial!"...; y hasta quien por lo bajo susurre: "es inigualable"; o acaso: "esto, solamente se le podía haber ocurrido a fulano". Y así por el estilo... Probablemente más de una decena de lectores se encuentren reflejados cuando no identificado con uno de estas personas y personajes en cuestión. Todo es posible.

Por último, tomando en cuenta que en la práctica son pocos los libros que no hacen mención de otros libros (por ejemplo, algunas novelas), así también es frecuente que unos autores citen a otros, colegas o no, porque resulta sumamente difícil (a mi entender), que un autor escriba algo totalmente ex novo, es decir, que no haya tomado algo de otros, o que no disponga mínimamente de alguna referencia de otro libro o autor contemporáneo o que le haya precedido..., o en última instancia haga uso de la propia memoria. Lo cual no es otra cosa que tener en cuenta lo que ya otras personas han pensado y dicho o hecho. Así, pues, me resta decir que no pretendo ni me parece cosa posible, conocer y calificar a una persona cabalmente, su ideología o sus sentimientos, etc. Esas pocas palabras, frases, sentencias máximas o proverbios reseñados, siendo de suyo digna de meditarlas, de alguna forma evidencian el modo de ser, sentir y pensar, y en ocasiones hasta una toma de postura por parte de su autor. Finalmente, lo aquí escrito, está expuesto respetando las opiniones que difieran poco o mucho de su contenido.

I. LA CULTURA OCCIDENTAL

1. La mirada inquisitiva

De muchos es conocido que la llamada cultura occidental tuvo sus orígenes en la antigua Grecia, especialmente entre los siglos VI al IV a. C., lo que no significa que antes o después, en otros pueblos no hubiese cultura y pensadores destacados, etc., y tampoco que los griegos no hubiesen recibido ninguna influencia teórica, de lenguaje o costumbres de parte de otros pueblos o comunidades más o menos cercanas geográficamente como en el tiempo. Pero suele admitirse, pacíficamente al menos, que la filosofía tuvo sus comienzos allí. Evidentemente que con el tiempo y la variedad de pensadores y temas investigados, etc., fue cobrando poco a poco cuerpo la ciencia, aunque fuese de modo incipiente, a la manera como los niños que van aprendiendo algunas cosas por medio de las instrucción y educación de sus mayores, y otras las aprenden por sí mismos, saliendo así de su ignorancia, ayudados también por los propios instintos.

No parece cosa chocante o artificial, y de ninguna manera una especie de orgullo intelectual disfrazado, el hecho de que el gran Sócrates haya afirmado en cierta ocasión: *"yo sólo sé que no sé nada"*. Es de notar que le habían precedido algunos filósofos o "científicos" de la naturaleza varias decenas de años, unos de manera individual y otros formando una pequeña escuela, integrada por un pequeño grupo de seguidores que intentaban dar respuesta, ofrecer alguna explicación (racional), a una serie de fenómenos que toda persona normal y corriente, observa y experimenta en la naturaleza (*physis*), es decir, en el universo que habitamos. Por supuesto que muchas generaciones de hombres y pueblos vivían, sin demasiada preocupación por dar una razón última, radical, del mundo en que vive y actúa el ser humano, ni por lo que al hombre mismo se refiere, no obstante que mitos y leyendas desde antiguo pasaban de generación en generación... Dicho en pocas palabras, simplemente y llanamente interesaba primordialmente aquello que ayudase a sobrevivir, y sólo después, a vivir mejor y a superarse conforme al modo de ser del hombre, o sea, racionalmente no como bestia domesticada (aunque fuese por sí mismo): conjugando la razón con la experiencia y el conocimiento sensible.

Posteriormente pasaron a interrogarse sobre el qué, el por qué y para qué de las cosas, y también de sí mismos, transponiendo las respuestas obtenidas principalmente de la pura experiencia, todavía pobre y un tanto superficial; sin estructurar aún de modo claro y definitivo, ni organizar sus conocimientos teóricos y prácticos, pero enriqueciéndose más día a día en el orden intelectual y en el físico, incluyendo cada vez un mayor predominio sobre la naturaleza. Al paso del tiempo se fueron transmitiendo de diversas formas a sus sucesores, la experiencia y el saber acumulado de siglos: desde el modo de gobernar o hacer la guerra, así como las incipientes artes que iban madurando y perfilándose más y más, el pulimiento del lenguaje que conlleva un refinamiento de la inteligencia dándose un muto servicio, las buenas costumbres, la práctica de la religiones familiares o populares, y las relaciones con los bárbaros, etc. Algunos de esos "conocimientos" precedían de viejos mitos mientras que otros representaban un verdadero progreso intelectual en toda forma, dando pasos firmes para más tarde llegar al "meollo" de las cosas.

Tal era a los principios de la cultura griega su interés por "conocer" el mundo (universo), que, trasponiendo los meros fenómenos físicos, llegaron incluso a preguntarse cuál sería el elemento constitutivo de todas las cosas (arjé); qué era aquello que se encontraba presente en todas las cosas como parte constitutiva de ellas, lo que hacía posible que existieran y fuesen de un modo u otro, etc. Se trataba de saber, en última instancia, cuáles eran los elementos que fundaban la existencia todos de los entes o seres del cosmos...También se interrogaban si el cambio o modificación que sufrían dichos seres era real o sólo aparente, así como las causas o motivos que lo propiciaban. Buscaban una explicación para todo. Así las cosas, fueron dando diversas razones, una veces complementarias y otras excluyentes, sobre temas iguales y distintos, como por ejemplo: la formación y transformación de las cosas y en general del mundo, así de los "cambios" como de su permanencia o inmovilidad, etc., recurriendo para ello al "apeirón", los "átomos", e incluso a las combinaciones de tierra, aire, agua y fuego, en diferentes proporciones, o los números (la cantidad), etc.

Es en esta época donde aparecen, por ejemplo, hombres (filósofos) de importancia como Tales de Mileto, Anaxímenes, Anaximandro, Heráclito y Parménides, así como Pitágoras y otros más. Pero es Sócrates quien primeramente da un viraje a la mirada de los filósofos enfocando al hombre más que al universo, y con él nace, si así se pude decir, la antropología. Quien se interesa por el hombre, vuelve su mirada al yo, lo examina por fuera y por dentro, deseando saber quién es, cómo es y por qué es, como alguien que se cuestiona (igual que en nuestros días): ¿por qué existo?, ¿quién soy?, ¿para que estoy aquí?, ¿de dónde vengo y a dónde me dirijo?... Preguntas hechas con radicalidad, yendo al fondo del asunto, para ser igualmente respondidas también en lo más hondo del ser, dando razones auténticas, sin quedarse en la superficie, en las puras sensaciones y apariencias, y tampoco en suposiciones o respuestas que quedan en lo más inmediato y pasajero. Importan más el qué y el por qué, que el cómo o el cuándo, por qué y el cómo, que el dónde y el cuándo...

No queriendo dejar cosas en el aire, citaremos por igual no pocas frases y pensamientos, que conclusiones e interrogantes, máximas, etc., que son conocidas de muchos, mismas que no recogen siquiera de modo sumario el conocimiento, criterios y experiencias o estructuras y sistemas de pensamiento, de los autores de referencia, que sin ser una exposición completa ni mucho menos, nos ilustran y ayudan a percatarnos en cierta medida, de lo que discurrían acerca de la naturaleza y del hombre, teniendo como apoyo la observación de los hechos. Así tenemos, por ejemplo, que para Heráclito todo era un continuo cambio, todo es movimiento constante, la realidad era un "devenir" constante: *"No te puedes sumergir dos veces en el mismo río"*.[4] Y con la misma fuerza, aseveraba: *"El sol es nuevo cada día"*.[5] Dando un gran salto en el tiempo, el gran literato Lope de Vega, con un poco de queja y de manera jocosa, en su en su obra "La moza del cántaro", invitando a poner la atención en los cambios que todo ser humano padece con el pasar de los años, declama: *"Aprended flores de mí / lo que va de ayer a hoy / que ayer maravilla fui / y hoy sombra mía no soy"*.[6] Aquí están presentes tanto el cambio

---

[4]   p. 212, n. 8

[5]   Ibid. n. 9

[6]   p. 285, n. 3

profundo como el superficial, y parapetado en la existencia, el ser. Sin embargo, también había entonces quienes sostenían la inexistencia del cambio e incluso su apariencia, aunque fuese a niveles puramente físicos o locales. Otro tanto se podría afirmarse de un manzano, de un gato o de un hombre, pues todos nos vemos afectados por el cambio, si continuamos en esta línea. El cambio y lo permanente van de la mano.

Por el contrario, quienes no aceptan el cambio, esto viene a significar que tales modificaciones en las cosas y en las personas son "aparentes" nada más, puesto que "una cosa no puede ser y no ser ella misma a la vez", es decir, algo no puede ser una determinada cosa en un momento dado y otra diferente un instante después, sino que necesariamente es la misma antes y después... "A" es "A", y no puede ser "B" simultáneamente, sería una contradicción. Absolutamente lógico. Mientras que para Parménides el ser no cambia, siempre es y no puede dejar de ser, por lo que niega el cambio, Heráclito de Efeso haciéndose cargo de la situación sostiene lo contrario, el cambio constante.

Tiempo atrás, otro filósofo importante de la época, Tales de Mileto, se interrogaba por el origen, pero especialmente de la vida, y lo en encontraba en el agua; y no sólo de la vida o los seres vivos del mar y de los ríos..., de cualquier género de vida. El tiempo y los sucesivos cambios que se iban operando en los diferentes seres vivos, en una línea determinada, daban como resultado final (a modo de evolución) la existencia del ser humano, en la mente de que todo principio de vida procedía del agua, por este motivo afirmaba de manera rotunda: *"El agua es el principio de todas las cosas".*[7] Esta aseveración, está relacionada con algunas ciencias (modernas) que se ocupan del ser vivo, y actualmente —con algunas variantes—

---

[7]   p. 466, n. 10

hacen eco de esta postura aportando algunos datos concretos al respecto. Pero no nos ocuparemos de ello porque sale de nuestro tema.

En el otro extremo, filosóficamente hablando, se encuentra Parménides de Elea, para quien, a pesar de que los sentidos nos dicen que el mundo (la realidad) es cambiante, que está en perpetua renovación, ello es pura apariencia. Esas mutaciones que observamos en las cosas las denominamos "fenómeno", pero realmente nada cambia, porque entonces las cosas dejarían de ser lo que son, lo cual supone una contradicción inadmisible e indemostrable. Las cosas son lo que son, simple y llanamente. Siguiendo en la línea de la existencia, no puede haber cambio ni movimiento, porque significaría dejar de ser para volver a ser, lo que es ilógico e irreal. Uno de sus aforismos dice: *"El es ser y el no ser no es"*.[8] Parece una perogrullada, pero este pensamiento tiene mucho alcance. Niega el cambio o devenir, porque aceptarlo supondría algo semejante ser y dejar de ser para volver a ser…; una locura. En el fondo de su pensamiento se vislumbra un principio fundamental del ser y de la lógica humana, es decir, de orden ontológico: "algo no puede ser y no ser al mismo tiempo y bajo el mismo aspecto".

Quien acaba dando una solución aceptable al problema del cambio o devenir y la permanencia o inmutabilidad del ser, es Aristóteles, con su teoría del *acto* y la *potencia*. Ambos son aspectos o elementos del ser y del cambio, entendiendo el *acto* como algo perfecto y acabado, mientras que la *potencia* significaría imperfección o posibilidad, de modo que siendo ambos elementos (acto y potencia), intrínsecos al mismo ser y no algo que sólo pudiese afectarle periféricamente, sino modelándolo —por así decirlo— igualmente desde

---

[8]   p. 370, n. 8

dentro que por fuera. Son ambos co-principios inseparables e inconfundibles que están y afectan el mismo ser de cada cosa. Dicho con otras palabras: como el árbol se encuentra contenido en la semilla; o la estatua está dentro del trozo de mármol bruto que trabajará el artista. En ambos ejemplos hay cambio, pero en el orden del ser, no pasan a la nada para volver luego a ser algo diferente. Así, el árbol aún no existe pues está en potencia dentro de la semilla que está en acto; y, de modo similar ocurre con la estatua, la cual está potencialmente en el trozo de mármol en acto. Según la naturaleza de cada ser (ente), serán sus potencias o posibilidades de adquirir perfecciones determinadas (actos), al modo como el niño es niño en acto, tiene sin embargo la posibilidad (potencia) de llegar a ser un anciano, porque puede llegar a envejecer (es un anciano en potencia)...

Continuando con el ejemplo, ese mismo niño, no tiene potencia para volar, porque volar no es algo propio de la naturaleza humana sino de las aves, y jamás desarrollará unas alas que se lo permitieran. Pero, un aguilucho sí que lo hará a su debido tiempo: volará porque naturalmente tiene alas, y cuando alcance la suficiente madurez y desarrollo como ave de rapiña, entonces volará. En conclusión, el "paso" (tránsito) de la potencia al acto, de la posibilidad al hecho, de lo menos perfecto a lo más perfecto de cada ser en su orden propio, eso se llama "movimiento" (filosóficamente); y es tan real como el mismo ser en el que se opera ese devenir, aunque para realizarse es necesario que una "causa" impulse o promueva ese determinado cambio en el sujeto en cuestión.

Por otra parte, el pensamiento de Anaxágoras de Clazomene, no tiene menos interés e importancia que el de los autores antes mencionados, porque para él: *"Todas las cosas tienen una porción de todo, pero la Mente (Nous) es infinita, autónoma y no está mezclada con ninguna, sino que ella sola es por sí misma".*[9] Parece atribuir a cuanto existe "algo común" a todos, de manera que de no pueden carecer de ello so pena de no ser o existir. Pero todavía hay más, pues hace mención de una Mente o "Nous" (en griego), que está aparte sin estar integrada al mundo de los seres ni depende de las cosas o de ciertos hechos, sino más bien las gobierna y dirige; es algo que existe por sí mismo, siendo absolutamente independiente y trascendente a las cosas mismas (cosmos). Está claro que Anaxágoras no habla de una divinidad en concreto, pero sí de una "Inteligencia" que es diferente del mundo al que gobierna, y de suyo es eterna. Definitivamente, existe algo más (superior), que los seres naturales...

Sabemos que varios siglos antes de Cristo, había algunos filósofos que sostenían que hay o debe haber, una "inteligencia ordenadora de todas las cosas", por lo que no resulta extraño que algunos hombres sostuvieran la existencia de un Dios o de un Ser Supremo. La razón puede demostrarlo, y además, la encontramos rotundamente afirmada en algunos credos: está también la fe que tiene su fundamento en la revelación divina. En la Biblia, en el primero de todos los libros revelados que contiene, se habla claramente de la creación del mundo por parte del Dios único: *"En el principio creó Dios todas las cosas"* (Gn 1,1); y en el Nuevo Testamento, el apóstol San Juan, inicia su Evangelio refiriéndose al principio del mundo: *"En el principio existía el Verbo, y el Verbo estaba junto a Dios, y el Verbo era Dios. El estaba al principio junto a Dios. Todo fue hecho por él y sin él no se hizo nada de cuanto ha sido hecho".*[10] (Io 1, 1-3). Guardando las proporciones, se advierte advertir cierto paralelismo entre en *Nous* de Anaxágoras (Inteligencia ordenadora) y el *Verbo* (*Logos*) del

---

9   p. 13, n. 5
10   p. 246, n. 10

Evangelio de S. Juan. En ninguno de los dos casos se menciona alguna materia primigenia o preexistente de la se las cosas se hubiesen hecho, ni hacen ninguna alusión a una especie de caos primitivo que posteriormente luego se convierte (a sí mismo) en orden y armonía grandiosa, ni mencionan ninguna tipo de evolución material o espiritual.

2. Las causas o antecedentes

Aristóteles de Estagira, es un tanto posterior al sabio Sócrates, ambos filósofos antes mencionados. El Estagirita vive aproximadamente a cuatro siglos de que se iniciara la escritura del Nuevo Testamento. Al igual que sus antecesores, se puede decir que era un filósofo pagano, de una inteligencia excepcional, tomó como argumentos de sus sistema filosófico: la belleza, el bien y el orden, así como otras cualidades y perfecciones reales de los seres de la naturaleza, para rechazar algunas propuesta y ofrecer soluciones y respuestas a problemas planteados tiempo atrás, relativos a la constitución del mundo y cuanto contiene; y dando a la vez una nueva concepción del hombre, como un ser compuesto de materia y espíritu. Explicaba el mundo de lo natural (*Physis*) y su composición, de modo muy diferente a Parménides, Heráclito, Anaxágoras y otros, diciendo: "*Pues de que en unos entes haya y en otros se produzca lo bueno y lo bello, sin duda no es causa ni del Fuego ni de la Tierra, ni de ninguna otra cosa semejante (...). Y tampoco estaría bien confiar a la casualidad y al azar tan gran empresa*".[11] Como pude deducirse del texto, con la misma fuerza rechaza la existencia del "azar" como de la "casualidad", porque no puede entenderse la realidad

---

[11] p. 19, n. 3

recurriendo a ellas como el origen de todas las cosas. Lo que realmente explica las cosas es la "causalidad", pues de hecho todo cuanto acontece, en cualquier nivel de los seres de universo que nos rodea, tiene una causa o quizá varias. Sin embargo, aún en los días que corren, cuando alguien desconoce su única causa o algunas de ellas en tantos sucesos, con relativa frecuencia y facilidad quiere explicarlo diciendo simplemente: eso es producto de la casualidad, es puro azar, o tal vez el destino, o quizá algo misterioso, etc., cuando más que nada es una manera de encubrir o excusar la propia ignorancia.

Desconocer la causa de la cual algo procede, no significa que tenga como origen o principio el azar o la casualidad, ya que, por ejemplo: si lanzamos una moneda al aire, no sabemos con seguridad cuál de las dos caras quedara abajo y cuál arriba, pero conocemos solamente existen dos posibilidades, es decir, un cincuenta por ciento de probabilidades de acertar, no hay más. Y no se trata de ningún misterio ni de trucos ni del azar. Lo que ocurre es que no se puede acertar anticipadamente, aunque otros se acogen a la "buena suerte". ¿Qué es la suerte o fortuna…? Algo similar sucede con la siguiente cuestión: los seres proceden o de la nada o de otro ser…. Antes, es preciso tener muy claro que de la nada (lo que no es ni existe), nada puede surgir. La nada es un mero concepto negativo, es la ausencia de toda clase de ser, y por ello: no existe, ni puede ser producida, ni puede ser causa u origen de algo. Entonces, es absolutamente necesario que los seres o entes (aquello que existe o tiene ser), tengan su origen o principio en otro ser, pues nadie da lo que no tiene. Así, pues, unos seres proceden de otros, o bien del Ser Supremo, del Ser Absoluto, Primero, y Causa causante (que no es efecto de una causa previa) de toda ora causa, pero jamás de la Nada.

Jenófanes de Colofón, también filósofo del período pre-socrático, habla sobre los dioses humanos y lo que él supone como un dios que está por encima de todo, al que nada está oculto y de quien todo depende, posee una naturaleza es espiritual. *"Hay un solo dios, el mayor entre los dioses y los hombres, no semejante a los mortales ni en su figura ni en su pensamiento. -Permanece en el mismo lugar, sin moverse, sin esfuerzo mueve todas las cosas con el poder de su espíritu. Todo él ve, todo él piensa, todo él oye"*.[12] Guarda, pues cierta semejanza o parecido con el Dios de los judíos y de los cristianos, pues no está constituido de materia alguna, no es corpóreo, es superior a todos, es espíritu y gobierna todo, etc. Con todo, es probable que Jenófanes, al afirmar su espiritualidad, no quisiera decir con ello exactamente lo que predican las religiones arriba mencionadas..., quizá sí. Empero, no deja de ser llamativa la coincidencia en determinados aspectos lo que ambos pensadores afirman cerca de un ser que está por encima de los hombre (cfr. citas 9 y 12). Es palpable que el problema de la existencia de una divinidad única y superior, de una parte se lo plantea el hombre de modo natural, espontánea y racionalmente; y de otra, la dimensión religiosa que esto representa, a pesar de las diferentes soluciones (falsas o verdaderas) que hay en este tema. Hasta el día de hoy, para no pocos hombres continúa siendo una interrogante por resolver.

Trasladándonos al siglo I d.C., y continuando con el mismo tema sobre la naturaleza de las cosas, Tito Lucrecio Caro, se atreve a decir: *"De nada nada puede crearse"* (Nil posse creare de nilo).[13] No es que esté sosteniendo con ello la "creación", concepto que necesariamente presupone la

---

[12]   p. 242, n.5
[13]   p. 289, n. 5

nada y un Ser Inteligente, omnipotente, eterno, etc., que da el ser a cuanto existe, etc., A nuestro entender, únicamente afirma —y no sin razón—, al que es obvio: de nada, nada puede surgir, nada puede obtenerse ni ser producido. De parte nuestra, añadimos a esto, algo muy sabido: que existen los seres y ningún ser se da la existencia a sí mismo (sería una contradicción), sino que han recibido el ser de otro, ya que nada ni nadie es causa de su propio existir. No cabe más explicación que aceptar o la eternidad de la materia o la existencia de los seres a partir de un Ser Supremo, Perfecto, Eterno, Todopoderoso, Inteligente, etc., que es la Causa de su existencia, es decir, les hace partícipes de su Ser por antonomasia, puesto que no existe la nada. Sobre el mismo asunto, Persio hace esta declaración: *"Nada nace de la nada ni la nada puede convertirse en nada"*.[14] Hay, pues, mucho sentido común en lo que estos pensadores sostienen. No quedan atrapados en el mundo de las apariencias o de la exclusiva sensibilidad. La razón llega a donde los sentidos no alcanzan. Para quienes sostienen que solo la materia existe o que todo es material, en consecuencia que ésta es eterna…

En resumen: sobre la nada, nada hay que decir, menos todavía "hacer" algo a partir de ella. Pese a todo, el hecho de que el universo exista y tenga un comienzo o principio, aunque la razón misma pueda llegar plenamente a esta verdad; y, además de disponer de las famosas "cinco vías tomistas" (haciendo suyos algunos argumentos de filósofos paganos), el mismo autor nos dice que tal verdad únicamente se adquiere mediante la fe religiosa o sobrenatural: *"Que el mundo no ha existido siempre, sólo se sabe por revelación"*.[15] Las antedichas vías o pruebas de la existencia de Dios, no han

---

[14]   p. 379, n. 18
[15]   p. 475, n. 14

de entenderse como pruebas en el mismo nivel de las ciencias materiales (experimentales), pero al menos son "argumentos convergentes y convincentes", que conducen a esta certeza. No está de más recordar que hay demostraciones en el orden práctico y en el orden teórico.

Ahora bien, en este tema del que por el momento nos ocupamos, es decir, la eternidad de la materia o del mundo conocido, cabe también preguntarnos o plantearnos, ante esta supuesta solución de algunos cosmólogos y científicos: decir que el mundo es eterno, que ha existido eternamente la materia, es una hipótesis aún no demostrada, aunque relativamente fácil de afirmar, ya que no está comprobada ni es demostrable, pues más bien parece escamotear el problema afirmando gratuitamente la eternidad de la materia. Absurdo sería sostener la eternidad de la nada, pues lo contradice la evidencia (todo lo que existe). Pero si nadie recibe el ser de sí mismo o por sí mismo, porque sería tanto como decir que algo que era nada, o la nada, en un momento dado comenzó a existir por sí misma: la nada repentinamente se dio el ser, o si se prefiere, engendró el ser. Parece un truco de circo. Más sano y más lógico es afirmar que: si todo cuanto es, recibe su ser de otro, o depende de otro para existir, es necesario un ser primero que no depende de nada ni de nadie para ser; y de éste dependen todos los demás, ya que de no existir desde siempre, tampoco existirían los demás, que hay una dependencia real entre ellos y tienen su origen unos en otros. Así que ese Primero es totalmente necesario e independiente en su ser de todos los demás, que por naturaleza muestra ser contingentes, los cuales en diferentes niveles o estratos del ser, son diferentes y dependen de Él.

¿Sería oportuno peguntarnos cuándo y cómo comenzó la nada a existir en la gran variedad y multitud de seres? Y también: ¿por qué estos y no otros?, ¿tenía la nada un plan preconcebido del ser?, ¿es posible pensar u obrar antes de existir? Incluso el supuesto caso de que fuese eterna la materia, por ahora la ciencia nos dice que primero existieron los seres puramente materiales, inertes e irracionales (materia pura y primigenia en expansión en forma de materia compacta, gases y líquidos, etc.), hasta que después de millones de años comenzó a haber "vida" en el planeta Tierra; y posteriormente, después innumerables cambios de todo tipo en los distintos seres habiendo transcurrido otros millones de años, empezó la vida "inteligente", el hombre.

Otro grupo de preguntas serían estas: ¿por qué surge la vida de la materia inerte?, ¿por qué o cómo tiene su origen lo racional a partir de lo que es irracional? Si es verdad nadie da lo que no tiene, ¿cómo es posible que surja el ser de la nada y la vida de donde no la hay?, ¿cuál es el fundamento para afirmar que la inteligencia no es más que una cierta organización o estructuración diferente de materia bruta?, y una pregunta más: ¿cómo es posible que lo sensible tenga su origen en lo insensible…? Curiosamente, aquí, de lo imperfecto y simple, nace lo complejo y lo más perfecto. Después de estas interrogantes, vale la pena tomar en consideración, que normalmente, el efecto no suele ser superior a la causa o causas que lo producen; y en los casos anteriores se va de menos a más, cuando en realidad lo que es menos perfecto tiene su origen en lo más perfecto, y tomemos como ejemplos: que el hombre puede producir una locomotora, un reloj, un automóvil o un avión, una casa, etc., pero nunca sucede lo contrario. Jamás una locomotora o un reloj podrán producir un hombre.

Si hacemos el camino inverso del tiempo, es decir, vamos hacia atrás: llegamos a comprobar la existencia (con millones de años…), de una materia elemental como los átomos, y descubrimos que éstos a su vez tienen otros componentes más pequeños y elementales (protones, electrones, mesones, etc.): ¿pudieron ellos pensar y organizarse o unirse de manera inteligente, proporcional y adecuada para dar lugar a nuestro mundo, y a los seres humanos? La vida y la inteligencia explican nuestro mundo, pero el mundo (la sola materia) no se explica a sí misma. Quien encuentra una llave (incluso perdida), lógicamente pensará: tiene dueño, y por lo mismo, debe haber alguna cerradura y un cerrajero, aunque puedan o no coincidir el cerrajero con el dueño de la llave... (no se explica la llave sin la cerradura y viceversa). No existe efecto sin causa. Un ladrillo no evoluciona o cambia por sí solo hasta llegar a transformarse en una casa, o en un edificio, y menos en todas las habitaciones del mundo. (¿Y el ladrillo de dónde salió...?) El azar no da razón de nada. Son demasiadas las combinaciones e intentos que podrían atribuírsele al ladrillo para que éste pudiese edificar, y lo mismo sucedería si fueran miles. Mejor pensemos en los artesanos y arquitectos, ingenieros, artistas, etc. que construyen esos edificios con ladrillos.

II. EL HOMBRE Y SU MUNDO

1. El cuestionamiento

No sería raro que ya adentrados en el siglo XXI, exista un alto número de personas de diferentes razas, lenguas y culturas, que ciertamente gozan de los beneficios que la ciencia y la técnica han ido ofreciendo a lo largo de muchos años, y sin embargo no se hayan preguntado o cuestionado alguna vez, cuál es la razón o motivo por el que existimos o somos, para qué, o si hay algo más que esta vida, etc. No queremos decir con esto que todo los hombres hemos de ser filósofos, entre otros motivos porque estas interrogantes cualquiera se las hace, no son exclusivas de los filósofos...; ni es necesario tampoco estudiar esta ciencia más o menos desprestigiada por algunos autores y expositores, lo mismo que por uno que otro bohemio y ciertos científicos "sabelotodo". Y también ocurre que hay personas que no quiere meterse en problemas de los que no saben si saldrán bien librados..., pensando: "¿qué necesidad hay de complicarse la existencia?", o tal vez digan que son "cosas inútiles", "es perder el tiempo", etc.

No todo mundo tiene vocación de filósofo, pero es muy probable que todos o al menos una inmensa mayoría, "filosofamos" sobre la vida, el hombre, el mundo y el más allá, etc., o cuando menos nos tomamos las cosas con un poco más de seriedad, sin hacer tragedias ni mascaradas, siendo menos ilusos y más realistas. Pero, pensar..., todos. Ha dicho el Estagirita con acierto, que: *"Todos los hombres desean por naturaleza saber".*[16] Se trata de algo sumamente natural y espontáneo en el ser humano; casi diríamos que es algo que le "tipifica", le señala y distingue de otros animales. O sea que, por el mismo hecho de ser hombre, la persona piensa, discurre, es capaz de interrogarse y responderse, por tanto, también de preguntar y responder a sus semejantes, al menos desde que el hombre es hombre... ¿A quién le sorprende naturalmente que hombres y mujeres pensemos reflexionemos e intentemos encontrar la razón de las cosas y andemos a la búsqueda de la verdad? Es probable que sea inimaginable el número de los que ni si quiera se preguntan y les tenga sin cuidado cómo y por qué conocemos, a pesar de que constantemente estén haciendo uso de su inteligencia para mil menesteres, y dando respuesta a muchos problemas.

Volviendo una poco atrás, al hablar de Sócrates, no mencionamos algo de capital importancia, porque este ilustre pensador, en modesta su sabiduría se consideraba a sí mismo como ignorante, especialmente porque algunos contemporáneos suyos, se daban ínfulas de sabios, mientras él los consideraba charlatanes, "sofistas", filósofos a sueldo, diríamos hoy. Por eso, repetía: *"yo sólo sé que no se nada".* No era verdad que nada supiera, pues no era grande su ignorancia, pero al menos sabía que no sabía, lo cual ya es saber algo. En cambio, aquellos otros que "vendían

---

[16] p. 18, n. 12

conocimientos", resultaban ser en realidad más ignorantes que el propio Sócrates. Esta actitud le granjeó serias enemistades, hasta costarle la vida. Ofrendó su vida a favor de la verdad. Su famoso método para llegar al conocimiento de la verdad, conocido como la "mayéutica, consistía en peguntar y preguntar..., a su interlocutor, hasta que, a base de ir respondiendo, descubriese la verdad. Así, conseguía mostrar a sus colegas y oyentes, que sí sabían. Practicaba el arte de hacer parir ideas en torno a una cuestión concreta. En un lenguaje más nuestro y en un marco distinto, podríamos comentar este punto, diciendo: si la pregunta está bien hecha (adecuada), la respuesta se obtiene con poco esfuerzo y buena lógica, y considerando el diálogo como el medio más adecuado para alcanzar la verdad. Platón en sus "Diálogos", pone frecuentemente a Sócrates (su maestro), inquiriendo a su auditorio sobre diversos temas, como la justicia, la verdad, las virtudes, la política, el amor, la vida, etc.

Cuando Aristóteles afirma que "por naturaleza" todo ser humano "desea" conocer o saber (por ser racional), esta actividad cognitiva, no debe confundirse con el sentir o desear simplemente. Cierto es que conocemos mediante los sentidos, como muchos irracionales, pero ellos no tiene no sienten que sienten (no tienen conciencia de sus propias sensaciones), ni saben que sienten, y menos aún tienen "idea" de lo que es la sensación, aunque en algunos de sus órganos o facultades sensitivas sean superiores a las nuestras. Nosotros afirmamos que conocemos algo cuando tenemos una "idea" de ello, no una "sensación" o un "presentimiento". Estrictamente hablando, decimos que "conocemos" cuando la inteligencia (humana) tiene "noticia de algo", y ese "algo", no es primariamente la propia inteligencia y tampoco la idea de la cosa conocida, sino la cosa misma que es conocida. El objeto de nuestro conocimiento son todas las cosas y lo que las cosas son, no las sensaciones de algunas cosas.

2. Dos modos de conocer

Llevamos razón cuando decimos que "conocemos" o que "sentimos", pues de estas dos maneras podemos conocer, nos ponemos en contacto con la realidad que nos circunda: uno mediante la inteligencia o razón, y el otro por medio de los sentidos. Así, por ejemplo, alguien puede decir: siento calor, tengo sed o tengo hambre…; pero el calor y la sed o el hambre se experimentan como sensaciones, no corresponden a pensamientos sino que les hemos puesto un "nombre" (idea) que corresponde a cada una de esas y otras sensaciones. Algo muy diferente es hacer una operación matemática, como afirmar que: 4 es la raíz cuadrada de 16, o 5 más 2 suman 7…, donde los números no se sienten, aunque veamos un signo con el que los "representamos"; y en otro orden de cosas, decir que Sara no es hija de Ricardo y Elvira, etc.

Es innegable que las personas sentimos y pensamos, y que nuestro conocimiento de las cosas empieza por los sentidos, y mientras las sensaciones son el efecto que las cosas provocan en nuestros sentidos, las ideas son elaboradas por la inteligencia mediante un proceso de abstracción, que presupone las sensaciones pero las rebasa; las sensaciones singulares, concretas y materiales (como las cosas sentidas), en cambio las ideas son universales, abstractas e inmateriales. Como los irracionales carecen de inteligencia (razón), son incapaces de producir ideas o conceptos, y por tanto, de razonar.

Nada nuevo nos dice Séneca, pero con elegancia y mucho sentido común, recuerda que: *"Nadie llegó a sabio por casualidad"*.[17] La ciencia o la sabiduría, se adquieren a través

---

[17] p. 449, n, 21

de los años, haciendo acopio de conocimientos relacionados entre sí, organizándolos o sistematizándolos, sin descontar la experiencia y el esfuerzo personal. Nadie nace sabio y nadie se hace sabio sin ejercitar la inteligencia, la cual es "abastecida" de datos: las sensaciones que le proporcionan los sentidos y las ideas, que como vimos, son de naturalezas diferentes: una es material y la otra inmaterial, y como prueba de ello, nos encontramos con que los sentidos son incapaces de producir ideas, así como la inteligencia es incapaz de tener sensación alguna. Hasta ahora, a nadie se le ha quemado el cerebro por pensar en el fuego, y nadie ha satisfecho la sed o el hambre solamente con pensar en el agua o cualquier alimento, como si los bebiera o comiera; por el contrario, sí hay quien se quemado la piel con fuego y ha calmado la sed con el agua, no con ideas.

Para terminar este breve tema, dirigimos la mirada a China, donde hace miles de años el vivió el sabio Confucio, de quien conservamos entre sus múltiples enseñanzas, una de suma importancia, especialmente por las consecuencias que pueden seguirse de la opción que cada quien tome al respecto: *"Aprender sin pensar es inútil. Pensar sin aprender es peligroso"*.[18] A golpe de vista, parece graciosa e inofensiva, incluso daría la impresión de no tener demasiado contenido; pero atendiendo a la primera parte de esta sentencia, tan obvia, hace notar que el hombre no puede aprender si no es pensando, usando la razón; y, a la vez, resulta "peligroso", dañino, pensar sin aprender, es decir, dejando de lado resultados o experiencias.

Los seres irracionales no requieren de aprendizaje, obran instintivamente y no se equivocan. Si el hombre sólo sigue sus instintos, puede hacerse daño, y lo mismo si únicamente

---

[18]   p. 93, n. 2

piensa pero sin razonar, sin concluir o "atar cabos", también podría perjudicarse por el riesgo de vivir o crearse un mundo "ilusorio", irreal, falso. La realidad no la inventamos, está ahí, pero hay que conocerla. Es preciso mirar y entender el entorno; hemos de "saber" sentir y "saber" pensar, no nos bastan los sentidos ni nos sobra inteligencia. Hemos de evitar funcionar con prejuicios, y también ser conscientes de que para llevar una vida auténticamente humana son insuficientes los buenos deseos y la buena voluntad, aunque no estorban.

El gran enemigo del hombre es la ignorancia, y su peor aliada, la petulancia. De manera que si no hay principios, verdades, criterios, valores e ideas, experiencias aprendidas, etc., el pensamiento puede conducir a desastres no imaginados incluso sin pretenderlos, lo mismo en el orden de las ideas o del pensamiento que en el orden real. Hay que aprender para cambiar, y cambiar para mejorar no para empeorar. Una persona necia o inculta, fácilmente podría acabar en una situación verdaderamente lamentable, pues según el pensamiento de G. Clemenceau: *"El hombre absurdo es aquel que no cambia jamás"*.[19] Muchas veces hay que *ratificar* y en otras habrá que *rectificar*... Es indudable que sin cambio, no hay progreso, ni progreso sin mejora. La vida misma nos va dando muchas lecciones, y como suele suceder: hay quienes aprenden rápido, quienes son duros de cabeza y otros que son lentos.

---

[19] p. 89, n. 6

III. EL ASOMBRO

1. La capacidad de asombrarse

La persona humana es un ser capaz de asombrarse, de admirar, se embelesa e interroga ante todo cuanto la rodea. Quiere saber... Tanta es la admiración y el asombro ante el mundo en que habita, así como los sucesos más variopintos que presencia, que experimenta inmediatamente la necesidad de explicárselos, porque se sabe no sólo testigo sino protagonista, no es un elemento pasivo de la naturaleza como todo lo demás que existe. Está en el universo pero es también su universo, es parte activa y no pasiva tan solo. Observa, contempla, razona..., no se comporta como un trozo de granito como un helecho, una en cactus, o un tigre, una gaviota, etc. Es él y el mundo frente a frente. Le cautiva todo: una puesta de sol, la luna o el cielo estrellado, las grandes precipitaciones de agua en cataratas impresionantes como una lluvia torrencial o una ventisca, y lo mismo la brisa del mar que una marejada, y el vuelo y la labor de una abeja como el crecimiento de una espiga o la fragancia de una rosa, o un sol que mata o da la vida..., y mil cosas más. Lo mismo está presente el estupor ante hechos desastrosos y alguna catástrofe, de mediana o grandes proporciones un desastre o catástrofe natural de grandes dimensiones, como puede ser el incendio de un bosque que una sequía severa o un "sunami" devastador, un terremoto o la erupción de un volcán, etc. El hombre además de observador es protagonista, y tiene el universo por escenario.

Otro tanto habrá que decir de ese mundo minúsculo (atómico y sub-atómico) en el que millares de elementos inertes, que en un nivel puramente material realizan actividades y combinaciones con resultados variadísimos e insospechados, desconocidos por siglos, y se convierten ahora en tema de múltiples investigaciones. Y también en ese universo que escapa a al ojo humano, y se hace perceptible gracias a los inventos y artefactos como el microscopio, que ha hecho posible descubrir que también existe la vida en estratos y dimensiones increíbles, muchísimo más pequeñas que una mota del polvo o u grano de arena, y que se cuentan por millones. De aquí podemos pasar al otro extremos de la realidad circundante, los astros, planetas y estrellas soles, etc., que forman parte de nuestra galaxia, y otras muchas, entre las que hay miles y miles de millones de kilómetros de distancias, que apenas el "año luz" nos sirve como unidad de medida para calcular esas distancias siderales que dan vértigo.

En definitiva, no encontramos compartiendo la existencia y compartiendo la vida con otros seres del micro y del macro cosmos. Y sin embargo, somos únicos, somos diferentes en muchos aspectos mientras en otros no hay diferencias. La variedad inconmensurable de seres, unos que no son otra cosa que materia o energía: multitud de rocas y piedras de todo tipo, montañas, ríos y mares...; otros que poseen la vida, reflejada también de múltiples formas, figuras, tamaños y características, dando dos principales modos de vivir como son las plantas y los animales: desde un trébol a un roble o una acacia, la yerba que dura unos días y los árboles centenarios..., e igualmente podemos hablar del gusano que luego se transforma en mariposa de encantadores colores como el astuto zorro o el fiero león y la pacífica paloma, o la incansable y hacendosa hormiga etc. No tenemos colmo ni empalago en esto y más. Realmente vivimos en un mundo maravilloso. No podía haberlo inventado un hombre ni nadie inferior a él. Con cuanta certeza como sencillez afirmó Aristóteles: *"los hombres comienzan y comenzaron siempre a filosofar movidos por la admiración"*. [20]

Desde el inicio hemos insistido en que es preciso no perder la capacidad de admiración para filosofar, antes bien conservarla y acrecentarla ante tantas maravillas, desde aquello que puede parecer una simpleza o vulgaridad, hasta esas otras que se nos presentan complejas y embrolladas, atentos lo que de suyo no reclama la más mínima atención como a aquello que nos arrebata y hasta corta la respiración, quizá porque se presenta estruendosamente, pues este mundo es con frecuencia "desconcertante". Cuántos hechos, experiencias y sucesos como vivencias, emociones y recuerdos, etc., tan iguales unos a otros, pero al mismo tiempo tan diferentes entre sí... Hemos de mantener una "sana curiosidad" en relación a nuestro entorno y avivar esa "sensibilidad intelectual" que nos permite no "pasar de noche" (a tientas) en "plena luz del días", disfrutando en la medida de lo posible, este universo del que somos parte, y en el que hacemos sentir nuestro "señorío".

Si nos vamos insensibilizando y dejamos fenecer en nosotros esa predisposición, la innata curiosidad de saber y de aprender; si no distinguimos, por ejemplo, entre un macro-mundo inmenso, espectacular, que casi nos deja paralizados ante su grandiosidad, y el otros micro-mundo, poblado de seres inimaginables, compuesto por átomos y partículas ínfimas de energía cada cual con un rol diferente,

---

[20]   p. 19, n. 1

y no somos capaces de mirar con asombro esos minúsculos seres vivos que escapan a la mirada habitual y cotidiana del hombre de la calle..., entonces haríamos de nosotros mismo un "desperdicio". No llegaríamos a saber cuál es el verdadero valor y lugar del hombre en el universo, y tampoco de cuanto nos rodea o acompaña en esta fugaz estancia que nos ofrece la vida en este mundo. De esta manera, probablemente nos convertiríamos en los seres más extraños de este planeta. Gracias al asombro y a la ignorancia congénita, podemos ampliar nuestro "mundo" y hacerlo también "nuestro", desplegando nuestras potencias y capacidades físicas y espirituales, para lograr la plenitud propio de nuestra condición de hombres.

2. Las miradas

Por el contrario, no advertimos ninguna actitud semejante a la nuestra por parte de los demás seres (vegetales y animales) que poblamos la Tierra, ni siquiera entre los llamados animales superiores. No vemos que ellos muestren asombro alguno por nada y sus reacciones son predeterminadas, fijas, iguales; no demuestran admiración ante determinados sucesos, cosas o personas. Los brutos carecen de inteligencia, por eso son incapaces de tomar una actitud inquisitiva, que cuestiona, que demanda respuestas. Jamás se plantean, y lo muestra la experiencia de siglos, "¿qué es esto"?, "¿por qué así?" o "¿para qué?..., ni concluyen con un "porque". Nada saben del asombro, de la perplejidad y admiración; sólo por mimetismo, decimos a veces que algunos de ellos son "curiosos" ante algún nuevo suceso, algo que quizá escapa de su percepción puramente sensible, o hasta donde ha llegado mediante la domesticación. Sin embargo, somos conscientes de que hay cosas que les producen: placer o dolor, miedo, pavor, indiferencia, paz o inquietud, furia, etc., pero son respuestas a determinados estímulos u obedecen a estados de ánimo, y muchas veces son manifestaciones de algunas deficiencia o padecimientos por enfermedad. Pero cuando suceden cosas como esas, normalmente se trata de una reacción instintiva, que tiene su origen en un "conocimiento" sensible, nunca de una actitud interrogante y sin la pretensión de dar una respuesta, una explicación de los hechos a modo de razonamiento o de un acto inteligente. Tampoco "contemplan" embelesados, "ven sin mirar", por ejemplo: el crepúsculo, la puesta del sol, un cielo tachonado de estrellas...

Puede afirmarse, sin lugar a dudas, que los seres irracionales no sólo no "necesitan" aprender sino que "no pueden" aprender, o mejor dicho, "entender", pues están —valga la expresión— perfectamente equipados para realizar el papel que en este mundo les toca desempeñar, contando para ello exclusivamente con los sentidos; actúan siempre instintivamente y sin equivocarse. Para ellos no existen "novedades", "sorpresas", "cambios", ni siquiera "rutinas". Actúan como lo que son. No así el hombre, que aún viniendo al mundo suficientemente equipado para vivir "humanamente", como un ser racional con un fin trascendente, y por ello cuenta, además de los sentidos y los instintos, con la inteligencia y la voluntad, que son facultades que deberá desarrollar a lo largo de su vida. El hombre "debe *aprender* a manejarse por la vida". En comparación con las bestias, diríamos que "todo es nuevo" para él. Ambos, con el tiempo, van desarrollando y perfeccionando su sentidos e instintos; pero mientras que al animal les son suficientes (porque ni le faltan ni le sobran) conforme a su naturaleza o especie del individuo, al hombre le resultan insuficientes, para la clase o género de vida y conducta que debe llevar y es capaz de realizar.

El ser humano es parte del mundo indudablemente, pero no está de tal manera inserto en él, que se una pieza más, aunque se clave, porque, como antes señalamos, no está poseído por el mundo, sino que en cierto modo el mundo (universo) es suyo. El hombre dominar el mundo y ha dado muchas muestras de ello, lo aprovecha en beneficio propio, aunque tiene también la capacidad de destruirlo, también a sí mismo. Está "condicionado" por los elementos naturales, pero ni es absolutamente dependiente de ellos; y aunque su misma naturaleza le impone unos límites, también ella le permite conseguir metas y objetivos que rebasan este mundo, algunas de las cuales se las impone a sí propio. Testigos mudos y elocuentes a la vez, son los siglos (millones de años), que han contemplado las diferentes huellas y rumbos que han tomado unos y otros.

A las bestias, el instinto les lleva a actuar de una determinada manera, no saben de opciones: nunca llegan a las alturas y actos heroicos del hombre, como tampoco se degradan a la ruindad y bajezas humanas. Los animales sueñan como nosotros y nosotros como ellos, la diferencia está en que en nuestros sueños hay ideales, en los suyos, no. Les falta inteligencia y voluntad, no son libres. De una parte, con alguna frecuencia tienen los irracionales actos que podrían asemejarse a los de los hombres, y viceversa; motivo por el que a veces se dice (impropiamente) de un determinado animal, que es muy "listo" o inteligente. Algo semejante ocurre que cuando algunos hombres, no se comportan como tales, se diga, por ejemplo: es un animal…, es un zorro… o es un cerdo, etc., por referirse a una acción concreta, a un hábito, a una cualidad o un defecto determinado, o quizá a alguna costumbre. Pero a pesar de los pesares, el hombre aunque se comporte como una bestia, no lo es, mientras que la bestia es y será siempre una bestia.

En ocasiones podría parecer que algunos animales pensaran y algunos hombres no pensaran, pero ambas cosas son falsas. No olvidemos que hay en el hombre un componente material y sensible, igual que en los animales. Ya hace casi veinticinco siglos Aristóteles decía que el hombre es un "animal racional". De aquí que existan algunas semejanzas y algunas diferencias, pero nunca igualdad y menos aún identidad. Y bien pueden encajar aquí, estas palabras que en cierta ocasión pronunciaba el famoso W.K. Chesterton, con gran sentido del humor: "mientras algunos hombres se empeñan en señalar las igualdades del animal con el hombre, otros se ocupan de destacar las semejanzas del hombre con el animal". Es bueno comparar, pero eso supone conocer bien los elementos en cuestión, para advertir las diferencias y evitar la confusión. Mal anda quien no ve o conoce las diferencias, unas de ellas notorias y otras no tanto, pero que están ahí, de tal modo tal que si se ignoran, significa que no se conoce verdaderamente ni al hombre ni al animal. ¡Qué fácil es llevarse "gato por liebre"!

Por lo demás, contamos con muchas diferencias, y hemos mencionando unas pocas; y, entre tantas que hay, veamos una a manera de ejemplo, una que todos podemos ver y comprobar: el hombre sabe lo que es el fuego y los efectos (buenos y malos) que puede producir, de modo que mientras no represente un peligro o amenaza, no huye de él, más aún, hace uso de él en beneficio propio. En cambio, el ser irracional o el animal, huye, retrocede o busca inmediatamente una salida ante el fuego: lo percibe naturalmente como una amenaza, como algo nocivo. El hombre, además de emplearlo para fabricar cosas, desde fundir el acero hasta para fabricar obras de arte (una vajilla, una copa, un florero, una réplica a escala de algún animal, etc.), con vidrio o cristal derretido por el fuego, se atreve a enfrentarlo: existe un trabajo sumamente peligroso como es desempeñarse como "bombero", justamente para dominar el fuego cuando éste se convierte en algo destructivo y perjudicial. Por si esto fuera poco, hay quienes llegan al extremo de inmolarse formando una "tea humana", se consumen a sí mismos mediante el fuego. Así que, cuando menos, algunos artesanos, los bomberos y quienes se prenden fuego a sí mismos, lo realizan "sabiendo" y "queriendo" hacer precisamente eso. Nada de esto hace el animal. La inteligencia y la voluntad por encima del instinto.

3. El acercamiento

Hemos visto una vez más, que la capacidad de asombro es imprescindible para filosofar. No todos pensamos lo mismo o estamos de acuerdo en lo mismo pero sí podemos pensar acerca de lo mismo, es decir, podemos ocuparnos del mismo asunto pero resolverlo de maneras diferentes y podemos no estar de acuerdo en algunas cosas. Las coincidencias y las diferencias en el orden del pensamiento, es otra característica propia del ser humano, no tanto en el modo o proceso cognitivo sino en las conclusiones. Lo que es evidente es que pensamos, y unas veces concordamos mientras es obvio también que otras diferimos. En este terreno, tiene lugar no solamente la investigación (razonar y concluir), sino también el error y la verdad, o la ignorancia, según los casos. De aquí que existan posturas tan diferentes sobre un mismo asunto o cuestión, como el que muchos estén de acuerdo o lleguen a la misma conclusión, por medios y métodos iguales o diversos.

Horacio, en su sabiduría y elocuencia, decía hace varios siglos: *"No asombrarse de nada"*.[21] No me parece que Horacio fuese un hombre insensible o impasible, pues a mi

---

[21] p. 223, n. 17

juicio estas pues estas palabras sobre todo han de interpretarse como un consejo a quien lee sus *"Odas"*, no porque él ignore o desprecie el asombro, sino que quiere poner sobre aviso a sus lectores, a fin de evitarles sobresaltos por cualquier motivo, o sea, que no se asombre por cualquier cosa, sean calamidades, hechos naturales imponderables, sea la por locura humana que es capaz de todo…, o porque algunos sucesos pongan al descobijo el verdadero hombre que hay dentro de cada quien, etc. No recomienda adoptar una postura estoica ante la vida, que pretende estar por encima de cualquier clase de emociones y sentimientos humanos, permaneciendo "inalterable" ante todo y ante nada, así sea algo placentero o como desagradable, bueno o malo, hermoso o feo, lo justo y lo injusto, etc. pensó que podría traducirse más o menos en este sentido: "prepárate para todo"; no te extrañes, puede acaecer cualquier cosa.

Por su parte, Plinio el Viejo, hace un comentario en el que parece mostrar que es cosa natural el interés por lo nuevo, lo que muchas veces suscita el asombro, pues dice: *"Los hombres están ávidos de novedades"*.[22] Lo viejo, lo ya visto y conocido, indudablemente que en ocasiones vuelve a provocar reacciones semejantes a que tuvimos cuando por vez primera nos topamos con una determinada cosa o un suceso cualquiera nos "picó la curiosidad", lo que haya sido; pero también es cierto al paso del tiempo aquella primera impresión o emoción se fue desvaneciendo poco a poco o mucho a mucho, para dar lugar a otras posteriores, nuevas o diferentes. Y quizá no mucho después eran ya tantas y tan semejantes entre sí, que fuimos cayendo en la rutina si no en la costumbre y hasta en el aburrimiento. Todavía en nuestros días, hay filósofos que, reconocen la actitud de asombro sigue siendo muestra de

---

[22]   p. 389, n. 1

salud mental, para "filosofar" o para "tomarnos la vida con filosofía" Esta vez es Whitehead (filósofo), quien sentencia con toda llaneza afirma: *"La Filosofía es consecuencia del asombro".*[23] Podrían ser interpretadas así: solamente filosofa quien se asombra. Aquí y así tiene su origen la filosofía. Yo añadiría: y también la ciencia. (No olvidemos que el hombre primero filosofa y de ahí surge la ciencia, o bien, la primera ciencia es la filosofía; luego, al desmembrarse la filosofía en diferentes saberes, tuvieron lugar las ciencias, las teóricas y las prácticas, y en algunos casos simultáneamente o con posterioridad, la técnica...).

A pesar de que "lo nuevo" proporcione una experiencia igualmente nueva, no es raro que llegue a ser tal la intensidad y el alcance de una vivencia, que cada vez haga renacer la admiración, aumentando con ello el afán de conocimiento, mejor todavía, de llegar al fondo de dicha experiencia. Se trata de una actitud que impide "pasar de largo" las cosas, siendo obvio que algunas de ellas son más atractivas, intensa o diferentes de las demás, ya sea por sujeto en cuestión, sea por la experiencia misma, como por el mismo género de la cosa o del hecho u otros ingredientes más o menos previsibles. Además, suele suceder que hay cosas que muchos les pasan desapercibidas mientras que otro no, y al menos en éstos es más fácil que se presente el asombro.

De hecho, el hombre es capaz de adentrarse, especialmente de manera intelectual en la realidad. Esto hace posible la ciencia que le permite, ir "parcelando", si se puede decir, la realidad, o sea, ordenar y sistematizar sus conocimientos, o bien ocuparse solamente de una parte o aspecto de la realidad... De esta manera va creando diversas ciencias que van acotando su objeto de estudio y a la vez esto le permite

---

[23] p. 507, n. 9

ampliar y profundizar sus conocimientos. El ser, la realidad, es de suyo algo que atrae y cautiva la mirada inteligente del hombre. Es nuevamente Horacio nos recomienda: *"Profundiza: encontrarás lo más hermoso"*.[24] (*"Merses profundo: pulchrior evenit"*), es una recomendación adecuada para llegar al conocimiento verdadero de la realidad, con independencia del modo en que a cada uno en se nos presente, ya que podría ser algo extraordinariamente bello como algo repulsivo, ocurrido en la naturaleza multifacética o en las personas que tantas veces somos "impredecibles"...

En cualquier caso lo más indicado y normal es ahondar en los hechos, no quedarnos conformes con razones o motivos superficiales, con una simple intuición o "corazonada", con un presentimiento. Hay que ir a la médula de las cosas; sólo así podremos conocerlas realmente en toda la amplitud y profundidad que nos sea posible. Tampoco es prudente desechar los datos de los sentidos, que no son nada despreciables, pues sería un error ignorarlos por no proceder de la razón, ya que insensibilidad es un defecto, cuando menos en el ser humano, porque el nuestro es un cuerpo sensible. Otra cosa es que uno varios de los sentidos estén atrofiados o defectuosos. La sensibilidad es muy rica y ayuda en no pocas ocasiones a mejorar o completar el conocimiento intelectual. De otra parte, no deja de ser cierto que quien se queda en lo meramente sensible no acaba de conocer enteramente la realidad, al igual que aquel que despreciando lo material, eso que está al alcance de nuestros sentidos, y construye un mundo (su mundo) apoyado sólo en abstracciones. Sin embargo, lo más propio de ser racional es discurrir, pensar, relacionar, concluir, etc., hasta dar con la verdad, partiendo de los datos sensibles.

---

[24]   p. 223, n. 8

4. La naturaleza

El destacado filósofo Heráclito, con su experiencia y afán de saber, señala que no es fácil la tarea de conseguir un conocimiento profundo y veraz de las cosas, porque, estima que: *"La auténtica naturaleza de las cosas suele estar oculta"*.[25] El ser está, digámoslo así, "a la vista", lo que no significa que está descubierto del todo a las miradas de los hombres. Ya hemos considerado arriba que las cosas pueden ser vistas y conocidas según perspectivas diferentes, porque se miran también de modo diferente.... (Las cosas se muestran a los sentidos, pero ante la inteligencia quedan al desnudo).

Un mismo suceso puede ser visto y explicado de maneras distintas incluso por los mismos testigos presenciales. A manera de ejemplo, y guardando las debidas proporciones, generalmente no "miran" de la misma manera un obrero que un campesino, un intelectual que un político, un niño que un anciano o un músico que un poeta, de la misma manera tampoco es igual la mirada de un banquero a la de un militar, y es distinta también el modo de mirar la realidad por un deportista a la de un enfermo desahuciado..., y las miradas del científico y la del filósofo son diferentes, en algunos aspectos, a las del hombre de la calle... La realidad es la misma para todos, cambia el enfoque y apreciación de ella. Esto no significa que el ser está totalmente oculto y es inaccesible a los sentidos y a la inteligencia. Sencillamente hemos de estar prevenidos porque, en ocasiones, las apariencias engañan. Digamos que el ser, la realidad, está a la vista pero la vista no lo agota, o usando otro símil, no se le puede "coger" de cualquier manera ni "tratar" de cualquier forma; no obstante

---

[25] p. 212, n. 5

de hecho es visto de múltiples ángulos y tratado o manipulado de múltiples modos.

Ya hemos dicho que no podemos tomar una actitud de "pereza intelectual" ni de "utilitarismo" respecto de la realidad. Si la expresión lo admite, quizá sea más apropiado decir, conocerla y contemplarla, disfrutarla, respetarla, y disponer de ella. Las apariencias a veces engañan, pero muchas veces nos muestran las cosas como son porque son así. Algunas ocasiones son creíbles, otras increíbles, por eso hay que conocerlas para distinguirlas. También puede ocurrir que esas "apariencias", no muestren la realidad (el ser) en toda su plenitud, porque hay algo más allá de las apariencias, y el no intentar dar ese "salto" sería una especie de renuncia (más o menos voluntaria), a poseerla material e intelectualmente, lo cual no sería propio del hombre; de ser así estaríamos traicionando o disminuyendo nuestra capacidad de conocer de veras nuestro mundo, para quedarse en el simple un simple uso que puede suponer un rebajamiento casi al nivel de las bestias, según las propias pretensiones.

Si no traspasamos esos límites inmediatos y primarios del contacto con la realidad, equivaldría a una especie de suicidio intelectual o a desconfiar de nuestra inteligencia, y desperdiciar este instrumento o herramienta para hacerla rentable en toda su capacidad y posibilidades. Si, como dice Heráclito, la naturaleza de las cosas está oculta, no hace más que poner sobre aviso al pensador, al ser inteligente, que lo real no es "exclusivamente" lo que aparece (lo fenoménico), aquello nos ofrecen nuestros sentidos, sino que hay un espacio muy amplio que le toca a la inteligencia descubrir, conocer. Digamos que: nuestros ojos ven solamente la puesta del sol, pero es la "persona" quien aprecia y goza del crepúsculo.

A nadie le extraña que el ciego no vea, pero quienes tenemos la dicha de ver, no nos saquemos los ojos, menospreciando otras facultades cognitivas. Quien no ve, no puede afirmar que nada existe porque él nada ve. Tanto el ciego como el resto de los hombres "captamos" la realidad o un aspecto de ella por medio de los diferentes sentidos, como por ejemplo, el gusto, el oído o el olfato, etc. El sordo ve aquello que a un ciego le resulta imposible, pero el ciego escucha lo que un sordo no percibe... El entorno en que vivimos, la realidad que nos circunda, puede ser conocida parcial o totalmente y de modo simultáneo por muchos hombres, aunque con mayor o menor profundidad, según las capacidades sensibles e intelectuales así como de intereses personales y de otras diversas circunstancias que igualmente influyen en tales apreciaciones. A esto hay que sumar algo que damos por supuesto, pero es oportuno señalar, y es la capacidad de enriquecernos unos a otros por medio de la experiencia, la ciencia y toda clase de relaciones verdaderamente humanas.

Es Indudable que hay progreso en las ciencias, hecho que hace patente que el hombre va ampliando la comprensión, en profundidad y extensión, del mundo, o sea, d la realidad. Las cosas que la naturaleza "oculta", los aspectos aún desconocidos de la naturaleza, están a nuestro alcance, pero permanecerán escondidas y desconocidas para quienes carecen de inteligencia y de un mínimo de curiosidad o afán investigador. Para los seres irracionales, "su" mundo es muy reducido, queda auténticamente limitado a sus sentidos, esto es, a lo que espontánea y naturalmente alcanzan sus instintos y sensaciones, sin sobrepasarlos jamás, y por lo ello, nunca podrán "descubrir" aquello que "oculta" la naturaleza. Permanecen encerrados en su propio ser sin trascenderlo y sin conocerse a sí mismos; incapaces conocer algo como un "otro", porque esto supondría conocerse a sí mismos, y sin conciencia de un "yo", careciendo de toda posibilidad de participar "algo" a "alguien" a falta de inteligencia.

5. La analogía y el ser

Este fenómeno de *admiración* que provoca en nosotros el universo con todo lo que encierra, lo refrenda el Barón von Humboldt, con estas palabras: *"La naturaleza atrae, entusiasma, sólo porque es naturaleza"*.[26] ¡Cuántas cosas nuevas y hermosas conoció este científico y explorador, viajero incansable y científico extraordinario! De muchas de ellas nos dejó un testimonio escrito, y otras tantas de esas vivencias habrán quedado solo para él como algo incomunicable... Legó a la humanidad cuanto había "aprendido" y también aquello que le había "admirado" o "sorprendido" de la naturaleza en sus numerosos viajes por diversos países de Europa y América. Admira, conoce y escribe; aprende y enseña; recibe y da. La admiración o el asombro suponen, de una parte la inteligencia, y de otra algo de "provocativo" que hay en el ser, en todo cuanto conforma nuestro universo, que deja huella siempre y siembra una cierta una inquietud en quien lo conoce, para ir cada vez a más.

Intelectualmente hablando, somos insaciables, buscamos el "qué", el "por qué" y el "para qué" de las cosas por igual. Nos importan los hechos, la naturaleza de las cosas, cómo están constituidas, cuál es su causa y qué finalidad tienen. Si el hombre admira o se asombra, es que hay en él una innata tendencia a investigar y conocer. ¿Tendría caso tener ojos si no hubiera nada qué ver?, o ¿qué razón habría para tener sed si nada pudiese saciarla? Eso es absurdo. El ser humano, nos consta, no solamente ve y mira, también admira, y no se le cae la quijada o babea, sino que piensa y puede dar razón de cualquier hecho y fenómeno que observa, sin importar si eso le

---

[26] p. 226, n. 17

lleva escasos minutos, días o años. Su tarea habitual y natural es racionalizar lo que "ve" sensible e intelectualmente.

Decir que el ser es "análogo", significa que todo cuanto es o existe, sea lo que fuere, tiene un elemento en común (hay cierta igualdad) con los restantes seres que forman parte del universo: el ser o existir, estar "fuera" de la nada. Primariamente, existir; y simultáneamente existir de modo diferente unos seres de otros, sin formar una misma cosa, y siendo múltiples y variados, dándose también algunas semejanzas. No todo lo que existe es uno y único sino múltiple y diferente. Se da la igualdad en la existencia, es decir, en que todos tienen el ser participado, y la desigualdad radica en máximas y mínimas diferencias en diversos niveles o estratos que hay entre los entes, llámense géneros, especies o individuos, grupos o subgrupos, etc., Se trata de realidades que precisamente permiten establecer ciertas clasificaciones. Por eso son a la par "iguales" y diferentes", según determinados aspectos y en proporciones distintas.

No son iguales absolutamente todos los seres y tampoco son totalmente diferentes, así por ejemplo: no son lo mismo una margarita que un orangután, ni es semejantes un trozo de mármol a un caballo, ni un hombre que un cuervo. A pesar de todo, hay "algo" en lo que son iguales todos ellos: su participación del ser, o sea, existen. Otro ejemplo indiscutible, lo tenemos en el hecho de que no existe solamente un hombre sino muchos y son todos iguales por tener justamente "eso" que les hace ser hombres y no otra cosa, pero a la vez cada uno es diferente de los demás... Igualmente sucede que hay muchísimas flores diferentes, y otras son iguales entre sí: las margaritas, las rosas y los geranios, siendo diferentes, pero tienen en común el ser flores o vegetales, y en esto son iguales. Aquí parece se nota mejor la simultaneidad o binomio de lo igual y lo desigual en la analogía.

Sin ser igual podría hacerse un paralelismo con las matemáticas, similitud que se da guardando todas las proporciones entre el ente (real) y el ente de razón, cuando, por ejemplo, se afirma que hay cantidades que tienen un "denominador común" pero un "variado numerador". De esta manera podemos hablar de cantidad es iguales o diferentes. Por tanto, no son lo mismo: una unidad que una mitad, y no son lo mismo una cuarta parte que dos tercios, etc. En cambio existe cierta semejanza entre un quinto y tres quintos o cuatro quintos: poseen el mismo "denominador", es lo común entre en ellos, en cambio varía el "numerador". También en la geometría se pueden encontrar fenómenos por el estilo, y valga de de ejemplo el siguiente: decir que el círculo, el cuadrado, el triángulo y el rombo son figuras diferentes entre sí, no por ello dejan de ser figuras geométricas (es lo común). Y en la gramática o en el lenguaje, sucede otro tanto, pues se emplean palabras o términos: análogos, unívocos y equívocos. De aquí ciertas diferencias e igualdades, verbigracia: animal (análogo), dolor (unívoco) y rosa (equívoco); porque la palabra *animal* puede hacer referencia por igual al ser racional o al irracional; *dolor*, sólo tiene una acepción; y en cambio, *rosa*, se puede referir a la flor, al color o a la persona que lleva ese nombre. El *ser*, es entonces no solamente empleado en el lenguaje como término analógico (aplicando el verbo ser a todo lo que "es"), sino que el mismo *ser* es análogo, pues es aplicable a todo lo que es o existe y solamente en ese sentido. Todo cuanto existe, todo ente "es" "algo": lo común es el *ser* ("es"), y lo diferente es ser "algo" (hombre, caballo, nube, sol, encino, etc,)

En la Filosofía, y particularmente en la Metafísica, el Estagirita habla de una *naturaleza* o *esencia* del ser, que es lo distingue a un ser de otro; en tanto que el *acto* de ser los hace iguales, pues solamente quien posee el acto de ser, es (existe), y quien carece de él, no es (no existe). Pero no solamente hay naturalezas distintas, como vimos arriba en algunos ejemplos, sino que dentro de una misma naturaleza (género, especie, tipo, clase, estirpe, etc.) puede haber multitud de individuos iguales, como miles y miles de margaritas o de caballos...; y, en este caso, lo que diferencia un individuo de otro es la *materia prima* o primigenia, que es *co-principio* con la *esencia* o *forma sustancial*, que dan origen a la naturaleza del individuo en cuestión. Así, siendo la materia prima lo común de todos los seres materiales, la forma sustancial o naturaleza les hace diferentes.

La mirada de la auténtica filosofía es, por así decirlo, pasiva en cuanto que observa el universo para conocerlo por entero, sin excluir nada, sólo que a un nivel superior al de las de las ciencias particulares, como por ejemplo, al de la Biología, de la Química o de la Astronomía, sea el de las Matemáticas o la Economía, etc. En buena medida, a esto se debe que no coincidan siempre en los mismos métodos o instrumentos de estudio, y en ocasiones no alcancen el mismo nivel en las conclusiones, lo que tampoco significa que sean falsos o inválidos dichos conocimientos. La Filosofía no existiría o carecería sentido si se ocupase de las mismas cosas, en el mismo nivel y con los mismos métodos. Marca también una característica propia de la filosofía, que ésta de suyo es eminentemente teórica o especulativa, mientras que otras ciencias incluyen el aspecto práctico o de aplicación de esos conocimientos, y unas pocas quedan en un nivel puramente especulativo. Brevemente dicho: la Filosofía se ocupa del ser (todo cuanto es o existe), y lo estudia ocupándose de sus últimas causas; mientras que las ciencias estudian algunos seres (parte de la realidad), y a través de sus causas inmediatas o próximas.

IV. EL CONOCIMIENTO

1. Los sentidos

No es necesario demostrar que el hombre es por naturaleza un ser racional. Es evidente que todos los hombres conocemos de modo sensible y de modo intelectual, tenemos experimentamos sensaciones y elaboramos ideas o conceptos. Dicho con suma brevedad, tenemos que: el primer tipo de conocimiento lo obtenemos a través de los sentidos (externos e internos), en tanto que el segundo, mediante la razón; y así formamos de una parte las percepciones y de otra las ideas, estrechamente unidas y relacionadas pero sin confundirse. Las percepciones representan el conocimiento sensible acabado, completo (de las cosas); y luego, a través del proceso de abstracción, una vez que la imaginación, la memoria y el sentido común, junto a la tarea realizada por la cogitativa, dejando de lado lo sensible, la inteligencia concibe o forma la idea (concepto) que corresponde al a cosa conocida, y sólo después, va enlazando ideas con juicio haciendo razonamientos para obtener conclusiones. Esas ideas corresponden a la esencia o naturaleza de las cosas. Y de esta manera el conocimiento sensible culmina con el conocimiento intelectual. Posteriormente se hace el camino inverso para volver sobre el objeto conocido intelectual y sensiblemente, pudiéndolo entonces "manejar" material o intelectualmente. Estamos en la realidad, conocemos la realidad y nos movemos en la realidad a la vez que disponemos de ella.

Día a día va creciendo acerbo personal de conocimientos y experiencias, que vamos añadiendo al *currículum* individual, por así llamarlo, o nuestra "base de datos" como algunos dirían hoy: integrada por la suma de experiencias, nuevas sensaciones y vivencias, por más ideas y el incremento de conclusiones, personales, etc. A esto, si se quiere, habría que sumar lo que recibimos de otras personas, y todo aquello que enriquece el patrimonio intelectual (clases, cursos especializados o monográficos, lecturas, videos, documentales, audio-visuales y otros variados y modernos recursos).

Es un hecho irrecusable que paulatinamente vamos haciendo frente a la Naturaleza de muchas y diferentes maneras. Nos vamos introduciendo más y más en el *intríngulis* de las cosas, en definitiva, en el mundo. Como resultado nos vamos familiarizando más y más con nuestro universo —del que somos parte—, permaneciendo en constante relación con él, pues también influye sobre nosotros de maneras a veces insospechadas, ya positivamente ya de forma negativa; pero indudablemente también "la mano" del hombre se ve y hace sentir en nuestro *hábitat* natural, modificándolo en muchos aspectos, basta con responder a estas pocas preguntas: ¿cómo o quién ha afectado la capa de ozono que cubre nuestro planeta?, y ¿la modificación parcial del curso de algunos ríos?, o la transformación de de yacimientos petrolíferos y de minerales?, y ¿a qué se debe la contaminar del agua?, ¿quién ha conseguido obtener frutos para subsistir en pleno desierto?, ¿cómo se han hecho fértiles regiones improductivas?, ¿cómo se ha aprovechado de diferentes maneras la energía solar?, etc.

El universo y sus leyes, en sus formas de comportamiento general y habitual en la inconmensurable variedad de diferentes individuos de tan diversas naturalezas (especies) que lo integran, influyen sobre el hombre muchas veces de manera determinante y con cierta flexibilidad, en un rango determinado dentro. Así, por ejemplo, el hombre goza de una cierta libertad en su desarrollo y actitudes, mientras que otros seres, están completamente sometidos o sujetos a esas leyes naturales (físicas y biológicas) de manera indefectible y permanente, sin posibilidad de cambio ni excepciones. Nuestra dependencia no es como a las de esos seres inferiores, pues solamente nos condiciona mientras que a ellos —minerales, plantas y animales— de suyo los otros los determina. O dicho de otra manera, en cuanto seres corpóreos y vivos, quedamos sujetos a ese tipo de leyes, per por nuestra misma naturaleza, por lo que al espíritu humano se refiere, obramos con un amplio margen de libertad. El mismo conocimiento intelectual de la realidad nos lo posibilita.

Con todo, es verdad que la manera como los hombres nos acercamos al mundo para conocerle mejor, no es siempre igual y no empleamos tampoco los mismos medios o instrumentos, cosa que pone en evidencia nuestra superioridad sobre él. En la espontánea actitud humana de investigación y conocimiento de la realidad, hay quienes se quedan en la fase del asombro, otros parece que la interrogan mientras, y otros la manipulan, como también los hay que la transforman. La filosofía presupone la admiración, se interroga a sí mismo y también a la misma naturaleza, pero sin tocarla ni modificarla, pues fundamentalmente le interesa "conocerla". Haciendo una comparación, no resulta descabellado decir que la mirada del filósofo es puramente interrogativa y explicativa, en sí misma lejana a toda manipulación del ser, no pretende modificar en nada dejando "intacto" al ser; lo propio es "ver y admirar" las cosas "como son". Su mirada es como la del joyero que a través de una lente potente, mira y admira un diamante tal cual es, contemplando cada una de sus caras, ángulos y aristas, brillos, etc. pero no intenta tallarlo, bruñirlo, montarlo..., etc. Admira, interroga, conoce y responde.

La actitud primaria del ser humano ante el mundo o la naturaleza —según vimos antes—, es conocerla, porque el hombre es un ser naturalmente racional, y solamente actúa después de conocer, pues la inteligencia únicamente presenta u ofrece a la voluntad motivos o razones para obrar de tal o cual manera, para hacer esta o aquella cosa..., según el grado de conocimiento que tenga de la naturaleza del objeto o cosa conocida, y de acuerdo con el fin que intente. Estas dos facultades (inteligencia y voluntad) no están desligadas ni van por cuenta propia, separadamente; la inteligencia y voluntad, no se unen de modo accidental o a "solicitud" de una de ellas, pues de suyo la inteligencia "apetece" o tiende a conocer la verdad, en tanto que la voluntad "apetece" o tiende naturalmente hacia el bien, lo que la inteligencia le muestra como bueno. Nadie ignora que solamente es posible desear o querer lo que se conoce, y conocido como bueno, mientras que aquello que es conocido como malo o nocivo, se rechaza o se huye de ello.

Además, cada una de estas facultades tiene cierta influencia sobre la otra, de modo que existe una interdependencia natural entre ambas, con papeles diferentes cada una, pues una "sirve" para conocer y la otra "sirve" para querer.... Si el olfato se distingue del oído y de la vista, por ejemplo, es porque tienen actos y objetos diferentes, como son los sonidos respecto del oído, y los colores con relación a la vista y los olores para el olfato, etc. De modo similar, la inteligencia se ocupa de conocer mientras toca la voluntad querer, decidir, amar u odiar; la primera busca la verdad, y la segunda desea o procura el bien.

2. La teoría y la práctica

El ser humano tiene dos clases o tipos de actividad principales, como hemos venido considerando. Uno, consiste en conocer o teorizar, y el otro en obrar o hacer. El hombre no solamente conoce, también obra como persona libre e inteligente (llevando a cabo actos morales), y a la vez actúa ejerciendo un cierto dominio sobre las cosas conocidas transformándolas, sabiendo a la vez cómo influir sobre ellas, por qué y para qué... Ya sabemos que el conocimiento sensitivo, siendo necesario es primario y limitado, en cambio el saber intelectual es más rico e ilimitado en su capacidad y posibilidades. Cuando hay cierta ignorancia, es aconsejable (en algunos casos), recurrir a los datos sensibles, para dar posteriormente el paso siguiente mediante la razón, y luego, actuar. Los animales, seres irracionales y por ello rentes de inteligencia, actúan conforme a sus instintos y según los datos captados o percibidos mediante los sentidos, y su comportamiento es guiado por sus instintos; pero jamás se forman una idea de las cosas, ni reflexionan sobre ella ni sobre sí mismos, pues les falta la inteligencia o razón. Sólo por mera analogía o semejanza con algunas conductas o actitudes humanas, se dice vulgarmente de algunos animales que "piensan", pero en sí misma esta afirmación que es falsa.

Los hombres como los animales, poseemos un conocimiento de la realidad, pero lo decimos apoyándonos en la analogía del ser, que según vimos, escuetamente consiste en que: aquello que se afirma o se niega de algo, en parte es igual y en parte diferente respecto de otros. Luego explicaremos con más amplitud su fundamento. Esto es así, porque el auténtico conocimiento del ser humano, pasa primero por los sentidos, sólo después, mediante la abstracción produce la idea, gracias a la inteligencia. Las bestias no son capaces de realizar ninguna abstracción. Por esta razón hablamos de un conocimiento "sensible" y de otro "intelectual", el primero es animal (sensorial) y el segundo es hominal (racional).

El animal se queda, por así decirlo, a la mitad del camino o del proceso cognitivo que recorre el hombre, porque éste conduce a conclusiones, da respuestas; mientras que el animal queda en los sentidos (externos e internos), alcanzando un conocimiento sensitivo, o sea, de lo singular y concreto, totalmente material (lo que está ante los ojos, los que se escucha o se gusta al momento...): aquello que se hace presente a cada uno de los sentidos tomado por separado y conjuntados y unificados por el sensorio común, pasando por la memoria, la fantasía y la estimativa si es preciso. Mas éste conocimiento es singular, material y concreto (ésta o esa cosa determinada: *ésta* flor, *éste* perro...); en cambio la idea es universal, inmaterial y abstracta (la *flor*, el *perro*...), por lo que en las ideas en las que caben todo tipo de flores y toda clase de perros (todas las flores y todos los perros, no éste o aquel nada más). De manera que el ente irracional, por naturaleza, es incapaz de filosofar. El ente racional, siente y piensa, hace filosofía.

"*Cada uno de los cinco sentidos es filósofo*", dice Ramón Llull[27]. Bien se puede comprender que comenzamos a tener noticia o conocimiento de la realidad a través de los sentidos (externos e internos), para luego llegar a formarnos la idea de la cosa u objeto en cuestión. Pero en buena ley, lo que afirma R. Lull, es que nuestro conocimiento tiene su origen en los sentidos, cada uno de los cuales capta y aporta uno o varios aspectos de la misma realidad percibida. Normalmente sucede en primer lugar es que vemos, oímos o tocamos algo, y más tarde nos formamos la idea de la cosa

---

[27] p. 292, n.11

por medio de la abstracción. Sólo más tarde somos capaces de imaginar y recordar las sensaciones que adquiridas, y también reproducirlas o imaginar cosas o situaciones nuevas... Realizando actos u operaciones diferentes, yendo por caminos diferentes los sentidos, la inteligencia y la voluntad, coinciden finalmente en el mismo objeto. La inteligencia no puede operar sin los datos recogidos por los sentidos, y la voluntad permanece indecisa sin la ayuda de la inteligencia, y de su parte la voluntad presta en ocasiones algunos servicios a la inteligencia. La inteligencia y la voluntad vienen a ser algo así como el piloto y la nave, la mar es la realidad.

Por lo demás, no se da un salto de la sensación a la idea, no hay un corte sino continuidad, porque el concepto debe ser proporcionado al objeto que es percibido por los sentidos. Este proceso (abstracción), lo llevan a cabo el "entendimiento agente": preparando y disponiendo los datos obtenidos por los sentidos externos e internos (la imaginación o fantasía, la memoria, el sensorio común y la cogitativa), formando una unidad de la multiplicidad de sensaciones; y después el "entendimiento pasivo", abstraiga o deje de lado lo puro sensible, para que la inteligencia asuma esa información y produzca la idea o concepto (inmaterial) de la cosa. Todo el trabajo de "desmaterialización" o preparación de lo sensible (material) para ser captado por la inteligencia, es llevado a cabo por el entendimiento (activo y pasivo). Sin abstracción no es posible elaborar ninguna idea, pues los sentidos no pueden transponer lo material; y la inteligencia por ser una facultad es incapaz de percibir lo sensible. Sucede algo parecido a la luz, que hace posible ver al ojo un objeto: el ojo es la inteligencia, la luz el entendimiento, y el objeto la cosa sensible. El ojo no crea la luz ni el objeto, el objeto no puede ser visto si no hay luz aunque el ojo tenga capacidad para ello, y la luz no crea ni el ojo ni el objeto sino que permite a ambos realizar sus funciones propias...

Sin este proceso faltaría un paso en el conocimiento, y entonces la idea (concepto) no se correspondería con la realidad misma o poco tendría que ver con ella. Sin embargo nos damos cuenta que funcionamos paralela y conjuntamente con los datos sensibles y las ideas. Existe una "adecuación" entre la idea y el objeto conocido; es un fenómeno de correspondencia, proporción y adecuación entre lo material y lo espiritual. En caso contrario no hay conocimiento, al menos intelectual, únicamente sensible, animal. Generalmente se da una "co-incidencia" entre lo que sentimos y pensamos, y viceversa. De lo singular, material y concreto (las cosas o la realidad), pasamos a las ideas (universales, inmateriales y abstractas). Posteriormente las conjugamos de diversas maneras la información recabada en ambos órdenes o niveles, y va creciendo nuestra experiencia y nuestro conocimiento. La "idea" de casa, por ejemplo, es aplicable a "miles de posibles casas", que pueden construirse, pero "cada casa" real procede de unos planos y del trabajo de decenas o cientos de personas con tareas u objetivos diversos, todos dirigidos a la construcción (realización) de esa "casa" antes concebida idealmente y proyecta en unos planos por el arquitecto, etc. Por lo demás, el hombre puede adaptarse a vivir desde una cueva o una choza, o hasta lo que hoy llaman (erróneamente) un "edificio inteligente".

3. Admirar, mirar y actuar

Desde antiguo se habla de la diferencia palpable entre la teoría y la práctica, algo muy fácil de comprender. De manera simple y resumida viene a ser como el pensar y el actuar, que son dos cosas distintas aunque relacionadas íntimamente. Por ejemplo, no es lo mismo poseer la ciencia sobre la salud que la atención y cuidado para sanar al enfermo, o conocer la ciencia de la construcción que o edificar propiamente un hospital o una casa. De modo semejante, ninguna ciencia es igual a otra, aunque en ocasiones, algunas de ellas están estrechamente relacionadas entre sí; de tal suerte que: la Biología es diferente a la Física como también lo son la Medicina y el Derecho o la Arquitectura, etc. Y en el orden del hacer u obrar, igualmente existen diferencias: no es lo mismo conducir un automóvil que montar a caballo, o hacer un acto de prestidigitación que jugar ajedrez o esculpir una estatua en el mármol, etc.

Con anterioridad hemos señalado que la ciencia (teoría), la técnica (*praxis*) y el arte (*ars*), son diferentes. La técnica normalmente es la aplicación de la ciencia o conocimientos científicos (matemáticas, Física, Qímica...), para fabricar o hacer diversos instrumentos útiles, los cuales pueden a su vez ser empleados para "hacer" otras cosas (El martillo hidráulico, el rayo laser, un violín o una pistola, tienen usos diferentes). El arte es también un "hacer", conforme a unas reglas o normas, procurando la belleza (o imitación de la naturaleza): en la música, la arquitectura, la pintura o la literatura, etc., la belleza que se consigue mediante el orden, el equilibrio, la armonía, la proporción, conforme a los cánones de cada una de las artes mayores y menores.

Una vez más insistimos en que la actitud más propia o típica del ser humano es la de conocer la naturaleza, el universo. La superioridad del hombre sobre el mundo, le permite hacer un uso provechoso de multitud de seres vivos e inertes. El hombre vive en el mundo y lo cierto modo lo tiene a su disposición según sus propios intereses, pero debe conocerlo, respetarlo y usarlo con sabiduría para no llegar al extremo de explotarlo de manera indebida y destruirlo o deformarlo, antes por el contrario debe usarlo correcta y adecuadamente, acorde a la naturaleza y finalidad de las cosas mismas. Y especialmente, ha de buscar la verdad y el bien, tanto de sí mismo como de los seres que le circundan, procurando el perfeccionamiento propio como de la naturaleza en general.

El Hombre no es "dueño absoluto" de la naturaleza o del mundo, pues él mismo se encarga, como ha ocurrido ya tantas veces, de señalar unos límites, traspuestos los cuales, se genera el desorden, la violencia o el caos, daños de diversa índole en el mundo y en el hombre..., parece como si la naturaleza protestase o se rebelara. Aquí se encuentra, entre otros motivos, la necesidad de conocer el mundo y su contenido, en particular y en general. Veamos lo que nos dice Claude Bernard, médico de fama internacional, con la siguiente comparación: "*El observador debe ser el fotógrafo de la naturaleza, su observación debe representar exactamente su naturaleza. Es necesario observar sin idea preconcebida; el espíritu del observador debe ser pasivo, es decir callarse; escucha la naturaleza y escribe sobre su dictado*".[28] Se trata de lo que sin presunción ser llamada "mirada filosófica", con la que se intenta conocer, saber sobre la naturaleza, de donde surgirá la teoría, que requiere una actitud intelectual honesta y franca.

Cabe la posibilidad de tomar otro tipo de actitud, también humana, buena, positiva, beneficiosa: "*El experimentador pregunta a la naturaleza; pero, cuando ella habla, él debe callarse; debe constatar lo que ella responde, escuchar hasta el final, y, en todos los casos, someterse*".[29] Como observamos hay diferencias, pero no se atenta contra la verdad, ante bien se busca sin prejuicios, y luego se acepta tal cual lo que de sí nos dice el mundo, el objeto conocido. Ha de ser visto con cristales transparentes y no de color y sin "pre-juicios".

---

[28] p. 45, n. 5
[29] Ibid., n. 6

Esto mismo pero con otra terminología, lo han dicho varios filósofos de renombre, claro que desde su perspectiva personal. Podemos mencionar al respecto, al existencialista alemán M. Heidegger, quien se muestra extremadamente cuidadoso por lo que se refiere al estudio del ser, de la realidad en definitiva, ocupando un papel preponderante la persona humana (*dasain*). Muy diferente es la postura de otros filósofos ideólogos, quienes más que proponerse comprender o conocer el universo, cargan excesivamente las tintas en cuando desde su ángulo visual e intelectual: lo más importante no es la realidad en sí misma ni siquiera conocerla (aunque hay que hacerlo), lo que importa principalmente es usarla o manipularla y transformarla (la *praxis*); y por lo que a la verdad (*theorein*) se refiere, interesa hacerla, pues a decir de K. Marx y otros: "la verdad no hay que conocerla, hay que hacerla", lo que importa no es la verdad sino fabricarla. La praxis está por encima de la teoría. Esta, como otras más ideologías, despojan a la persona humana de su verdadera dignidad y valor, incapacitándola además, justipreciarse y admirar y conocer el universo, reduciéndolo todo a materia y movimiento, transformación. Aquí nos encontramos con otro extremo, es decir, es de la "fabricación de la verdad", reaccionando negativamente a la pura especulación o conocimiento "puro" (pacífico) de la realidad, dejándola intacta.

También en ocasiones se presentan términos medios o algunas posiciones diferentes, variables, como las de quienes están a favor de "conocer para cambiar", para progresar, como ocurre con A. Comte, particularmente con el Positivismo, con la ayuda o soporte de la Sociología que él inaugura. Pero hay que advertir que: *"en su acepción más antigua y común, la palabra positivo designa lo real, por oposición a lo quimérico"*.[30] Con una mentalidad y actitud como ésta, se garantiza un progreso inalterable y lineal de la humanidad, quizá sin intención de poner el basamento para un no lejano "superhombre". Para otros pensadores como F. Bacon, (científico y filósofo), el poder, el afán de dominio, es lo más valioso: conocer para dominar. *"El conocimiento mismo es poder"*.[31] Este poder, también puede ser entendido como fuerza, influencia y manipulación, uso de la realidad, etc., que puede ser útil para la ciencia, la política, la economía, y otras actividades humanas. Con esto solamente dejamos un muestrario mínimo de actitudes de una buena cantidad de filósofos y filosofías, en las que el ser o la naturaleza, el mundo..., tienen valores y acepciones distintas.

En otras tierras, el poeta y distinguido literato de fama internacional, Juan Ramón Jiménez, pensando y sintiendo de forma muy diferente, exclama con vehemencia, refiriéndose a la rosa, algo que nosotros hacemos extensivo a la naturaleza entera: *"¡No le toques ya más, que así es la rosa!"*.[32]

---

[30] 30 p. 92, n.2
[31] p. 26, n. 6
[32] p. 244, n. 2

V. LA FILOSOFIA

1. La Filosofía y las Ciencias

M e parece que antes de abordar otro tema de carácter filosófico, es conveniente tomar en cuenta que se trata de un enfoque completamente diferente al de las ciencias solamente teóricas, y superior al orden puramente práctico, con la salvedad de la Ética, ciencia filosófica teórico-práctica. No se trata únicamente del conocimiento o contemplación del bien o la bondad, sino muchos más, nos referimos en concreto a la conducta humana, pero ésta en relación al bien, ofreciendo criterios y medios para lograrlo, y presuponiendo la libertad, sin la que el hombre sería otro animal más, para merecer y demerecer. Un pensador contemporáneo de Cristo, el ilustre Séneca, no dudaba en afirmar: *"Gran parte de la bondad consiste en querer ser bueno".*[33] Venimos haciendo una sucinta exposición de algunos aspectos de la filosofía y el entorno del hombre, por lo que daremos un vistazo a vuelo de pájaro, sobre algunas opiniones acerca de lo que es o no es la filosofía.

---

[33] p. 449, n. 12

A primera vista, puede parecer simple que, así como existen definiciones de algunas ciencias, técnicas y artes, también la Filosofía cuente con alguna definición, en la que estuviesen de acuerdo al menos la mayoría de quienes ejercen tan egregia profesión. Para sorpresa de muchos, las cosas no son así. Es verdad que hay una definición (nominal), que se obtiene acudiendo a sus raíces griegas, que suelen traducirse como: "amigo o amante ciencia" o de la sabiduría (*philos*: amigo, amante; *sophia*, ciencia, saber). Fuera de la definición que se atiene a sus raíces etimológicas, existen algunas variantes en el modo de entenderla y de practicarla, pero por diversas que sean terminan por hacer lo mismo: filosofar (pensar, conocer, discurrir, concluir, etc.). En cuanto al modo de entenderla, algunas tienen mayor fundamento, otras son más completas, otras son más descriptivas, algunas son coincidentes en determinados aspectos mientras difieren en otros… Pero, como en un momento atrás someramente hicimos algún comentario al respecto, hay variedad de opiniones (no solo entre filósofos), desde los que afirman que no sirve para nada (la filosofía), a quienes sostienen que no tiene cabida entre las ciencias mientras otros sí la reconocen como tal, y los que la consideran más bien un arte (del pensar), y por supuesto, también hay quienes le conceden el primero y más importante lugar de entre todas las ciencias.

Acercándonos a esas nociones o ideas sobre el quehacer filosófico, de las que solamente haremos una referencia de unas pocas, y así nos percatamos de la pluralidad de versiones, definiciones y opiniones: unas jocosas, otras ridículas o serias, y otras que muestran su ignorancia al respecto cuando no resultan superficiales. Damos por entendido que la Filosofía es un "saber cierto", y por ello una ciencia, que tiene un significado y un valor superior a todas las demás, pues se ocupa propiamente del ser, es decir, todo cuanto existe, pero en un nivel de abstracción superior al de las restantes ciencias.

Su objeto de estudio es todo cuanto existe, del ser y sus causas últimas. No se ocupa sólo de una parte de los seres o un aspecto de ellos, y sus causas próximas, como por ejemplo: la Química, la Biología, el Derecho o las Matemáticas, la Economía o la Hidráulica, la Geología o la Electrónica, etc. La filosofía primera (como la llamaba Aristóteles), que se ocupa de cuanto existe (el ser) por sus últimas causas. Las ciencias particulares (así llamadas porque no son totalizantes), pues según dijimos se ocupan de una parte de la realidad, no la agotan ni la abarcan totalmente en su estudio.

La Filosofía, emplea la razón o inteligencia, igual que las demás ciencias, con su capacidad de análisis y síntesis, la inducción y la deducción, y se apoya tanto en la evidencia como en la demostración, y ocasionalmente en la autoridad, para argumentar y concluir, otras veces recurre a la intuición. Por otro lado, la lógica es parte de la Filosofía, y se ocupa de ella especialmente, no sólo como instrumento para proceder a razonar correctamente y llegar a conclusiones verdaderas, mientras las demás ciencias la presuponen y la usan. La Lógica es tema de estudio de la Filosofía y al mismo tiempo se hace cargo del proceso cognitivo de la persona, o sea, de las ideas y sus múltiples relaciones para alcanzar la verdad.

Al igual que otras ciencias tiene otras parcelas o aspectos del ser según la misma perspectiva filosófica, como: la Ontología, la Cosmología o Filosofía de la Naturaleza, la Psicología racional (del ser vivo), la Ética, la Lógica, la Estética, y la Metafísica, como madre o fundamento del verdadero y profundo saber filosófico, que da unidad a las ciencias aludidas. Y también hay que incluir la Historia de la Filosofía, que de alguna forma hace un recorrido a través del tiempo, de los filósofos más sobresalientes, exponiendo a la vez la problemática que han ocupado el tiempo y la cabeza de esto pensadores y soluciones aportadas, etc. Por tanto, éstas son ciencias filosóficas, de modo semejante a como la Medicina o el Derecho que tienen un objeto o campo de estudio delimitado, pero comprenden está diversificado o parcelado, por ejemplo: son parte de la ciencia médica (o ciencias médicas) la pediatría, la oncología, la psiquiatría o la cardiología, y otras; y en el Derecho encontramos que, se ocupan de aspectos diferentes las relaciones de justicia entre las personas, así hablamos de: derecho penal, derecho, administrativo, derecho laboral y derecho internacional o derecho procesal, etc.

2. Aprender

Ahora pasaremos a ocuparnos de lo que dicen en diversos campos del ser y del saber, algunas personalidades, filósofos algunos de ellos. Nos encontramos a los principios de la filosofía, algunos toman como punto de partida la existencia de algunas ideas innatas, no adquiridas, y por medio de las innumerables experiencias personales, lo que hacemos es "recordar" lo que ya sabíamos o habíamos vivido previamente en otro mundo (mundo de las Ideas, de los arquetipos de las cosas, donde el alma habitaba), conforme a la teoría de Platón y sus seguidores (s. IV a. C). En otro extremo se encuentra Aristóteles, discípulo del anterior, para quien la realidad auténtica está aquí, y no poseemos ideas innatas, sino que venimos al mundo sin ciencia ni experiencia (*"tam quam tabula rasa"*), como una tablilla de cera en la que nada hay escrito y está todo por escribir... Todo está por aprenderse excepto aquello que es instintivo (como seres vivos que somos, lo que hay de animal en el hombre). La experiencia universal nos muestra que las personas, más que "recordar", debemos "estudiar" para "aprender", para "conocer" y vivir en este mundo como lo que somos (animales racionales).

Mientras que para Platón en mundo real es el mundo de las ideas, y éste en que vivimos no más que un reflejo o participación de aquél, Aristóteles sostiene que solamente este mundo es real y no existe otro anterior y perfecto, del que éste sería solamente un reflejo, una mala copia. El Estagirita decía con toda claridad y seguridad: *"Lo que tenemos que aprender a hacer, lo aprendemos haciéndolo"*.[34] Al paso del tiempo, mediante la experiencia y esfuerzo, vamos aprendiendo a hacer un uso adecuado de la inteligencia o razón; como también lo venimos haciendo con la voluntad, por medio de elecciones y decisiones, querer o mar, etc.; y lo mismo con otras facultades como la memoria o la imaginación, e igualmente aprendimos a distinguir entre lo que es un sonido y sus variedades, y otro tanto con los colores, sabores, y otro tipo de sensaciones. Vamos, pues, desarrollando nuestras facultades espirituales y materiales.

Apuleyo, no nos define lo que es la Filosofía, señalando algunos beneficios que le reportado, en los que se advierten cierta relación con la ética: *"La filosofía me enseñó a amar no sólo a quien me hace bien sino a quien me perjudica; a repartir antes que a conservar para mí; y a preferir lo que conviene a los más que lo que a mí sólo aprovecha"*.[35] En otras palabras, resume lo que ha aprendido: amar, a practicar la justicia y ser generoso…, gracias a la filosofía, lo cual no es poca cosa; amar de verdad y hacer el bien no es cosa fácil. Reseñamos también la experiencia que nos ofrece otro filósofo romano, concretamente M.T. Cicerón, que bien resume con una pizca de sarcasmo: *"No se puede decir nada tan absurdo como para que no haya sido dicho por algún filósofo"*[36]. Es de notar, además del desprecio que siente por la algunos filósofos o

---

[34] p. 19, n. 13
[35] p. 17, n. 2
[36] p. 85, n 13

a quienes dedican parte de su vida a menesteres semejantes como "filosofar"; le parece que únicamente sirve para pensar y decir tonterías, o cosas absurdas, necedades, etc., pues es muy probable que se haya topado con más de uno a quienes aplicaba semejante descripción "como anillo al dedo"... Hemos de reconocer que desvariar o decir barbaridades no es exclusivo de los filósofos, pero a Cicerón así le pareció, pues muchos hombres (incluidos los filósofos) a veces piensan, dicen o enseñan cosas que cualquier hombre en su sano juicio es capaz de entender que se equivoca o está en la verdad, también sobre lo que es la filosofía. A pesar de todo, es el propio Cicerón, quien ocupándose del mismo tema, también una opinión muy diferente y más acertada: *"La filosofía, si se quiere definir bien, no es más que el deseo de sabiduría"*.[37] En esta definición, más apegada a la letra de lo que significa esta ciencia, va a la raíz o meollo del quehacer filosófico, expresando de esta manera mayor cordura y seriedad, dejando al descubierto cuál su finalidad: saber, conocer. Y esto tiene mucho que ver con la "admiración", según hemos visto más arriba.

Otros pensadores juzgan algo que no vale la pena, especialmente si se reduce saber, a un conocimiento meramente teórico, a "saber por saber"...Si eso no tiene "aplicación", vale poco. Por regla general, los hombres estamos habituados a proponernos diversos objetivos o metas, a corto, mediano y largo plazo a lo largo de nuestra vida, independientemente que sean de poca o mucha categoría o importancia (para cada quien sí la tienen), trasciendan o no. Por otra parte, no dejamos de pensar igualmente en los medios e instrumentos más aptos para conseguir esos objetivos o metas (personales o colectivas); y es probable que por lo mismo sea grande el

---

[37] Ibid., n. 3

número de personas que consideran como cosa inútil "saber por saber", porque el esfuerzo y el resultado queda en un puro saber, en un conocimiento de la verdad sobre algo. Piensan: es preciso saber algo para emplearlo en la vida, algo que resulte útil, provechoso; la pura contemplación es insuficiente, casi una pérdida de tiempo o algo así. No obstante, debemos hemos de tener muy en cuenta que: una cosa es pensar cosas inútiles y otra muy distinta es pensar inútilmente, aunque guarden cierta semejanza. Siendo un poco pedestres, puede decirse con cierta razón: no es lo mismo soñar con los ojos cerrados que soñar con los ojos abiertos... Además, para crear algo útil, también hay que pensar; no en vano tenemos cabeza... y manos.

Volvemos una y otra vez a lo mismo: lo más propio de la persona humana es saber, conocer, porque de otro modo, se incapacitaría para amar y querer, como para obrar y hacer o fabricar, si careciese de conocimientos. Pero no es cuestión simplemente de "saber algo", sino conocer "la verdad" o poseer un "verdadero conocimiento de las cosas, sobrepasando la mera opinión y las apariencias olas suposiciones acerca de algo. Así como el oído está hecho para oír, es capaz de escuchar un estallido lo mismo que una melodía, sin importar si se trata de sólo ruido o si es música, etc.; la inteligencia es la facultad de conocer la realidad, cierta y verazmente. Un personaje del afamado literato A. Casona, dice a otro: *"Javier- "No tengas miedo a la verdad: puede doler mucho pero es un dolor sano"*.[38] Nos podemos muy bien aplicar estas sabias palabras. Con relativa frecuencia también solemos decir y también escuchar, el dicho popular que reza así: "la verdad no peca pero incomoda". Ciertamente que la verdad no siempre es escuchada o recibida con agrado, pero

---

[38]   p. 73, n. 14

es la verdad. Por lo demás, a nadie le gusta ser engañado ni ser ignorante: ¿no es esto algo muy significativo? La mentira, el error y el engaño, son incompatibles con la veracidad, y nada bueno traen consigo.

3. La medida humana

No parece faltarle la razón a Julio César, al decir: *"Los hombres tienden a creer aquello que les conviene"*.[39] ¡Cuánto se puede decir con tan pocas palabras! Con mucha facilidad y más frecuencia de lo que algunos piensan, somos testigos o de alguna forma corroboramos esta verdad, ya que los seres humanos somos volubles, quién más quién menos, y haciendo honor a la verdad, muchas más somos bastante firmes y las convicciones nos colocan por encima de los gustos y opiniones, de las propias o las de otros. Por algo también se dice: "quien no cae, resbala". En buena medida es debida esta debilidad se debe a nuestra propia condición humana, pues resulta más fácil ceder ante determinadas circunstancias o situaciones, más o menos comprometidas, o frente determinadas personas, que aceptar las cosas como son realmente (ideas, principios, metas, valores, opiniones, gustos, etc.), y llegar a sus últimas consecuencias. Aunque también es verdad que "es de sabios rectificar", según dice un refrán popular.

Entretanto, podemos prestar atención a un caso de cómo se da la aceptación de algo como verdadero cuando lleva una ganancia, según acabamos de considerar. Así lo señalaba hace siglos el poeta y político Juvenal, diciendo: *"Lo quiero,*

---

[39] p. 85, n. 3

lo mando, sea mi voluntad en vez de la razón".[40] Qué más se puede decir, cuando como aquí el cambio o inversión de los factores sí que modifica el producto. Por ejemplo: 3+2=5, y 2+3=5; pero 2+3 no es = 4, porque yo lo mando o así lo quiero, y ésta es "mi verdad". Esto significaría el total abandono o esclavitud de la inteligencia para imponer o dejar el juicio sobre la veracidad de algo, al capricho o interés de la voluntad (al gusto personal). ¡Nada más fácil que sentenciar: allá cada cual con su verdad! Entonces, preguntémonos: ¿cómo se puede querer lo que no se conoce?, ¿sobre qué va a mandar la voluntad, y para que ordena si no consulta ni cuenta con el parecer razón?... Es algo parecido a hacer un vuelo a ciegas, navegar sin un destino o caminar sin rumbo..., ignorando dónde estoy, a dónde voy, sin saber lo que hay debajo, arriba o en el frente, etc. Entonces: ¿para qué volar?, ¿para qué navegar o caminar? Es un sinsentido.

Retomando a Persio y sus sátiras, y a pesar de no nos ofrece definición alguna sobre la Filosofía, nos pone ante dos posibilidades de entender su recomendación, aunque pensamos pueden admitirse ambas posibilidades: *"Lo que buscas está en ti. Y no preguntes a otros sino a ti mismo".*[41] Una manera de entender esto podría ser la siguiente: eso que deseas, quieres saber o hacer, etc., has de buscarlo donde realmente está, es decir, en ti mismo, porque que no necesitas de nadie que te ayude o instruya: busca dentro de ti mismo, tú solo puedes resolver el enigma...; y lo otra, sería similar a la anterior: tienes cuanto necesitas para conseguir lo que quieres y buscas, porque eres un hombre, por eso debes usar la razón para encontrarlo y luego poseerlo. Sin embargo, y pesar de la opinión contraria, sobra decir que

---

40   p. 252, n. 16
41   p. 319, n. 36

nadie se basta a sí mismo: todos necesitamos de los demás y los demás nos necesitan. Es natural condición del hombre vivir en sociedad, vivir en soledad es morir. En cierta medida somos autosuficientes, pero también somos dependientes.

Esta mentalidad (autosuficiencia) estaría en consonancia con los sofistas, y particularmente con Protágoras, para quien: *"El hombre es la medida de todas las cosas, de las que son en cuanto que son, y de las que no son en cuanto que no son".*[42] Dadas estas condiciones, el hombre no solamente sería autónomo y autosuficiente, sino además, tendría la capacidad o posibilidad de dar a la realidad, en cualquiera de sus manifestaciones, el interés o el valor que quisiera concederle, puesto que las cosas todas dependerían de él, en cuyo caso: son o no son según las conozca, poseen el valor que quiera, es decir, las cosas no tienen en sí mismas una realidad ni valor alguno, y otro tanto podría decirse del bien o de la verdad, etc. las cosas no son como ellas mismas, sino como son para cada quien. Nada hay objetivo. Bien podría ser Protágoras, padre del relativismo (nada hay absoluto, inmutable). Es "antropocentrismo" llevado a ultranza, junto a un subjetivismo y relativismo poco común..., pero frecuente. *"Un radical es alguien con los pies firmemente plantados en el aire",* palabras pronunciadas Teodoro Roosevelt,[43] conocido político del siglo XX, ¿podrían dirigirse con justa razón al filósofo en turno?

Una definición de la Filosofía, que nos parece aceptable es la que nos da Epicuro, así se refiere a ella: *"La filosofía es una actividad que con discursos y razonamientos procura la vida feliz".*[44] Claro que ahora el problema estará en averiguar qué es lo que verdaderamente hace feliz al hombre, porque

---

[42]   p. 392, n. 8
[43]   p. 417, n. 14
[44]   p. 134, n. 7

hay quienes la ponen en el placer, en el dinero, en la fama, en el poder, o en la ciencia, etc., y desde luego ésta es una de las principales tareas de la Filosofía: buscar y procurar la verdadera felicidad del ser humano. No son los discursos y los razonamientos lo que hacen feliz al hombre, sino que son únicamente medios para alcanzarla. Las palabras y los razonamientos deben estar avalados con las obras, con las acciones.

Como un primer apunte al respecto hay que decir, que no cualquier cosa satisface del todo o hace feliz a la persona humana; tampoco lo consiguen la suma de muchas de ellas, como lo constatamos en la vida corriente. Cuando anhelado se alcanza y disfruta, luego se quiere más..., por lo que mientras más se tiene, más se desea. Es importante la cantidad pero la calidad es otro factor decisivo en lo que se posee, puesto que el sólo deseo no hace de suyo feliz o dichoso a nadie, sino el tenerlo. Así que deberá ser algo que de tal naturaleza que colme todos los apetitos y deseos del hombre, y que teniéndolo, nada más pueda apetecer o desear, porque con ello está cabalmente satisfecho en todas sus potencias y facultades, es plenamente feliz, y no exista posibilidad alguna de que pueda ese bien pueda perderse o acabarse. Y siendo el hombre un ser constituido por cuerpo y espíritu, debe dejar a ambas partes o elementos totalmente satisfechos.

Mientras tanto, en esta vida los hombres continuamos afanándonos con toda clase de esfuerzos e intentos teóricos y prácticos, para conseguir la felicidad o al menos saborearla, experimentarla, lo máximamente posible aunque unos con mejor suerte que otros. Algunos piensan que no vale la pena desgastarse en esos intentos, como es el caso de Terencio, quien en siglo II, cree que ya nada nuevo se puede encontrar o decir hasta el momento, como si "todo" ya hubiese sido dicho y hecho, conseguido, de manera que ya poco o nada se hay que añadir al conocimiento y vivencias humanas:

se han agotado todas las posibilidades, como bien podría deducirse de estas: *"Ya no se dice nada que no se haya dicho"*.[45] Probablemente no había mayores horizontes en su vida e inteligencia, algo que le pudiese dar u ofrecer una visión más realista, positiva, novedosa y apetecible, más rica en definitiva, en lo porvenir, o quizá se encontraba hastiado de la vida y sin más que aprender... Cuánta diferencia respecto a Cicerón, para quien la filosofía (el conocimiento y la contemplación), representa siempre un buen recurso para la felicidad: *"La filosofía es en verdad medicina del alma"*.[46] Meditemos un poco en esto, y veremos que así como de muchas y muy diversas enfermedades padece el cuerpo, por pocos días o temporadas largas, además algunas de ellas incurables, y con sufrimientos diferentes; análogamente, también padecemos en el alma, aunque de otras maneras, como: la melancolía, la tristeza, la ira, el deseo, el amor, el abatimiento, la desilusión, cansancio, la envidia, etc. Debemos aprender a sufrir y sobrellevar las enfermedades, poniendo los medios para sanar, pero ya se ve que también en la filosofía (filosofar) se puede encontrar un buen "remedio" para el espíritu.

En este tema, va por otros cauces el pensamiento de Voltaire, personaje muy conocido durante la Revolución Francesa, pues su personal experiencia le lleva a explanarse en este sentido: *"En filosofía, hay que desconfiar tanto de lo que uno cree entender muy fácilmente, como de las cosas que no se entienden"*.[47] Estas palabras son un reflejo de una postura hostil si no es que de desconfianza o rechazo de la filosofía, haciendo la propuesta de dudar por principio de lo que nos parece muy asequible como de lo difícil o

---

[45] p. 469, n. 15
[46] p. 86, n. 11
[47] p. 502, n. 12

intrincado. En el mismo juicio van incluidos los filósofos... Desgraciadamente, este pensador "ilustre" (pertenece a la denominada "Época de las Luces"), no deja el beneficio de la duda o la posibilidad de encontrar la verdad, al menos en la filosofía; y así, con esta actitud intelectual de reserva, invitando a no comprometerse o pronunciarse por una u otra opción, es mejor, a su entender, ir con una cautela..., cautela que más se identifica con el desprecio que con la prudencia, pues resulta sospechoso que la luz pueda venir de otros. No siempre, pero el "autodidacta" corre el riesgo de permanecer a oscuras creyendo ver la luz en sus pensamientos, o crearse un mundo que no corresponde al real. Algo podemos aprender de los demás, cuando menos, a no cometer el mismo error.

Esto nos deja ver con mayor claridad, que no hay una filosofía sino muchas filosofías o muchos filósofos, quienes a veces coinciden en algo o en nada, y lo mismo que mientras unos yerran otros dan con la verdad; al margen también de que abundan las personas que se conforman con sólo opiniones, y no se toman la molestia de comprobar su veracidad, o no contrastan con la realidad lo que algunos afirman gratuitamente sobre diversas cuestiones, etc. No faltan aquellos que creen con tanta firmeza en sus propias ideas (por ser suyas simplemente), que les parecen ser las únicas verdades inamovibles sobre las que pueden construirse un edificio intelectual para explicar el mundo, ideas conducen a establecer un orden práctico o útil, veraz y provechoso. Tal actitud es tan posible como real. Acudimos ahora a E. Renan quien sensatamente nos advierte de un peligro nefasto: *"El medio de no cambiar, es no pensar"*.[48] Y es que para cambiar, es necesario pensar. Algo no es verdadero o bueno solamente porque yo lo pienso o yo le quiero... Esto es aplicable a nivel

---

[48]   p. 408, n. 7

individual y colectivo, siendo conscientes de que el cambio no siempre es para mejorar, pues hay casos en que con el cambio se empeora. No todo cambio es garantía de mejora, de superación. Por tanto, hay que "pensar" si es necesario "cambiar", en qué y cómo hemos debemos llevar a efecto ese cambio; porque no es justificable el cambio por el cambio, sino debe tener un fundamento. Y de otra parte, también exístela posibilidad de no cambiar por pereza, por pura comodidad, cosa que también acarrea consecuencias.

Desde otra perspectiva entiende H. Taine la filosofía, haciendo una comparación que no deja de ser original, aunque reductiva, porque el ser humano, no solamente actúa (hace) sino que también razona. Veamos, pues lo que nos dice: *"Puede considerarse al hombre como un animal de especie superior que produce filosofía y poemas, más o menos como los gusanos de seda hacen capullos y las abejas hacen sus colmenas".*[49] No cabe duda que tanto la poesía como la filosofía son productos humanos, pero estos no le hacen ser al hombre lo que es, y menos colocarlo en un plano puramente animal; antes por el contrario, porque es hombre, piensa y hace poesía, pero además, "hace": prosa, música, pintura, admira la belleza natural y la imita y reproduce de diversas maneras, también es inventor, constructor y descubridor, es protagonista de la Historia, creador de artes y muchas ciencias, entre las que se encuentran: la economía, las matemáticas, la biología, la química, política, etc. También se relaciona con su Creador, y de múltiples formas con sus iguales los hombres, formando diversas clases de sociedades con fines también diferentes…, y mil cosas más. En cambio, los gusanos no saben lo que "son" ni lo que "hacen", y a las abejas les ocurre lo mismo, aunque hagan maravillas (seda,

---

[49]   p. 465, n. 12

cera, miel, etc.). Por último, es conveniente esclarecer de una vez, que la filosofía no es el resultado o la suma de las ciencias y las artes, modo de una enciclopedia, pues, como bien lo dice el filósofo español Ortrega y Gasset: *"La filosofía es idealmente lo contrario de la noticia, de la erudición"*.[50] La noticia, explicada sumariamente, consiste en dar a conocer o hacer público un hecho, más o menos importante (para una comunidad), algo de suyo pasajero, y de interés relativo, es decir, no necesariamente para todos. La filosofía no es un suceso más en la vida, sino algo que orienta toda una vida.

---

[50]   p. 355, n. 9

VI. SENSIBILIDAD Y RACIONALIDAD

1. Sensación, idea y lenguaje

En el ser humano como en los irracionales, existen muchos puntos en común, digamos que hay un buen número de acciones y funciones que realizan por igual, en lo que tienen precisamente de "común" como animales. Pese a todo, existen un sinnúmero de acciones y operaciones que pertenecen solamente al hombre, en calidad de ser racional, porque el hombre no es una especie de animal super-desarrollado, sino específicamente diferente: no pueden separarse su animalidad de su racionalidad, porque inmediatamente dejaría de ser hombre. Está sustancialmente constituido de materia y espíritu, ni una ni otra separada o exclusivamente. La persona humana superior a cualquier otro ser vivo de nuestro mundo, está como en la cúspide de todo ser que puebla esta planeta.

La diferencia esencial o de naturaleza respecto de los otros seres vivos, radica en que posee como parte de su ser un alma espiritual, que le permite: conocer intelectualmente o razonar y tener conciencia de sí mismo; y parejo con esto, ejercer un dominio sobre sus propios actos y responder de ellos. Estas diferencias, no responde solo al volumen y peso de la masa encefálica o a una mayor perfección del sistema neuromotor, ni al hecho de caminar erecto, etc., ni siquiera por parte de los sentidos porque muchos animales los tienen mejor desarrollados que el hombre; pues en todo caso, algunos de ellos también podrían pensar, quizá con menos perfección y agilidad o agudeza que nosotros, ya que muchas especies no carecen de cerebro. No es el número de circunvoluciones o la calidad y cantidad de las "minidescargas" eléctricas del cerebro las que producen las ideas, ni que sea más extenso y profundo el conocimiento (intelectual), como tampoco existe una relación directa con estados de duda o certeza, de la exactitud o la aproximación, y tampoco respecto de la verdad y la falsedad, etc. El animal no es "menos inteligente" que el hombre, sencillamente: "no es inteligente".

Abreviando, los seres "irracionales" (de ahí su nombre: carentes de razón) son incapaces de abstraer, no generan o elaboran ideas (conceptos);o se piensa o no se piensa, se discurre y se conoce algo o no hay conocimiento intelectual de ninguna clase. La otra de conocimiento (real), es que se adquiere por medio de los sentidos (internos y externos), que es puramente sensitivo, es decir: singular, concreto y material (sensaciones y percepciones pero no ideas...); y este es el tipo de conocimiento natural y parcial de seres irracionales, y coincidimos con los animales en este modo de conocer.

El conocimiento intelectual (ideas o conceptos, juicios y conclusiones, etc.) presupone o exige previamente un conocimiento sensible, o sea, una secuencia alterna o sucesiva pero unitiva y unitaria, de un conjunto de sensaciones que posteriormente, por medio de un proceso de abstracción, culmina en la "idea". Mas la idea no queda en el cerebro, aunque se requiera de él para pensar, pues si ahí terminase todo, en tal caso se trataría mera "percepción", tan sólo de un conocimiento sensitivo. Pero también es bien sabido que sin cerebro no se puede pensar, como no es posible correr sin patas o volar sin alas, ni ver sin ojos.

Primeramente, los sentidos son impresionados por las cosas y éstas dejan una impronta o huella en ellos, en cada cual según el tipo o clase objeto que capten los sentidos externos, como por ejemplo: del oído (sonidos), el olfato (olores) y el gusto (sabores), etc., pero el olfato no oye ni el oído ve... Esas sensaciones dejan en el correspondiente sentido una especie (imagen) o "marca" que solamente es captado por uno o dos sentidos, dentro de un rango o margen superior e inferior, tratándose siempre de sentidos o facultades sanas, es decir no atrofiadas; por eso ciertos fenómenos nos pasan desapercibidos, por ejemplo: la impronta de tal o cual sonido, olor o sabor, pues de hecho escuchamos y reconocemos una variedad de sonidos dentro de un rango de decibles, y otros resultan inaudibles para nosotros; como entre los sabores distinguimos, lo dulce de lo salado, etc.; y de modo similar ocurre con los olores o fragancias (agradables o no al olfato). De este modo, los datos sensitivos o sensaciones, que son captados y unificados, son atribuidos a un mismo sujeto o cosa concreta y material que precisamente afectan a determinados sentidos. Si hacemos sonar un diapasón: el sonido lo capta los oídos, la figura y el tamaño la vista, el peso y la frialdad y lisura del metal lo capta el sentido del tacto.

Sucede algo semejante a como un hierro candente que deja una huella en la madera que toca y puede incluso quemarla, o si se introduce en el agua, ésta se calienta; es un fenómeno similar como quien camina sobre la arena y deja va dejando la huella de sus pies, y lo mismo si se trata de un animal o un objeto que rueda o se arrastra... A fin de cuentas, la impronta que las cosas dejan en los sentidos, podrían compararse, quizá con más propiedad, a la imagen que un objeto refleja en el espejo frente al que se encuentra. (El espejo, la imagen y el objeto son tres "cosas" distintas).

Esos datos constituyen en el animal un conocimiento sensible, y su conjunto forman la "percepción". Y entre los sentidos internos se encuentran: la imaginación, que puede reproducir sensaciones incluso estando ausentes los objetos; la memoria sensitiva que los guarda y puede traerlos al momento presente; y la estimativa que le hace "saber" o conocer sensiblemente y en concreto lo que bueno o por el contrario nocivo, para el sujeto, según su naturaleza. Por eso, mediante el "instinto", el animal huye de cualquier cosa que le sea perjudicial o dañina. Todos estos datos son unificados y atribuidos (remitidos) al mismo sujeto, mediante el sensorio común, que por así decirlo, recoge el cúmulo de sensaciones para darle unidad al todo: el color, junto con la figura y el tamaño, así como el peso, la rugosidad, el peso y el sabor de una naranja o de una piña, etc., haciendo posible distinguir las cosas entre sí.

Mediante el proceso de abstracción, la inteligencia conoce la cosa tal cual es, antes captada o conocida por los sentidos. Y después, por otro acto diferente, un acto de inflexión, vuelve sobre su propio conocimiento y sabe que conoce, porque ella se pone como objeto de su propio conocimiento. O sea que, uno es el acto mediante el cual conoce (las cosas); y otro acto diferente por el que se conoce a sí misma o conoce que conoce. El objeto propio del conocimiento de la inteligencia son las esencias de los seres singulares, su naturaleza; y además, puede ella misma puede ser objeto de su propio conocimiento, en cuyo caso, el sujeto que conoce y el objeto conocido son el mismo. En cambio cuando conoce las cosas: uno es el sujeto cognoscente (la inteligencia) y otro es el objeto conocido (la cosa). Y siempre: una cosa es el sujeto cognoscente, otra la cosa conocida, y otra distinta la idea o concepto de la cosa; no hay identidad entre los tres. (Juan —sujeto— que conoce, la naranja —el objeto— que es conocida, y la idea —concepto— de naranja).

Considerando someramente este proceso, tenemos lo siguiente: el entendimiento humano (inteligencia), un su capacidad de conocer la esencia (inmaterial) de las cosas corpóreas, se comporta pasivamente a la espera de ser informada por los datos concretos (sensaciones) que aportan los sentidos conforme los han percibido del objeto, mismos que al recibirlos, despoja de su singularidad y materialidad, haciéndolos inteligibles mediante la abstracción, y así, el mismo entendimiento agente, conoce elaborando una idea o concepto (inmaterial), terminando el conocimiento racional en su primera fase. Después, usando y disponiendo de varios conceptos hace juicios, para posteriormente obtener conclusiones. (La sola inmaterialidad del entendimiento, en su aspecto pasivo, no es suficiente para entender si no actuase el entendimiento agente, para hacerlo inteligible en acto por medio de la abstracción).

Esa "idea" de la cosa u objeto conocido intelectualmente es inmaterial, abstracta y universal. Por último, esa "idea" corresponde fielmente a la cosa conocida, o sea, que han de "co-incidir" los datos sensibles con la idea formada por la inteligencia, pues de otro modo no conocería la misma cosa. Percibida por los sentidos. Además, no la conoce en la propia inteligencia sino volviendo sobre la cosa conocida, como quien hace en sentido inverso el camino recorrido, volviendo sobre el objeto. De no haber una semejanza entre la idea y la cosa no se hubiera producido el conocimiento intelectual. Si fuese de otra manera, habría más que nada una confusión, desconocimiento intelectual, y por tanto, no sabríamos lo que las cosas son, únicamente las "sentiríamos" (al igual que el animal, irracionalmente), es decir, únicamente tendríamos sensaciones y percepciones pero no ideas. Por tanto, no habría pensamientos o ideas, ni juicios y razonamientos; no serían posibles la inducción, la deducción y tampoco podríamos sacar conclusiones... Pero de hecho formamos conceptos, tenemos ideas de que existen (ser) cosas y de lo que ellas (esencia) son, y así podemos ampliar y profundizar en su conocimiento, que, como ya dijimos, es inmaterial, porque es el alma humana (inmaterial y espiritual) la que realiza estas operaciones cognitivas. El proceso de "abstracción", visto de manera simple, podría explicarse diciendo que consiste en la "desmaterialización" y "desindividuación" de lo que nuestros sentidos captan y presentan de modo material e individual, pero sin deformar o modificar siquiera mínimamente siquiera, la cosa conocida. Entonces, del proceso sensitivo que culmina en la percepción, del cual pasamos al proceso de abstracción y elaboramos el concepto (inmaterial).

Hay, pues, una correspondencia entre la cosa conocida (sustancia) y la idea. De aquí que el conocimiento sea la adecuación de la mente con la cosa. Si no existe esa "adecuación", no hay conocimiento. Se da una proporción y conformación, por ejemplo, de modo semejante a como la hay entre el sonido y el oído, la fruta y el sabor, o el ojo respecto de los colores, la figura, el tamaño y el movimiento, etc. Así, por ejemplo, de los datos o sensaciones que nuestros sentidos captan de un objeto que tiene cuatro extremidades, pelo de un determinado color, orejas, hocico, que además se mueve y ladra o produce determinados sonidos, etc., nos formaremos la idea de un "perro"; y así con otros individuos u objetos de conocimiento, también llamados sustancias. Nuestra inteligencia, lo primero que capta es el ser, es decir, que algo "es", y es "algo". El hecho de existir nos pone en contacto directo con el "ser", mientras el "algo", nos conduce a su naturaleza o modo de ser de esa sustancia concreta, y ese algo hace que sea un trozo de jade o una obsidiana, o una rosa, un camello... un hombre, por ejemplo.

Llegamos a distinguirlos y darles nombres, a las cosas o seres existentes, para identificarlos, no sólo por las sensaciones que nos provocan, sino además porque de las diferencias que hay entre los seres y que los sentidos perciben de la multitud y variedad de entes, también son o sean conocidos por la inteligencia, que les denomina de alguna manera e identifica y compara entre sí; más tarde los clasifica según conforme a determinados criterios y fundamentos, es decir, atendiendo a sus naturalezas y tipos, características, cualidades, etc. ¿O es que una rosa y un dromedario son lo mismo?, ¿no hay distinción e igualdad (correspondencia) entre sensaciones, ideas y la cosa conocida?, ¿es igual una foca a un canguro?...

2. La participación

De momento podemos ejemplificar esa participación y universalidad tanto en el orden conceptual como sustancial, de los individuos que pertenecen o caen dentro de una determinada idea o noción, como de una o naturaleza, por lo mismo cuando solamente la idea y la palabra" rosa" o "león", nos referimos a todos las rosas excluyendo cualquier otra planta o vegetal que no sea rosa; y otro tanto hacemos si usamos el concepto y el término de león, pues dejamos fuera todos los demás felinos. Y de otra parte, no importan las diferencias que existen entre ellos a nivel individual (entre las rosa y os leones), pues todas y todos son rosas y son leones. Con esto nos referimos a la universalidad y a la participación. Hablamos del ser y naturaleza (esencia) de estas, aquellas rosas y todas las posibles sin excepción; lo mismo que de los leones. Las ideas han de corresponder a la realidad para que sean verdaderas, así como lo que se niega o afirma de las cosas. Así, pues, las ideas o la inteligencia no crean o inventan la realidad, sino que la inteligencia forma las ideas a partir de la realidad.

En consecuencia, elaborando los conceptos y los términos o palabras que expresan el conocimiento correspondiente de cada cosa, podemos referirnos a la realidad mediante ideas y palabras; y con éstas, a uno, muchos o todos los individuos o sujetos que poseen la misma naturaleza o esencia. De manera similar, aunque en otro orden (ya no lógico y cognitivo sino ontológico), como sucede con las ideas y las palabras, antes de esto, las cosas todas tienen o participan del ser, y por eso existen, siendo éste el mayor denominador común entre todos los seres (entes): que existen; y es lo que lo que vulgarmente llamamos. De modo que siguiendo con el ejemplo de la rosa y el león, ambos coinciden en ser, en existir (las rosas y los leones), no así "el león" o "la rosa" (conceptos o esencias solas), por esto afirmamos: éste, esos o aquellos leones existen, y éstas o aquellas rosas existen. Hay, por tanto una participación universal del ser. Todo cuanto existe, "es algo" o "algo es", puesto que nada solamente es puro ser (es) como nada existe como sola naturaleza o esencia (plata, nube, pino, perro, hombre...). Todo ente está compuesto por un acto de ser y una esencia o naturaleza. De no ser así, solamente existirían una rosa, un león..., un hombre, y pudiera suceder así con todo lo demás. *"Pues se llama universal aquello que por su naturaleza puede darse en varios"*, [51]dice Aristóteles. Ello significa que lo participable es la naturaleza y el participante es el individuo, razón por la cual hay muchos individuos de la misma naturaleza, ya se trate de rosas, leones..., y hombres, como cualquier otra cosa. etc.

No es correcto hablar de mundos paralelos: el real y el ideal, pero sí de una "correspondencia". Es un hecho innegable que hay miles o millones de rosas como de leones, por eso el mismo concepto es aplicable y se dirige

---

[51]   p. 19, n. 9

exclusivamente "todas" las rosas y otro a "todos" los leones. Esto, porque al decir del filósofo de Estagira: *"el ente se dice en varios sentidos, aunque en orden a una sola cosa y a cierta naturaleza única, y no equívocamente"*[52]. Hay muchos seres con la misma naturaleza como muchas naturalezas diferentes participadas en multitud de individuos. Más todas las cosas con independencia de su esencia participan del ser, de otra forma ni existirían ni podrían ser conocidas. No existe ninguna esencia o naturaleza sin individuo, ni individuo sin naturaleza alguna; pero sin el acto propio de ser, nada son.

Resumidamente: muchos individuos quedan incluidos en un mismo concepto o idea, como en la realidad mundana tampoco hay un único individuo de una naturaleza o esencia, como ya vimos, La naturaleza o esencia de hombre está recibida o participada en millones de hombres, cada persona es portadora de la misma naturaleza y por eso es hombre. Después de conocer, creamos y usamos, una gran variedad y multiplicidad de términos o conceptos, para referirnos a las mismas cosas e ir señalando sus semejanza y diferencias, dentro de las diversas clasificaciones que se deseen emplear, llámense: géneros, especies, subespecies, grupos, o troncos comunes y ramas, etc. Sobra decir que esas cualidades o características que fundan esas divisiones, son reales también, y por su parte los conceptos (ideas) las explicitan, mismas que deben corresponderse con los diferentes aspectos de la realidad a que se refieren, para evitar confusiones y ambigüedades. Así como las esencias incluyen multitud de individuos, así las ideas se refieren a esa misma multitud individuos o sustancias reales.

He aquí la importancia de que el lenguaje sea un instrumento o herramienta adecuada para expresar y

---

[52] Ibid., n. 8

relacionar la cosa conocida (realidad multifacética) con las ideas y palabras propias y adecuadas a cada caso, tanto literal como oralmente. Si no fuese así, no habría manera de explicarnos y entendernos, aunque conociésemos bien las cosas, lo cual demuestra también que el lenguaje debe tener una estructura tal, que haga posible la comunicación o transmisión de conocimientos, así como de afectos, sentimientos y emociones, para el ser racional.

La inteligencia humana es capaz de conocer y de conocerse a sí misma. Mediante un acto "reflexivo", puede volver sobre su propio conocimiento, ya no sobre la cosa conocida, y entonces sabe que ella es diferente del acto de conocer y de la cosa conocida. Entonces, cobra conciencia de sí misma, o dicho de otra manera, se "autoconoce". En cambio, si consideramos el conocimiento sensible, ninguno de los sentidos puede conocerse a sí mismo (por ser material), digamos que los sentidos "sienten las cosas", pero no captan sus esencia, sino solamente algunas o características de las cosas (las que corresponden a cada uno de los sentidos), tales como: los colores, tamaño y figura, el brillo, la dureza o el sabor, el aroma o los sonidos, el movimiento o el reposo, etc. según vimos antes. Sus objetos propios son, pues, seres materiales, por lo mismo no pueden llegar a poseer "intencionalmente" la esencia de las cosas y formar ideas, sino sólo ser informados por cosas materiales.

En consecuencia, puesto que la idea es algo inmaterial a diferencia de la sensación que además queda en el mismo sentido, necesariamente han de ser facultades no materiales sino (inmateriales) espirituales, las que producen las ideas, juicios y razonamientos, puesto que tales operaciones no son sensibles; y la esencia captada por la ideas, estás de un modo propio en la cosa conocida (formando parte de ella), y en cambio está en la inteligencia no como propia sino (intencionalmente) en cuanto que es de otro. Dicho con otras palabras: la esencia o naturaleza del objeto conocida es una cosa con él (sustancia conocida), mientras en la inteligencia es algo ajeno pero poseída intencionalmente (como de otro). Para mejor entender la diferencia entre lo que los seres corpóreos influyen en nuestro cuerpo y en los sentidos y sus diferencias con las ideas, consideremos que: la idea de manzana no nutre a quien piensa o la recuerda, sí en cambio a quien la come, y de la misma manera imaginar o conocer que una manzana está podrida, no daña la inteligencia mientras que sí perjudica a quien la ingiere; así como tampoco el agua que moja o limpia o calma la sed, no humedece ni lava el cerebro o la inteligencia; ni hace rico a nadie penar en uno o muchos lingotes de oro, y quien los tiene, aunque no piense en ellos, es rico...

3. El pensamiento y el mundo

En palabras de Bergson, filósofo francés de nuestra época: *"Es el cerebro quien forma parte del mundo material, y no el mundo material quien forma parte del cerebro"*.[53] Es verdad que tanto al realizar actos meramente físicos o corporales como intelectuales, se registran en diferentes zonas del cerebro algunas modificaciones mínimas o descargas eléctricas, u otro tipo de efectos, pero las ideas o pensamientos no son esas mutaciones o variantes eléctricas captadas por los nodos o determinadas máquinas fabricadas con esta finalidad (medir o registrar los cambios producidos en o por el cerebro), porque si fuese así, podría saberse de que color, tamaño, cantidad o intensidad de fluido "eléctrico" son las diferentes ideas.

---

[53] p. 42, n. 10

Si las ideas fuesen materiales, al cabo del tiempo, habría crecido nuestro cerebro al menos en una cierta proporción, pues todo ser físico o corpóreo que se agrega o suma a otro, hacen crecer la masa y el peso se modifica proporcionalmente, por pequeños que sean, como es diferente un grano de arena que mil granos de arena, y tampoco tienen el mismo peso y lugar cinco monedas que veinte aún siendo de igual denominación y valor comercial, etc. La estrella solar sobre la que giramos día a día describiendo una órbita elíptica que se completa al cabo de 365 días, va en disminución, pues lo material se gasta (con más o menos rapidez), se va consumiendo y, por tanto, dentro de millones de años será muy pequeño o habrá desaparecido; y resulta que el cerebro aunque no se piense por un rato, o días, semanas, no disminuye su tamaño, aunque puede sufrir otro tipo de cambios... ¿Qué ocurre con las ideas con respecto al cerebro o viceversa? Incluso si se afirmara que las ideas son "energía", la energía es materia y puede medirse, mientras las ideas no; y tampoco el cerebro es una pequeña "central eléctrica".

Considerando el grado de avance de la ciencia y la técnica en nuestros días, alguien pudiera pensar que queda poco por conocer, y sin embargo no es así, pues aunque tenemos muchos conocimientos del mundo circundante, cada día ellos mismos abren nuevos horizontes y plantean nuevas interrogantes, poniendo de manifiesto la capacidad infinita e inagotable de acrecentar el saber humano. Con algunos de esos nuevos conocimientos, en ocasiones caen por tierra algunas hipótesis y teorías que en otro tiempo se admitían como reales o al menos posibles, pero han sido corregidas o desechadas, sustituidas por otras. Surgen así nuevas explicaciones a fenómenos y hechos que de una u otra manera completan o amplían lo ya sabido; otras veces son atisbados algunos posibles sucesos que podrían darse en el futuro, algo que podría suceder supuestas unas determinadas condiciones o circunstancias, etc. Y mirando hacia atrás, encontramos también muchas que hay cosas conocidas solo parcialmente o cosas de las que apenas se dispone algunos dato más o menos fiables, pero que más tarde podría conocerse cabalmente constituyendo verdaderos "descubrimientos".

Ahora bien, ese conocimiento del universo, además de necesario, obliga al hombre a otorgar nombres a las cosas y hechos o fenómenos de cualquier tipo, ya que forman parte de nuestro. Si ponemos atención, el ser humano "da nombre" a todo lo que él hace y todo lo que va conoce. No basta señalarlo o expresarlo con un gruñido o un gesto, sino que emplea palabras además de gestos. Esas palabras y signos escritos (escritura) proceden de las ideas o expresan esas ideas (conceptos), que permiten "referirse" no sólo a la realidad sino también "comunicarse" con los demás hombres. Con las palabras construye frases que vamos relacionando o entrelazando racionalmente para expresar y dar a "entender" a los demás hombres todo tipo de experiencias.

Las frases usadas, como sabemos, están integradas generalmente por: un sujeto, un verbo y predicado. Se dice algo de alguien, de una cosa o de hecho, y eso que se dice puede ser una afirmación o una negación, etc. Aristóteles enseña que: *"En las argumentaciones utilizamos palabras en vez de las cosas, porque no podemos disponer de las cosas mismas"*.[54] El lenguaje oral y escrito es algo imprescindible para las relaciones y comunicaciones humanas. Imaginemos qué sucedería si en lugar de usar palabras o signos escritos, tuviéramos que recurrir a las cosas mismas a que nos referimos para hacernos entender. Sería poco menos que imposible y algo inacabable…, además de resultar algo sumamente y aún propicio a la confusión. Finalmente, recordemos que del ente

---

[54] p. 20, n. 5

o seres que poseen esencia (naturaleza o modo de ser) y acto de ser (por el que son), es decir, de cuanto existe, se puede hablar en diversos sentidos, pero unívocamente ni de modo equívoco sino atendiendo a su naturaleza. Así por ejemplo podemos decir de un gato, que: es un ente, que es un animal, que es un ser irracional, que es un vertebrado, cuadrúpedo y mamífero, de la familia de los felinos, etc., pues hay miles de animales que poseen semejantes características, pero no todas ellas, porque entonces hablamos de muchos gatos; y la definición de una lombriz o un roble o una lechuza, es evidente que deben ser diferentes, pues aunque en algunos aspectos pudieran coincidir, en muchos otros no es así. Todos somos parcialmente iguales y parcialmente diferentes, aún dentro del propio grupo, rama o manera de especificar algo (ver: cita n.52).

4. La palabra

Del conjunto o serie de palabras, en el uso y combinaciones posibles entre ellas, teniendo cada cual además de un contenido, una explicitación verbal o escrita, dan origen a un lenguaje, el cual luego será o es empleado por una pequeña o grande sociedad (comunidad) de personas. Los seres irracionales carecen de lenguaje, porque no son capaces de pensar ni de hablar, por eso tan solo emiten sonidos (ladrar, mugir, graznar, silbar..., etc.), aunque con ello expresen una sensación de dolor, de agrado o satisfacción, incluso de peligro o amenaza de algún mal, pero no tienen lenguaje propiamente dicho. Vemos en cambio cómo los seres humanos no solamente tenemos un lenguaje propio (materno), sino que además somos capaces de aprender otras lenguas o idiomas, y expresarnos por medio de ellos. No deja de ser curioso que el hombre llegue a imitar determinados sonidos de animales, en cambio los animales solamente pueden imitar o aprender algunos sonidos y gesticulaciones humanas, pero no el lenguaje y menos intentar uno propio. Somos otra "clase" o "especie" de animales... Con cierta gracia hace Francis Bacon una comparación sobre las palabras y su empleo: *"Las palabras son la moneda que corrientemente se acepta en el lugar de las ideas, como las monedas se aceptan en función de los valores".*[55]

Podría ser que en lo orígenes de la humanidad el lenguaje se empleara con más aparato mímico y con muchas señas, un lenguaje muy rústico y pobre a la vez, y probablemente un poco confuso. Pero la historia y la realidad, nos muestran que el ser humano se expresaba con signos, sonidos y frases, e incluso mediante el arte, todo lo cual supone pensamiento, y por tanto la abstracción, y con ello, la inteligencia. Es lógico que después, con paso del tiempo fuese cambiando y perfeccionándose, progresando en formas diversas hasta nuestros días, pero ha superando el "lenguaje" (sonidos) del animal que no requiere de abstracción ni de inteligencia, únicamente se remite y limita a los sentidos e instintos. *"No es el lenguaje,* dice J. Maritain, *el que hace los conceptos, son los conceptos los que hacen el lenguaje"* [56] El lenguaje humano es lógico, tiene una estructura y un modo de usarse, unas reglas, etc., al mismo tiempo que las palabras poseen un significado general o universal y otros muy conciso, de manera que los interlocutores se entienden, y no dos o tres, ni una docena ni cien... sino miles y millones de personas a la vez.

De otra manera el lenguaje no cumplirían con su función propia y tampoco las palabras, no sería posible entenderse

---

[55] p. 25, n. 5
[56] p. 315, n. 16

o llegar a un acuerdo. Por tanto, no hemos de asemejarnos a Humty-Dumpty, personaje creado por L. Carroll, en uno de sus cuentos (*Alicia en el país de las maravillas*), que desea imponer "sus" reglas gramaticales: *"Cuando yo uso una palabra"*, dijo Humpty-Dumpty en tono completamente desdeñoso, *"esa palabra significa lo que yo quiero que signifique, -ni más ni menos".*[57] Ha de ser una comunidad de personas, por pequeña que sea, en donde son conocidas y usadas determinadas palabras con un mismo significado, pues en caso contrario no habría propiamente lenguaje. Tanto los sonidos como los signos (lenguaje oral o escrito), tienen un significado y ese significado presupone inteligencia para entenderlo. Los seres irracionales estrictamente hablando carecen de lenguaje.

Por otra parte, existen diferentes corrientes o escuelas que explican cómo, cuándo y dónde han ido naciendo y empleándose las diferentes lenguas, sus resultados, su permanencia, sus derivaciones, semejanzas con otras, etc. Pero lamentablemente, no faltan quienes exageran hasta el grado de afirmar que lo más importante son los sonidos en sí mismos, y preguntamos ¿por qué han de ser mejores tales o cuales sonidos? Otros colocan en el otro platillo de la balanza, a la escritura, o sea, a los signos, afirmando que lo importante y valioso, no son los conceptos expresados sino los medios empleados para ello, etc. Existen idiomas o lenguas se pronuncian tal como se escriben y otras incluyen variables en las maneras de escribir o de pronunciar. Hemos de concederle el mérito que merecen la Filología y ciencias afines o subordinadas, pero sin llegar a los extremos de convertir un campo liso y llano en un laberinto.

---

[57] p. 72, n. 10

Las cosas son como son y tienen (les asignamos) un nombre propio para identificarlas, no obstante que a veces coinciden esos "signos" pueden coincidir fonéticamente o en su escritura con otro(s) de modo parcial. Es lógico que conjuguemos ambas cosas, razón por la que se requiere tanto de ir precisando el contenido de esos signos, como renovarlos y dejar de lado otros por inservibles o anacrónicos, de ahí que en ocasiones nos refiramos a "lenguas muertas" y "lenguas vivas"... Esto supone ir afinando el uso y modo de referencia a las cosas, pasando de lo más general a lo particular y luego a lo singular, etc., pues las palabras han de servir para expresar con la mayor adecuación posible los conceptos e ideas como razonamientos y toda clase de experiencias humanas; sin caer en el otro extremo que daría lugar a una especie de Torre de Babel. Con una carga de burla, comenta Ionesco: *"¿Son cuadradas las raíces de las palabras?"*.[58] Y lo hace no sin fundamentos y suficientes motivos. De otro lado, Erik Fromm (psiquiatra), aborda esta cuestión mostrando inconformidad, especialmente respecto de la palabrería inútil, o el mal uso del idioma que a nada bueno conduce, quizá por excesivas concesiones en el modo de decir las cosas y en el uso indiscriminado del "argot", o quizá al empleo exagerado de "tecnicismos" como de palabras deformadas, que finalmente acaban también deformar la mente, etc., según comenta: *"Nunca se había abusado más que ahora de las palabras para ocultar la verdad".*[59] Hay modos de decir mentiras que parecen verdades y verdades que parecen mentiras. Es muy aconsejable el uso correcto del lenguaje para evitar confusiones, ambigüedades como malas interpretaciones.

---

[58] p. 332, n. 10
[59] p. 166, n. 4

Finalmente, otro tema que se aborda en palabras de Fromm, es la relación entre el lenguaje y la verdad. Si, como hemos visto, mediante el uso adecuado de la inteligencia conocemos la realidad, hay que señalar que "tenemos lengua" para hablar (de ahí la palabra "lenguaje"), y hablar es expresar fonéticamente, mediante sonidos convencionales, nuestras ideas tantas cosas más, pero específicamente para decir la verdad, no para engañar o mentir, ni para deformar la realidad, etc., pues en última instancia, si no hablamos con la verdad, ¿qué sería de una sociedad, una familia, o el grupo de amistades que pertenecemos, si perdiéramos la mutua confianza?, ¿acaso no rechazamos casi instintivamente la mentira y resulta desacreditada la persona mentirosa?, ¿buscamos de modo natural la verdad o la falsedad?... De alguna manera la honestidad y la sinceridad van unidas a la verdad: en las palabras, en los hechos y en las ideas.

VII. EL HOMBRE: ANIMAL SOCIAL

1. El animal social

Una antigua definición de *hombre* (persona humana), por muchos conocida y comúnmente aceptada, es la que expone Aristóteles en su filosofía, cuando afirma que: *"El hombre es por naturaleza una animal social"*.[60] La persona humana es un todo, una unidad integral, aunque compuesto de partes pues, cosa nada extraña, toda vez que en la realidad cualquier ser o sustancia está igualmente compuesta de dos o más parte o elementos constitutivos, dependiendo de su naturaleza. Hablamos de un todo porque no es una pieza simple, como podría serlo un átomo (en apariencia), pues hoy día sabemos que no es la partícula mínima del ser o de un ente material, porque a su vez está integrado por otras partículas aún más pequeñas, como son: los protones, neutrones, mesones, etc.). Y si por otro lado hablamos del sol, por ejemplo, que está compuesto, entre otros elementos de helio, hidrógeno, oxígeno y algunos más.

---

[60] p. 19, n. 7

Algo parecido se da en el nivel o estrato de los seres vivos, desde la mínima expresión de vida como es una célula, hasta el viviente más complejo que existe, como los que están conformados por organismo, músculos, sistema nervioso, sistema sanguíneo, aparato respiratorio, etc. Por esto decimos que el hombre está formado de una parte animal (material), como el cuerpo (igual que los seres inertes y los demás vivientes), pero es capaz de realizar, además de las operaciones vegetativas, las propias de los animales irracionales; mas como algo exclusivo el pensar o conocer intelectualmente y el querer; actividades que le ponen por encima de estos niveles de seres vivos. Y, como más arriba explicamos, tiene otra parte constitutiva, de naturaleza espiritual, que es el alma humana, cuyas facultades son la voluntad y la inteligencia. Estos dos elementos, el material y el espiritual, están unidos sustancialmente, es decir, formando un único ser, la persona. Existe otro tipo de unión que suele denominarse accidental, en cuyo caso dos cosas o entes conservan sus propias características o propiedades, como ocurre con un ejército: está integrado por miles de soldados, pero cada cual es una persona diferente, y el ejército no es una persona; y tampoco forma una unidad sustancial un jardín, compuesto Por: tierra o arena, algunas piedras, diferentes clases de flores y yerbas, y árboles arbustos, etc.

Sin cuerpo no hay sensaciones, sin alma (espíritu) no hay ideas; y sin ideas, no es posible amar o querer u odiar, pues solamente es posible amar o rechazar aquello que se conoce y conocido como bueno o como malo... Por lo que a los sentidos externos e internos se refiere, existen muchas especies animales que aventajan al hombre, dado que son superiores en cuanto tienen o disponen de algunos sentidos más desarrollados o aguzados, si se puede decir, ya que esas facultades son lo único con lo que cuentan para vivir y sobrevivir); mientras que el ser humano supera y rebasa en todo a los animales mediante su inteligencia, su voluntad, imaginación, memoria y experiencia, además de que se conoce a sí mismo, y es dueño de sí mismo porque decide por sí o dispone de su persona actuando y decidiendo desde sí mismo (autonomía) con una "dependencia" relativa o condicionada por los elementos exteriores, nunca plena y absoluta, como en el caso de los seres de la escala de la vida.

Algunas pruebas de ello es las encontramos, por ejemplo, en que además de decidir, puede elegir como cambiar de parecer; igualmente es capaz de comprometerse o rechazar algunas responsabilidades, como escoger un estilo de vida, dentro de los límites que le impone la naturaleza; asimismo, le es posible donarse a los demás de manera altruista o interesadamente, ofrendar su propia vida o quitársela él mismo y a los demás, de la misma manera que a veces se encierra sí mismo como la ostra y el caracol... Los tipos o clases de sociedad o comunidades de las que voluntariamente, de hecho forma parte libremente el hombre, además de la familia, son variadísimas, pues ha instituido asociaciones que van desde: una empresa comercial a una fábrica de automóviles o de aviones, ejércitos, universidades y escuelas de artesanía, como también centros de educación y hospitales o asilos, pasando por los partidos políticos y clubs de amigos o profesionales y aficionados de un determinado deporte, al igual que ha fundado sociedades de beneficencia social, de arte, de recreo o para la investigación científica, y otras muchas con mil fines diferentes.

2. La familia y la sociedad

Vivir en sociedad, no simplemente vivir en una colectividad de modo gregario, como sucede en diferentes especies animales: que se integran en manadas, piaras, parvadas o cardúmenes, enjambres, etc. El ser humano se conoce a sí mismo, conoce a sus semejantes como tales, se relaciona con de formas diversas con ellos, establece y usa algunos medios comunicación personales y colectivos a diferentes escalas y alcances distintos. Conversa o dialoga de todo, diríamos que no hay tema o asunto del que no se ocupe o le interese. También sabe escribir y leer, además de idear un lenguaje mímico… La convivencia pacífica es habitual, no obstante que son innumerables los motivos y los tiempos más o menos largos como extensos y pequeños los lugares donde ha estado en contienda, lo mismo por asuntos y motivos banales como por asuntos de trascendencia y suma importancia, a veces con el honor de por medio cuando no por una veleidad o por razones de Estado; la guerra ha sido una constante.

A lo anterior, puede sumarse el hecho jurídico, que ocupa un lugar preponderante en las relaciones humanas, pues leyes de diversa naturaleza regulan y gobiernan la conducta de los individuos, de los pueblos y naciones, unas veces de manera tajante, otras prohibitivamente, y otras de modo permisivo, etc. Así que tenemos a la vista otra gran diferencia con el resto de los seres vivientes con los que compartimos este planeta, porque ellos no hacen sino "obedecer" las leyes naturales (físicas y biológicas) invariablemente, mientras que los hombres establecemos leyes que, según circunstancias o condiciones previstas, son preceptivas, y admiten ser modificadas como anuladas, sin descontar la posibilidad de establecer algunas nuevas.

Existen normas o leyes de índole civil, comerciales, laborales, penales, morales, religiosas, deportivas, de recreación, y de otras clases según la clase de asociaciones o relaciones que se quieran legalizar. Generalmente se establecen con la intención de orientar o indicar ciertas maneras de conducirse que respetando un margen de libertad y responsabilidad, garantice y proteja al individuo y a la sociedad de la que cada quien forma parte, y favoreciendo a la vez la convivencia humana cierto respeto a la vida, la propiedad, la integridad de la persona, y otros derechos derivados de la condición humana. Veamos un ejemplo entre muchos: dentro de la multiplicidad como variedad de leyes o normativa general, por ejemplo, se establecen cauces y modos de acceder a la propiedad privada, así como al uso o destino que se les puede dar, según los casos y las cosas de que se traten; y también se ofrecen vías de acceso como limitaciones para enajenar o vender, etc. Y tantas cosas más, algunas ya mencionadas y otras como gozar y practicar las bellas artes junto a actividades recreativas, disponer de un servicio social...

La manera de establecer y organizar una sociedad puede ser variable una u otras diferentes maneras, pues no existe una sola y ninguna es perfecta, aunque a la vista de los resultados, sí que hay unas mejores que otras. Esa variedad es otra muestra de la razón, la voluntad y la libertad. Esto y más, procurando primeramente el bienestar y conservación de la familia, núcleo central y origen de toda sociedad. Entonces, una sociedad o comunidad humana, comporta: un grupo de personas que persiguen libre y conscientemente un fin, con unos medios determinados, o sea, un conjunto de personas que con unos medios proporcionados procuran un mismo fin u objetivo, de manera libre y consciente. Una sociedad, no es un "hormiguero" humano ni una "colmena", ni una "manada" o algo que se le parezca.

En cuanto a la constitución de una sociedad, la más primitiva y necesaria es la familia. Precisamente porque es en el seno de una familia donde el hombre o la persona humana es procurada, recibida y aceptada, amada e instruida y protegida. Son por eso sus progenitores quienes primariamente tiene el derecho y el deber de educarles: son los primeros responsables de que su descendencia tenga una vida humana digna; y sólo secundariamente la sociedad, que a su vez está constituida por varias o miles de familias, interviniendo de manera solidaria y supletoria. En última instancia, aunque solamente se hablase en una sociedad compuesta por seres humanos, éstos pertenecen o forman una *familia*: tienen unos padres o progenitores y hermanos, etc., y porque no es "la sociedad" (el municipio, el pueblo, el Estado o la Nación, etc.), la que los concibió y parió... Así, pues, la función del Estado es "subsidiaria" solamente; y la "escuela", es otra institución o sociedad que "colabora" con los padres en la educación de sus propios hijos.

Ello significa que el Estado "coopera" o "participa" en la educación de "los ciudadanos", no de "sus hijos" (que no los tiene), puesto cualquier ciudadano antes forma parte de una familia, en la que nace y vive y a la que pertenece. Por otra parte, ya que algunas familias o padres, no "saben" todo o no pueden ofrecerles todo lo que es necesario para su completa educación, acuerdan entre ellos mismos o con las autoridades civiles, el modo en que ambas partes han de colaborar y participar en la educación de esos "hijos" y "ciudadanos". Otro tanto y en otras proporciones puede decirse de las diversas instituciones o sociedades que las personas instituyan, sea con fines laborales, de recreo, de educación, artísticas o de ayuda social, etc. Nuevamente es Aristóteles, quien hablando de la "ciudad" (*polis*) afirma que ésta *"surgió por causa de las necesidades de la vida, pero existe ahora para vivir bien"*.[61] El ser humano requiere de los servicios y atenciones que no siempre es capaz de ofrecerle la familia, y por este motivo se hace necesaria la comunidad o unión de varias o muchas familias, para formar, desde un clan o una tribu, lo mismo que pueblos o ciudades..., una nación.

---

[61]   p. 19, n. 16

Es verdad que el hombre está diseñado para el placer, gozar o disfrutar de cuanto le rodea, de todo aquello que es parte de su mundo, y primeramente de la compañía de sus iguales los hombres, pues solo o aisladamente es incapaz de sobrevivir, ni siquiera de de gozar de la naturaleza, baste simplemente pensar que existe una determinada complementariedad entre el varón y la mujer, ya que se necesitan mutuamente bajos muchos aspectos, mayormente en razón de formar la sociedad. No es que varón y mujer que sean "mitades" de un todo, ni son ni están incompletos como personas e individuos, pero se "complementan" no se "completan". Se complementan física y espiritualmente porque la masculinidad y la feminidad están diseñadas para formar una unidad, en orden al matrimonio y la formación de una familia, en los aspectos psíquico, físico, moral etc., sin ser como miembros de un cuerpo que se completan, a modo como no son como un brazo o una pierna, la cabeza o un órgano vital del individuo. Como individuos están constituidos de manera, integral, de modo que tanto el varón como la mujer, tomados por separado, cada quien es un individuo completo, aunque lógicamente hay algunas diferencias accidentales, morfológicas como físicas y psíquicas, etc. Además, el individuo humano, natural y necesariamente es un ser sexuado, lo que no sólo permite ver ya una diferencia entre ambos, sino advertir además otra manera de cómo se da esa complementariedad. Ninguna persona es "parte" de otra. Son iguales por naturaleza, como la misma dignidad y simultáneamente con algunas funciones diferentes.

Es posible y debe ser, que cada persona (hombre o mujer), procure su mayor perfección; pero en sí misma y de acuerdo con sus posibilidades y condiciones propias, en calidad de ser humano. Mas el hecho de estar soltero o casado, es un modo de vida elegido que responde a un "estado" civil o religioso en muchos casos, el cual pone de relieve un compromiso formal entre varón y mujer, para engendrar la prole y educarlos(los padres), a la vez que se brindan mutuamente (los esposos) respeto y ayuda para mejorar como personas y superar dificultades de diversa índole que puedan presentarse durante la vida. Sobra decir que resulta desde todo punto de vista imposible la formación de una sociedad humana con solo varones o solo mujeres..., no existe ni existirá, más aún, existe la humanidad precisamente porque hay hombres y mujeres.

3. La política

Para terminar con el tema sobre la sociedad humana, podríamos decir con O. Bismark: *"La política no es una ciencia..., sino un arte"*.[62] Es evidente que este General y Estadista alemán, tenía suficiente experiencia para afirmar lo que dijo en uno de sus múltiples discursos, pues millones de ciudadanos de distintas épocas y países del mundo, nos percatamos con mayor o menor profundidad del contenido de esta frase, junto al respeto que merecen respeto opiniones o ideas políticas diferentes. Es claro que existen personas con gran capacidad para dirigir una comunidad, se trate de un pueblo o una nación, etc., habida cuenta que no todas las personas, incluso entre los mismos políticos, tienen las cualidades requeridas para desempeñarse satisfactoriamente en las tareas de gobierno. Nos parece que bien podría hacer una referencia a las artes, puesto a esto alude Bismark. En esta línea de pensamiento, es fácil comprender que tampoco los músicos, pintores o literatos, etc., poseen por igual incluso las mismas cualidades, y por ello vemos que unos destacan en tocar el piano, otros el saxofón y otros el arpa o el

---

[62]   p. 46, n. 11

violín, etc.; y otro tanto sucede entre los pintores de diversas épocas y escuelas; como de otra parte hay quienes escriben estupendamente en rima o en prosa, se trate de novelas o biografías... Cada quien tiene su propio perfil, mismo que le permite realizar diversos trabajos, pero no todos, amén de que son diferentes las condiciones de cada individuo como de una colectividad, en cuanto a tiempo, lugar y recursos, por mencionar algunos elementos a tomar en cuenta.

Queremos decir también que, ni siquiera el verdadero "político" reúne todas las condiciones para dirigir de manera acertada y convenientemente a su país en todas las encrucijadas y circunstancias por las que atraviese durante su mandato. Para mejor dilucidar la cuestión, podemos dirigir nuestra atención a datos y hechos que la propia historia aporta, pues no es igual gobernar un pueblo en un período de paz o de guerra o mediando una sublevación popular, o en época de prosperidad que de extrema pobreza, un pueblo en el que prevalece el analfabetismo sobre la cultura, etc. Aunque en este tiempo existe la "carrera política" a nivel universitario, iniciándose con un plan de estudios, las propias universidades y el cuerpo docente tienen enfoques, contenidos, valores y finalidades diferentes; y entre los estudiantes no tienen los mismos intereses y capacidad, y un porcentaje variable terminará obteniendo el título. Pero luego las experiencias o participaciones en diversos partidos o grupos políticos van conduciendo por derroteros distintos; sin descontar que también hay un buen número de políticos que no han cursado esa carrera universitaria, y en cambio poseen las dotes necesarias y recurso para ejercer esa tarea con verdadera competencia y responsabilidad, y al contrario...

Tampoco se puede ignorar que hay cuestiones o asuntos de los que un político determinado tiene escasa o nula información y experiencia, como también en otros temas es muy capaz y solvente. Gobernar es efectivamente un "arte", que requiere de no pocas virtudes y cualidades personales, rodearse de colaboradores competentes, solicitar asesoría oportunamente, saber delegar y exigir como mandar y escuchar, para ejercer del mejor modo la autoridad de que está investido, ejerciéndola con justicia y prudencia. No son pocas las cualidades que los ciudadanos y el pueblo en general, desea o exige que tengan sus políticos, entre las que destacan: una genuina actitud de servicio y la búsqueda constante del bien común, no el provecho personal o de una camarilla..., evitando en todo caso tanto la dictadura como el desgobierno. Además, cada nación y cada época tiene unas condicionantes particulares, algunas de ellas constantes, otras variables sin faltar otras coyunturales y aún imprevisibles.

A lo ya dicho, respecto del político o estadista, añadimos que determinadas cualidades y virtudes no son "heredables" de padres a hijos, como en cambio sí lo son algunas taras o enfermedades. Lo que se adquiere con el esfuerzo personal y los propios talentos, no se transmiten a los descendientes, cosa evidente. Es posible fomentar aficiones y ayudar a desarrollar y perfeccionar ciertas aptitudes, tarea en la que comparten en proporciones distintas el hogar y la escuela, sin olvidar el proverbio atribuido a la Universidad de Salamanca: "lo que la naturaleza no da, Salamanca no presta" (no suple). Hay cualidades o perfecciones que se tienen, algunas que se adquieren, y otras resultan inalcanzables por diversos motivos. Sobra decirlo pero abundando en lo mismo, los hijos de los mismos padres poseen cualidades diferentes, y a veces las mismas pero en distinta medida, y casi siempre lo que hay es un parecido físico-biológico, o llamado en ocasiones "aire de familia". Pero cierto es que en ocasiones algunos hijos mejores que sus padres al modo como a hay discípulos llegan a superar a sus maestros.

"Sábete, Sancho, que no es un hombre más que otro si no hace más que otro"[63], decía el Quijote a su inseparable amigo y servidor Sancho. Esta sentencia de suyo no requiere mayor explicación, al menos debemos prestar buena atención al sentido común con que se expresa el Quijote, porque finalmente, todos los humanos, somos iguales (nacemos iguales), y es verdad que aquello que distingue o marca las diferencias entre los hombres es lo que "hacemos" (o quizá dejamos de hacer); pero eso no es lo único, aunque parece lógico, pues los méritos y determinadas clases de obras nos hacen ser mejores o peores, lo que si representa un auténtico servicio a la sociedad o por el contrario una lacra. Los verdaderos líderes no nacen, se forjan, pero no sobre arenas movedizas sino sobre su dotes naturales, más las experiencias y aprendizaje en las relaciones humanas de todo tipo, incluyendo los reversos o fracasos que a veces son más formativas que lo éxitos.

Otra cuestión es la ideología o el programa político de un partido, de sector de la sociedad o comunidad, así como el modo en que se desarrolla y lleva a término; y, otro tanto el modo de entenderlo y aplicarlo por quien o quienes están en el poder o detentan la autoridad legítima. Todavía más, hay ideologías o sistemas políticos diferentes en su contenido y modos de operar: unos mejores que otros, opinables y mejorables, siendo difícil que perduren indefinidamente (un sistema concreto o una determinada ideología), asunto en el que la Historia es maestra, porque los tiempos y las personas cambiamos. Pero por desgracia, frecuentemente se ignoran o toman poco en cuenta las múltiples lecciones que a lo largo de los siglos ofrece la historia de los pueblos, de las ideologías políticas y de las personas. En otro capítulo

---

[63] p. 181, n. 14

nos referíamos a Confucio, que hablaba de la "memoria histórica", que es aplicable en este caso: *"Estudia el pasado si quieres pronosticar el futuro".*[64] Sabio consejo, válido tanto para el individuo como para la comunidad, sin dejar de lado la naturaleza y fines de ésta. Terminamos por recordar que si el hombre es sociable por naturaleza, ello significa que la soledad, el aislamiento extremo, le va mal, pues con esa actitud se empobrece y se dificulta su propio crecimiento o desarrollo y madurez, para alcanzar un nivel específico de progreso, sino sobre todo conseguir una mejor calidad de vida de las personas que la integran, una mayor perfección de las personas.

Por lo mismo, habrá que decir que "el mejor amigo del hombre" no es el perro, como algunos opinan, sino los hombres. *"Ni lobo para el hombre ni dios para el hombre, homo homini homo y aquí creo ver la obvia (pero casi siempre oculta) raíz de la ética.*[65] Esta reflexión de F. Savater (nos dice que el hombre es otro hombre para el hombre), es una afirmación contraria totalmente opuesta a aquella frase tan conocida del filósofo Hobbes, para quien el "el hombre es el lobo del hombre" (*homo homini lupus*), el hombre es el depredador del hombre, su enemigo natural. Pensamos que Hobbes se equivoca, pues entre otras cosas las guerras muestran la enemistad y agresividad de algunos hombres o pueblos entre sí, pero a la par hay también muchas muestras de confraternidad, como: hospitales, escuelas, obras de asistencia social, y por supuesto hacer las paces, la colaboración en proyectos internacionales muy variados de cooperación y ayuda, etc., por mencionar algunos ejemplos. No es posible negar que hayan existido ayer como hoy

---

[64]   p. 93, n. 1
[65]   p. 443, n. 10

personas consideradas con razón y justicia, como negativas o perniciosas, nefastas para la sociedad. Pero el hombre no es malo por naturaleza sino bueno, y con más posibilidades de ser mejor cada vez.

En diversas épocas y países o comunidades humanas, se han encontrado personas de gran valía e influencia positiva en la humanidad, así como también colaboradores que han prestado verdaderos servicios a los suyos, al igual que los hay ahora. En última instancia, lo que hace de cada persona sea mejor o peor, es en primer lugar, el uso que hace de su propia libertad y sus facultades; y luego: las circunstancias, la educación, amistades, la ignorancia, la falta de dominio sobre las propias pasiones, el ambiente, algunas taras y malos hábitos, y otros tantos elementos que influyen en la vida y decisiones de toda persona. Nadie está solo

4. La amistad (amor)

El literato, moralista y buen conocedor del hombre que lleva el nombre de Baltasar Gracián, menciona de modo gráfico la importancia y el valor de la amistad, que representa otra vertiente del aspecto social del ser humano. *"No hay desierto como vivir sin amigos: la amistad multiplica los bienes y reparte los males; es el único remedio contra la adversa fortuna y desahogo del alma".*[66] Es un hecho comprobable que, cuando participamos a otras personas alguna pena o una alegría, sean parientes, amistades, colegas, confidentes, etc., haciéndolo sincera y sencillamente, con plena confianza, "las penas se dividen y las alegrías se multiplican". Al participar y comunicar discretamente nuestras cuitas, se consigue una

---

[66] p. 200, n. 3

genuina "unión-común" y "tener-parte" en las vivencias propias y ajenas.

La amistad es todo un capítulo y una vertiente de experiencias inacabable, en las que casi se alcanzan a tocar las profundidades como las cimas en la vida del ser humano. La amistad es, conocer, comprender y querer a la persona como es y procurar lo mejor para ella. Rara es la persona que no cuenta con alguna amistad, no obstante es frecuente confundir la "amistad" con la "complicidad", la "camaradería" o la "conveniencia". Es posible que se esa relación interpersonal llegue a desvirtuarse, a convertirse en una atadura o que se desordene, y también se puede abusar de ella, debido en parte a las intenciones o a los motivos en que se apoya.

La verdadera amistad, en pocas palabras, consiste en desear y hacer el bien al amigo (a). Prestemos atención a esta recomendación que viene de Ovidio, a fin de ganar en amistad: *"Para ser amado, sé amable".*[67] ¡Cuánto contenido en tan pocas palabras! Qué claras y fáciles de comprender. Pero conviene estar atentos a no hacer mal uso de la intimidad y confianza se encuentra en una genuina amistad. La volubilidad humana puede dar al traste con la amistad. Por ello, cuando mistad se "instrumentaliza", entonces deja de ser tal, pues esta relación de la que venimos hablando, ha de estar precedida y orientada siempre por bienestar del amigo o la persona amada, no es para dañarla o causar algún perjuicio, pues este caso se trataría de una enemistad o hipocresía, falsía humana. La amistad, exige, entre otras cosas, que las dos personas puedan mirarse a los ojos (sin desviar la vista), y también ver o conocer el corazón del otro, respetando cierta intimidad, así como coincidir en algunos

---

[67] p. 364, n. 12

ideales, valores, emociones, gustos y aficiones, etc. Además, mientras más fuerte y verdadera es esa amistad, será más apreciada por la otra persona, —a pesar de sus defectos, pues todos los tenemos—, y constituirá un refugio seguro, un sostén y compañero de suerte. En la amistad sincera, no hay lugar para la doblez, segundas intenciones, disimulos ni secreteos; y en cambio, se quiere o rechaza lo que la persona amiga quiere o rechaza, y cuando más recia y firme sea esta relación amistosa, no hay reparos en renuncias y sacrificios, hasta llegar en ocasiones a exponer e incluso dar la vida si fuese necesario. Alguien ha dicho, con sobrada justeza que: "el amigo es otro yo".

Acerca de la amistad, Aristóteles dice: "...*es lo más necesario de la vida*".[68] Siempre es bueno saber que contamos con alguien (el amigo o la amiga), que existe alguien que: nos quiere, nos comprende, que sufre y se alegra con nosotros; alguien que comparte con nosotros: el agua y la sed, el alimento y el hambre, con quien soportamos el frío y el calor, la sombra y el sol, disfrutamos la salud y padecemos la enfermedad, y lo mismo el descanso y la diversión que el trabajo y el cansancio; es con quien experimentamos el desconcierto y la certeza como el aprendizaje; juntos en la abundancia y en la escasez, etc. La amistad, se hace patente en un "interés" completamente "desinteresado", que no se espera ser requerida, ni demanda pago alguno y tampoco lleva "cuentas", aunque alguna vez pueda recibir algo a cambio (nada mejor que la misma amistad).

También es bueno reflexionar a propósito de la amistad un lo que podría llamarse la contrapartida, pues cabría una amistad que mostrase un "desintersado-interés" respecto a nosotros. Bastantes veces hemos escuchado aquello de que

---

68 p. 19, n. 15

"no todo lo que brilla es oro", y es verdad. Una amistad no se fragua en un abrir y cerrar de ojos, antes bien requiere de tiempo, y en ocasiones..., años. La amistad, como la palabra dada o como el compromiso, pueden ser traicionados, romperse o frustrarse por mil motivos, de aquí que la virtud de la "lealtad" deba estar presente y a la vez sea considerada como una joya de especial valor, que adorna y enriquece la amistad, permitiendo así también la permanencia, que está por encima del tiempo y las adversidades. No parece fuera de lugar este bello pensamiento de F. La Rochefouc</ld, en un asunto tan importante como éste: *"Es más vergonzoso desconfiar de los amigos que ser engañados por ellos"*.[69] Esto no es una tontería, solo bastaría con desconfiar de los amigos para perderlos, o tal vez dar motivo para que duden de nuestra lealtad, que es tanto como caminar sobre arenas movedizas.

En otra dirección, Emmanuel Kant, en uno de sus escritos póstumos, nos ofrece una perspectiva corta y probablemente equivocada de la amistad, pues para él: *"La amistad es una restricción de sentimientos favorables a un único sujeto, y le es muy agradable a aquel a quien se dirigen, pero también una prueba de futilidad y de falta de buena voluntad"*.[70] Tendría razón en afirmar esto solamente si se tratara de una sola amistad, de una persona exclusivamente (numéricamente hablando), pero lo común es tener varias amistades, y cuantas más se tengan, se experimenta una mayor felicidad y expansión del corazón, porque entre otras cosas, el hombre es el único ser en este mundo que puede amar (como odiar); también, el amor humano incluye a la persona entera (en los aspectos corporal y espiritual), lo que se ve y lo que no ve, lo

---

[69]   p. 271, n. 10

[70]   p. 258, n. 4

que es y lo que no es, como lo que puede llegar a ser o quizá nunca será... Se ama a la persona, valga la redundancia, al modo humano, puesto que somos hombres, no de un modo puramente sensible o solamente carnal, ni de una manera abstracta, fría..., como tampoco es verdadero amor aquel que generalmente se denomina "amor platónico" (es amar a alguien real en un mundo irreal o fantasioso, o tal vez hacer del amor un sueño y convertir la realidad en una pesadilla).

Por otro camino anda Epicuro, a diferencia del filósofo de Koenisberg que acabamos de citar, al sostener que los hombres: *"No necesitamos tanto de la ayuda de nuestros amigos como de la confianza en esa ayuda"*.[71] Este filósofo griego, nacido unos siglos antes de la era cristiana, concede a la confianza y a la ayuda, un valor superior a la lealtad y al desinterés en la misma amistad, cosa buena, pero a fin de cuentas importa más la confianza, que no es otra cosa que fiarse del amigo, tener la seguridad moral de que no nos fallará si alguna vez lo necesitamos. Tal parece que importa más la ayuda que puede recibirse del amigo que aquello que podemos "darle" nosotros, lo que denota cierto "interés", como si los amigos fuesen necesarios solamente en función del apoyo, la ayuda o servicio podamos recibir. Es ésta otra concepción de la amistad, claro está, con el riesgo de desaparecer si llega a faltar la ayuda prevista o requerida.

5. Clases de amistad

Sin duda se han escrito libros y libros sobre el amor y la amistad, y no pretendemos ni vamos a ofrecer hacer una síntesis sobre estos temas, ni deseamos proponer ideas

---

[71] p. 34, n. 8

novedosas o algo nunca dicho, pues de mil formas en trabajos de investigación y de carácter científico como en novelas y cuentos, etc. han sido abordados. Ya hemos dicho algunas cosas en páginas anteriores. Por el momento queremos sencillamente rememorar que el amor humano tiene muchas manifestaciones, porque varían las personas, los modos y circunstancias como tiempos en que muestra sus múltiples facetas.

Puede hablarse, por ejemplo, de varias clases de amistad o amor, como: el amor conyugal o esponsalicio, la paternidad y la filiación, que son igualmente muestras de amor, como existen también el amor fraternal y el amor de amistad. De manera semejante cabe hablar de un amor genérico a la humanidad o filantropía, aunque parece un tanto dudoso y más ideal que real, y pues fácilmente se disuelve entre miles o millones de sujetos anónimos, mientras lo más normal y fácil de hacerse efectivo es lo que podríamos llamar un amor "singular" o "particular" por tratarse de personas concretas (con rostro); aunque no deja de ser real también el amor a ciertas instituciones o personas morales, con las que se tiene un contacto directo y quizá un compromiso... En cambio en el amor a la *humanidad* entran "todos", y sin negar la posibilidad amar a innumerables personas, el riesgo que se corre con esta actitud es que no vaya más allá de un "ideal" y quede un sentimiento por noble que sea, o se acabe amando un grupito de personas que comparten mis ideales... En cualquier caso, el amor que presupone de suyo cualquier tipo de amistad, ha de brotar de ambas personas y ser conscientes de ello, lo cual implica también un compromiso. El amor no es una sensación o una idea, es una relación de intimidad, de donación y aceptación personal. (De propósito omitimos la referencia la voluntad porque es ésta la facultad mediante la cual el hombre inteligentemente a amar).

Un pensador un tanto estrafalario como Diógenes de Laercio, reduciendo muchas cosas a lo mínimo, nos transmite su experiencia recogida por años: *"Dicen que todo ser viviente experimenta dos afectos: el placer y el dolor; el primero es conforme a la naturaleza, el último le es extraño. Con su ayuda, podemos distinguir entre las cosas que hay que elegir y las que hay que evitar"*.[72] Estas palabras tienen la apariencia de una invitación a elegir el placer por encima del dolor... Nadie en sus cabales pone en duda que es más agradable una vida sin dolores ni penas; pero, ¿qué ser humano está libre de dolores?, y ¿los motivos?... son abundantes, incontables. Con este modo tan reducido de ver el mundo, en el que todo se resume en lo agradable y lo desagradable, y la realidad se reduce al "placer" y al "dolor", es poco más que quedarse en una perspectiva animalesca, porque entre los vivos e irracionales, su vida no traspasa los linderos de esa clase de vivencias.

Por contraste tenemos que el hombre "sabe" el motivo o la causa de su dolor y su alegría, del sufrimiento y del gozo, incluso del que experimenta en el nivel sensitivo, pero existe además un "placer" y un "dolor" de índole moral o espiritual que los animales no pueden desde ningún punto de vista siquiera atisbar. Para colmo, el ser humano puede transformar su placer en dolor y viceversa. Además es capaz de sufrir para trocar el dolor de otro en gozo, al igual que compartir: penas y tristezas, placeres y deleites, éxitos y fracasos, etc. El hombre trasciende y comparte esas dos vivencias opuestas. De otra parte, de prestar atención solamente al dolor y al placer como criterios para orientar o conducir la vida humana, quedarían fuera de esta calificación muchos valores y experiencias. Además, el dolor, en no pocas ocasiones tiene un aspecto o

---

[72] p. 119, n. 10

polo positivo, que consiste en hacerse presente a modo de "alarma" para señalar o advertir un daño presente y prevenir de un posible perjuicio a la propia persona.

6. El amor verdadero

Por regla general no siempre son interpretadas correctamente las palabras del Obispo de Hipona, cuando dice: *"Ama y haz lo que quieras".*[73] Esta frase o sentencia, podría interpretarse como una liberación de cualquier clase de leyes (mandatos y prohibiciones), como una especie de rechazo de todo tipo de "mesura" o medida, e incluso de normas éticas y morales. Parecería que desautoriza aún lo que es razonable y justo, aquello que pudiera poner alguna cortapisa al amor humano. Puede prevalecer la impresión primera de que el "amor" lo justifica todo. Una primera idea al respecto, que hemos de tener clara es que, el amor no es un fenómeno que se remite a la sensibilidad o que queda en la imaginación, sino que es algo que afecta profundamente al hombre, en toda su persona, cuerpo y alma. Siempre son peligrosos los reduccionismos.

Es sumamente importante empezar por saber lo que es al amor, para no mal interpretar las palabras de San Agustín, o sacarlas de contexto, y después ver su alcance, especialmente en la segunda parte: "haz lo que quieras". No es fácil dar una definición de amor, pues caben diferentes enfoques y consideraciones, desde una visual puramente material y sensible, a otras que atienden al aspecto sentimental y afectivo, o desde perspectivas mercantilistas, costumbristas, sociológicas, estéticas, científicas, religiosas y espiritualistas,

---

[73] p. 4, n. 1

entre otras, pasando por las modas, ideologías y la moral, etc.

Antes hemos tocado someramente el tema del amor al tratar sobre la amistad (entre amigos), del amor entre los cónyuges (conyugal), como aquel que es propio de padres a hijos y viceversa, (paternal y de filiación), etc. Aristóteles define el amor como: *desear o hacer el bien a la persona amada*. De aquí podemos deducir, que el amor es un acto humano libre y consciente, que ordinariamente va dirigido a una persona, y que se responde a un bien real y posible (desear o hacer el bien); así que el mal queda excluido. El amor genuino, ordinariamente es una dádiva u ofrenda, y de por sí no cae dentro de lo que en sentido estricto consideramos como justicia, pues en ésta se presupone una relación de igualdad o equidad y puede resumirse en dar a otro lo que le pertenece, lo suyo. Sin embargo en un lenguaje coloquial solemos decir, por ejemplo, que "debemos amar" a nuestros padres, o que "es justo amar" a alguien por algún beneficio que de tal persona recibimos... El amor, fundamentalmente se da, no pide ni exige, aunque recibe o puede ser correspondido. Al amor, propiamente, traspasa la frontera de lo justo.

Otro aspecto que ha de ser considerado es el referente a los amantes. Partimos de la base de que solamente el amor es posible entre las personas, es decir, que puede apreciarse, valorar, desearse o querer, cualquier otra cosa, como: animales (mascotas...), plantas y cosas, cualesquiera que sea su naturaleza. De aquí que no sea propio o adecuado "amar" un perro, un caballo, un gato, una rosa o una orquídea, un automóvil o un collar de perlas, etc. Solo análogamente podemos decir que los amamos, por lo que significan para nosotros, el valor que podemos otorgarles o por otros motivos, como pueden ser: su utilidad, el bienestar o placer que nos proporcionan, la emoción o afecto que pueda despertar en nosotros, el valor comercial, su rareza, etc. Solamente puede amarse a la persona por su dignidad y el valor que por sí misma tiene, independientemente de otras cualidades adyacentes o deficiencia que tenga.

El amor humano, exige ante todo, respetar la naturaleza de los mismos amantes, o sea, que no puede merece el calificativo de amor o de amar, aquellas acciones que denigran a la persona que los realiza o a quien van dirigidas, mientras que todo lo que perfecciona y enaltece a la persona (sea en el orden material o espiritual), en suma, aquello que es un verdadero bien (deseado o hecho), es una muestra de amor. El filósofo de Koenisberg, afirma en su tratado de ética, que la persona jamás debe ser tomada como un "medio" sino como un "fin" en sí mismo, esto es, no se le ha de instrumentalizar o usar como un medio para conseguir algo: *"Obra siempre de tal modo que la Humanidad, sea en tu persona o en la de otro se considere siempre un fin, y nunca como un mero medio"*.[74] El ser humano nunca es, ni puede ser considerado y tratado como una cosa u objeto, ni como animal. Cualquier actitud que no sea tratarle como un igual, "otro yo", es ofensivo, injusto, "inhumano" en todo el sentido de la palabra. Utilizar una persona es rebajarla, aunque es peor quien trata así a su semejante que quien recibe ese trato.

El humanismo verdadero es aquel que considera al hombre como lo que es realmente, sin quitar ni añadir aquello que no forma parte de su propia condición, el que no intenta "crear" o "fabricar" un nuevo hombre... Un filósofo francés de valía, como J. P. Sastre, expresa su personal punto de vista, que en algo se asemeja al anterior: *"Por humanismo puede entenderse una teoría que toma al hombre como fin y como valor"*.[75] Muy

---

[74]   p. 257, n. 9
[75]   p. 441, n. 14

diferente es que la amistad o el amor se traduzca a veces en prestar y recibir algunos favores y servicios, de modo gratuito y desinteresado, o que alguien se sienta en el deber de agradecer o corresponder, pero bajo ningún aspecto ni pretexto, la persona humana puede ser tomada en calidad de "algo" sino de "alguien".

Cuando se alguien, por ejemplo, dice: yo amo a mi perro, no hace falta dar ninguna explicación sobre la clase de "amor" a que se refiere, pues se dice haciendo un similitud a como es el amor entre las personas. Inmediatamente nos damos cuenta que no hay proporción entre un perro y una persona. El perro puede ser apreciado, por su estampa, por su *pedigree*, por sus habilidades y otras cosas, pero este "amor" no normalmente no va más allá de una muestra afectiva o sensible hacia ese animal, por lo que estrictamente hablando no es amor. Es algo parecido, aunque no igual, si alguien que sale de viaje en avión desde México a Londres, y dijese: "hoy vuelo a Londres"; pues es obvio que el hombre no es capaz de volar, sino que el vuelo la hace el avión donde va éste pasajero; por eso no pasa de ser una comparación o analogía, porque las aves y los aviones vuelan…

También hemos de tener presente que respecto del amor, hay igualdad entre quienes se aman, puesto que se trata de relaciones interpersonales. Pero podría hablarse de una desigualdad, sólo en cuanto a la intensidad con que se ama, pues alguien puede amar mucho más a una persona que lo que ésta le ama, o sea, que es posible amar mucho, poco y muchísimo… Es natural y normal que los padres amen a sus hijos y los hijos a sus padres, aunque existan excepciones, que no invalidan la regla general. También es natural el amor entre hermanos (amor fraterno), pero podría no haberlo por diversos motivos. Merece la pena hacer mención de algo no requiere mayores explicaciones, y es que no se aman "igual" o del mismo modo (no es el mismo amor, aunque hay amor): los hermanos entre sí, los esposos, los novios, las amistades, y los con hijos respecto a sus padres y viceversa. Un aspecto que del amor que es evidente pero no hay que perder de vista, es lo siguiente: mientras en el amor conyugal o esponsal necesariamente incluye o exige la diferencia sexual (varón y mujer), no es así entre los hermanos (hermanas) y amigos (amigas), quienes pueden tener uno u otro sexo así como todos igualmente ser varones o mujeres, ya únicamente para la procreación de nuevos seres humanos es preciso (biológicamente) que los progenitores sean de sexos diferentes.

Hemos visto que el verdadero "amor" es un acto bueno, que "amar" es hacer o desear el bien a la persona amada; tiene como principio u origen una persona y va dirigido o tiene como objeto a otra persona (un semejante). Es posible desear un bien cuando hacerlo no está al alcance de uno, cuando existe algún impedimento o resulta inasequible en determinadas circunstancias; pero cuando puede llevarse afecto, es claro que el mismo amor mueve a realizarlo sin quedarse en la sola intención, de lo contrario se trataría de una amor pobre, débil o quizá "falso". Muchas veces el esfuerzo como la renuncia o el sacrifico, nos dan la medida de nuestro amor por los otros. De manera que, mientras en una determinada acción exige o supone más empeño, desprendimiento de sí mismo o de algunas cosas, y mayor fortaleza para superar los obstáculos reales o previsibles, entonces, ese amor es más firme, más valioso y verdadero. En fin, cuando no se ama con obras es porque se está imposibilitado para hacerlo, pero también desear el bien al amado o a la amada, es amor. Reza el refrán popular: "obras son amores y no buenas razones".

Entonces puede decirse que amar es: querer y hacer el bien (lo bueno) para el amado. El caso extremo de amor es dar la propia vida por el ser amado, ya que la vida es en el orden natural, el bien que generalmente más apreciamos los hombres en este mundo.

Otra característica del amor auténtico se nota en que la acción o el acto amoroso, es libre, es decir, es un acto que procede de la propia iniciativa y no es fruto de un interés, ni es un acto coaccionado o impuesto, surge espontánea y libremente, pues si se obliga o se fuerza a "amar" a alguien, tal acción carecería de amor aunque tuviese las apariencias, estando ausentes la bondad y el mérito. De igual modo, tampoco no se puede obligar a nadie a odiar, aunque se le fuerce física o moralmente a desear o hacer un mal a otra persona. Y en este segundo caso el mal obligado a realizar, disminuye en cierta medida la responsabilidad, esto es, en la medida que se priva de la libertad. Libertad y responsabilidad son elementos inseparables del acto humano; por eso, para obrar con libertad, se precisa además, ser consciente del acto ejecutado.

La parte segunda de la sentencia agustiniana, dice: "*haz lo que quieras*". No hace falta abundar más en que la condición o premisa para hacer lo que uno quiere, es amar: amar de verdad y sea un verdadero amor. El riesgo está, pues, en que sea un amor aparente, instrumentalizado, egoísta, interesado, fugaz, sin reportar ningún beneficio auténtico para la otra persona, y en todo caso, tratándose de un bien relativo o inferior ante un bien superior o absoluto. Hacer lo que se quiera, en este caso puede entenderse más o menos en éstos términos: dependiendo del amor que se tenga a otra persona, podrían presentarse no una sino muchas posibilidades y maneras de mostrarlo, no sólo mediante cauces ordinarios, comunes o habituales, sino también nuevos o diferentes, en los que están presentes, por ejemplo: la prudencia, la generosidad y la inventiva personal o ingenio; y siempre dentro del orden natural, de modo que el efecto de esa acción (amistosa), represente un bien o algo bueno (material o espiritual, grande o pequeño).

Entonces, ese "haz lo que quieras", no significa que todo sea válido o bueno por proceder del amor, y tampoco es una invitación a romper todas las barreras, o transgredir algunas leyes o límites naturales del obrar humano, sino que representa más bien una manera de hacer considerar que: el amor verdadero es capaz de realizar actos extraordinarios considerados en sí mismos o para la capacidad del amante, y da por supuesto que es ese mismo el amor el que lleva a realizar acciones no siempre prescritas sino que las sobrepasa. Porque a quien se ama de verdad, no se le desear o hacer nada malo, nada que le perjudique en algún sentido, pues todo lo nocivo es malo y cualquier daño realizado libre y conscientemente a otra persona, excluye el verdadero amor y el bien. Entonces: hay que hacer todo lo posible para amar, o por conservar y aumentar el amor, dentro de lo lícito y lo bueno.

Es conveniente reflexionar aunque se mínimamente al amor que todo ser humano normal, tiene de sí mismo (cuerpo y alma). El amor propio es sano si es mesurado, si no conlleva el desprecio de los demás u ocasiona algún perjuicio serio, físico o moral, a otros. Dicho amor ha de tener como finalidad el bienestar personal, la búsqueda o consecución de algo bueno en el orden material y espiritual, en la mente de que cualquier bien moral o espiritual es superior a cualquier bien puramente material, sea propio o ajeno. En cambio si ese amor de sí mismo es exagerado, es egoísmo, el cual dificulta o impide, según el grado o intensidad con que uno se ama a sí mismo. Y de otro lado, es posible que el amor propio sea tan débil o pequeño, que no se esfuerce en procurar el bien para sí mismo, por lo que podría haber una indiferencia o menosprecio de la propia persona que llega al abandono y descuido del bienestar corporal y espiritual, lo cual es malo, según el daño o perjuicio causado.

Y en el caso de que la acción no se refiera directamente a un semejante, a otro ser humano, sino de una Persona o un Ser que es el Bien infinito, sin límite alguno, es decir, la Bondad absoluta, con mayor razón se puede y debe "hacer todo lo que se quiera" (todo lo que sea posible), para amarle, como lo exige y pide ese Amor, que vale todo. De aquí que por tratarse del máximo amor que puede poseer un ser humano, le sea permitido llegar hasta los extremos posibles dentro del respeto a la propia naturaleza y la del Amado, que no desea ni hace mal alguno a quien le ama y es amado de Él, y tampoco permite que se le ame de cualquier modo y por cualquier medio, sino con el máximo amor, con los medios o recursos que realmente facilitan o favorecen disfrutar de su amor infinito, al mismo tiempo que goza Él con el amor que se le brinda.

Finalmente: no se puede amar de cualquier manera a la persona humana y a Dios, porque no es amor cualquier sentimiento, deseo, palabra o idea, que de alguna manera dañe al amado o al amante, de cualquier forma. Así, el máximo amor al que puede aspirar y poseer ser humano, es Dios. Por lo demás, tanto ama Dios a los hombres, que ha dado su vida por nosotros... También son de S. Agustín estas palabras: *"Nos hiciste, Señor, para Ti y nuestro corazón está inquieto hasta que descanse en Ti"*.[76] No hay amor humano más grande que el que tiene a Dios por su Amado y su Amante.[77] Y el primer mandato del Decálogo ordena al

---

[76]   p. 3, n. 3
[77]   Cfr. p. 321, n.9; p. 247, nn. 7 y 20 (corresponden a: Mt XII, 37-39; Jn XIII, 34 ; I Jn IV, 7-8)

hombre amar a Dios sobre todas las cosas... Podemos añadir, antes de terminar, que por la misma razón que quien viola o infringe cualquiera de los otros mandamientos del Decálogo, no ama a Dios, como Él quiere y merece ser amado, y lo ama en la medida que los cumple.

VIII. LA PERFECCION HUMANA

1. El placer y el dolor

Hablar de placer y de dolor sin más especificación, lo mismo es aplicable al animal irracional que al hombre, y sin embargo hay que hacer una salvedad de mucha monta: uno es el tipo de gozo y de dolor que padece o experimenta el animal, y otro diferente el placer y sufrimiento del hombre. Un punto de referencia definitivo para diferenciarlos, está en que, el animal vive el placer o el dolor, "siente" algo como: desagradable, incómodo, nocivo, o por el contrario, agradable y placentero; pero sin conciencia de ello, esto es, no alcanza a "comprender" el "por qué" de esa vivencia, ni conoce la gravedad del daño, ni qué es aquello que le provoca. El irracional, solamente sufre o goza sin trascender esta sensación, quedándose en la pura vivencia, según los sentidos afectados. Se podría comparar a un sonido (desconcertante o melodioso) que se expande y permanece en una cabina cerrada herméticamente; o a una luz encendida en un recinto de cuatro paredes carente de accesos y sin ventanas, que sólo ilumina el recinto. Para acabar, veamos otros ejemplos: un gato o un perro pueden padecer porque el gato consumió algo dañino o el perro fue mordido en el cuello, por lo que los dos experimentan el dolor; pero por sí mismos nada pueden hacer, sino dejar que pase la infección o se expanda quitándole la vida, tratándose del gato, o en el caso del perro, que permanezca con la herida abierta hasta desangrarse y morir; o salvar sus vidas en ambos casos si tienen dueño y acude oportunamente en su auxilio.

Con respecto a la persona humana, es bien distinto, porque el dolor o el placer, aunque sean meramente sensibles, se tiene conciencia de ello (decimos: me duele la cabeza o está sabrosa esta piña, etc.), por lo que no queda todo en sensaciones y percepciones, pues aquello se remite a un "yo" (sujeto pensante), pues la persona sufre o goza, y además conoce la causa de aquel placer o dolor y muchas veces sabe y puede poner remedio. Junto a esto, es capaz de trascenderlo, es decir, no permanecer exclusivamente en lo sensible, sino darle un sentido o finalidad, como quien toma una medicina amarga o hace algunos ejercicios que provocan cierto dolor, pero lo hace a fin de recuperar la salud; o disfrutar una bebida refrescante, comer su platillo favorito, el sabor y poder nutritivo que tiene, etc. Igualmente puede gozar del amor humano en alguna de sus múltiples facetas, por ejemplo: arrostrar el peligro y sufrir por salvar una vida humana, o tener la satisfacción y alegría de cooperar en el bienestar de gente necesitada, y mil experiencias más. A lo ya dicho, puede agregarse algo muy importante: puede evitar y procurar directamente ciertos dolores y placeres, como poner un límite ("hasta aquí"), o permitir que continúen hasta el final, esperando que sobrevenga un shock o quizá la muerte.

Si un ser humano normal, por ejemplo, padece una intoxicación o un golpe severo, acude a su padre o su madre, cuando se trata de un niño, o va al médico, si se trata de un adulto. El niño o el adulto, según el caso, o piensa qué mal es el que padece y qué le puede devolver la salud o aliviarle siquiera un poco; además suele ser consciente del propio sufrimiento y del placer, procurado o no. Otra posibilidad es limpiar la herida si no es grave, o no hacer nada de momento y en caso de infectarse acudir al médico, si su vida peligra con riesgo y morir, y puede incluso no importarle y esperar la muerte. Una vez más la sabiduría popular sale a relucir con este comentario: *"El hombre no se lame las heridas"*. Entonces, nos preguntamos: ¿por qué?..., quizá porque sabe curarlas. Otros ejemplos reales los tenemos en los soldados en combate, que en ocasiones sufren grandes dolores debidos a la metralla, y a pesar de que sus heridas sean mortales, luchan: por el honor, por la patria, por sobrevivir, por orgullo, por venganza, por salvar a sus compañeros o poner su pellejo a buen recaudo, etc. Algo semejante pero en sentido inverso ocurre con el placer, por ejemplo: quien come "algo" porque le gusta excesivamente, y come o bebe sin medida (gula), aún sabiendo que ese alimento o ésta bebida que tanto le agradan le provocarán un daño cierto, puede hacerlo.

Nadie ignora que los animales, normalmente, comen por necesidad y lo suficiente para vivir o sobrevivir, no así los hombres, que podemos comer y beber con mesura o en exceso y aún hay quienes del alimento hasta fenecer. También lo contrario es posible, porque la persona puede renunciar voluntariamente a cuanto le perjudica para evitarse daños y dolores, gastos, y hasta por adquirir o conservar una buen "figura"... Y en caso de la droga, es innegable que quien la consume busca en ella un placer, o un beneficio como "escaparse de este mundo" (aunque sea temporalmente), pero no ignora que, pasado un tiempo, estará de "regreso" a la realidad, y pese a todo, continuará consumiéndola periódicamente a pesar del grave mal que le produce..., hasta destruir su cuerpo, su mente y su voluntad, si no es fallece en la última dosis que se aplica o su "último viaje".

El ser humano, de modo natural procura el placer o bienestar y evita lo que puede dañarle. En el orden físico no le es indiferente ninguno de los extremos, y rebasando lo que tiene de animal, busca obtener un bien o algo agradable para el cuerpo de modo natural e inmediato, pero participando en esta acción la inteligencia la voluntad, o sea, siempre está involucrada la persona entera con sus facultades, a menos que por algunas causas ajenas a ella se vean impedidas. Tanto si desea un placer como eludir algún daño personal, como cuando quiere algo bueno y placentero para otros, y lo mismo si procura un causar un perjuicio de cualquier índole a otras personas, podríamos decir que de manera simultánea o "automáticamente", con la buena o mala intención que hace tales cosas, intervienen: la inteligencia, para ver (pensar) cuáles son los medios o instrumentos apropiados para realizarlo; y la voluntad, para decidir y consumarlo.

En consecuencia, cuando la persona sufre o goza, no es solamente el cuerpo, o solamente el espíritu, porque es capaz de sufrir simultáneamente en el alma y con el cuerpo, puesto que hay sucesos que le afectan por entero, como, pueden ser: la muerte de un ser querido, el desprecio o el engaño, así como estudiar y recibir algunos honores o tener la satisfacción de algún acto virtuoso hecho en condiciones más o menos difíciles, etc. Pero no es únicamente el cuerpo o sólo el alma separadamente, pues están sustancialmente unidos formando una única persona (por ello decimos: mis pies, mis manos, mis ojos, mis gustos o preferencias, mis ideas, mis recuerdos, etc., y no decimos: la mano o éste pie, o este cerebro piensa, o este oído escucha, etc. más bien decimos: yo pienso, yo recuerdo, me rompí la pierna..., etc.). Definitivamente, es el individuo entero (cada persona), quien habla de sí mismo como un todo, no obstante que a veces haga referencia a alguno de sus órganos o miembros concretamente, etc. Acertadamente dice el santo de Aquino: *"Hablando con propiedad, no conoce*

ni el intelecto ni los sentidos, sino el hombre por su medio".[78]
Cierto que el cuerpo "siente", pues son suyos los sentidos,
le pertenece toda sensibilidad respecto cuanto percibe, en
tanto que las actividades del conocer y del querer o amar, le
pertenecen y las realiza solamente el espíritu. Pero, el cuerpo
y el alma, son los dos elementos integrantes de cada persona
humana, de cada individuo. En resumen, el hombre sufre y
goza "humanamente" (cuerpo y alma), y el animal solo sufre
y goza sensiblemente, no obstante que pueda ser más intenso
en algunos casos lo agradable y lo desagradable, así como
su duración temporal.

2. Responsabilidad y autoconciencia

En su momento hemos considerado que el acto propiamente
humano rebasa los linderos de lo sensible, debido a la
participación de la inteligencia y de la voluntad, por lo
que tiene presenta como característico el hecho de tener su
origen en la misma persona, es decir, se trata en un acto
decisorio y consciente, no es simplemente la respuesta a un
estímulo, y mucho menos es igual en todas las circunstancias
y personas. Hay, pues, un "plus" en esa acción; es por
ello que la advertencia y la decisión, implican o suponen
una responsabilidad, puesto que no solamente influyen los
estímulos sino que, de lo íntimo de la persona, desde sí misma:
decide libremente actuar de una manera u otra, y por tanto,
se propone conscientemente un fin con sus acciones, y elige
unos medios que juzga apropiados para conseguirlo. O sea,
que la respuesta no obedece tan solo a estímulos sensibles,
los cuales en todo caso son "conocidos" como lo que son; por

---

[78] p. 476, n. 2

esto la responsabilidad personal tiene su origen en la propia decisión y ejecución deliberada del acto. Esto es "responder" de los propios actos o "dar razón de ellos".

El aspecto o valoración ética de los actos humanos radica en que éstos nacen de la persona misma, porque cada persona es dueña de sus actos, posee un dominio sobre ellos (en mayor o menor, según ciertas condiciones. No se trata de algo que proviene de fuera del individuo, digamos un estímulo o una percepción sensible (incluyendo la memoria y la imaginación), que demanda o provoca "automáticamente" una determinada reacción, respuesta que queda también en el orden exterior del propio sujeto, o quizá en la pura percepción y afectación interior de la sensibilidad.

Como vemos, en una acción propiamente humana, no puede separarse el aspecto o contenido ético de esos otros que también concurren simultáneamente: el físico y el biológico, porque guardan una cierta proporción y relación entre sí (somos cuerpo y espíritu). No considerar estos aspectos sería equivalente a dar una "explicación" o "causalidad" de los hechos, dejando todo a la mera interacción de leyes físicas, químicas o biológicas, sopesando y solucionando las cosas en un nivel exclusivamente material.

Hemos de tener en cuenta que, por lo general, no apreciamos como cosa indiferente o amoral, por ejemplo: que una persona prive de la vida a otra o se la quite a sí misma; que alguien atente seriamente contra su salud o la de otro ser humano; que una persona beba con medida o se exceda hasta perder la razón y ocasione graves daños a otra persona; ni es igual pagar o que no pagar una deuda contraída; y no resultan acciones insustanciales como mentir, robar, etc. Valoramos como algo bueno, positivo o justo, o al menos nos parecen acciones verdaderamente humanas, aquellas que implican, por ejemplo: sobriedad, respeto a la vida y a la salud (propia y ajena), honradez, justicia, etc. Y por cierto, no es cuestión de modas o costumbres, porque, si lo enfocamos como hechos que se resuelven a nivel de los sentidos, animalesco, entre las bestias no existen "modas" y "costumbres", que por demás son cambiantes, no así la naturaleza del ser humano.

Cualquier acto humano consciente y libre, lleva consigo una carga moral (ética), pues no es sostenible el argumento según el cual, una cosa son los actos y otra sus consecuencias. Sería tanto como decir que una cosa es la acción humana, y otra muy distinta su calificación moral o ética, considerada por uno mismo o por los demás. No es verdad que la moral sea algo puramente personal e íntimo y no de la incumbencia de otros, tan sólo juicios del fuero interno personal. Entonces las relaciones humanas serían casi imposibles, pocas personas serían de fiar. Así las cosas, ¿a qué responden entonces muchas leyes civiles que penalizan o consideran "delictuosos" algunos actos como: el fraude, el homicidio, la traición, el genocidio, el robo, el perjurio, etc.?

Fijemos brevemente nuestra atención ahora, en casos y situaciones difíciles y comprometidas, que se repiten frecuentemente en nuestra sociedad, como: una persona no puede más con su vida debido a grandes sufrimientos, o las deudas le agobian, o ha sido deshonrada, o ha sufrido la pérdida de sus padres, padece una enfermedad incurable y progresiva...; y justo por ello decidiese suicidarse: toma una pistola y apunta en la sien, o introduce el cañón en la boca dirigiéndola hacia arriba —al cerebro—, dispara... y muere. Si le preguntásemos qué ocurrió, sería absurdo que el difunto o la difunta, argumentara (si eso fuera posible): yo, solamente apunté con la pistola y jalé el gatillo, lo que no entiendo es por qué estoy muerto/a (estaría presentando el suicidio como si se tratase de dos o tres hechos diferentes sin relación entre sí: coger una pistola, apuntar a la cabeza, jalar del gatillo, desvanecerse y expirar). Cualquiera advierte la relación entre la causa y el efecto, además de la intención y el motivo de esa acción. Es un "suicidio", y la persona en cuestión quiso quitarse la vida, tal vez pensando (equivocadamente) que así resolvía todos sus problemas. Cierto que hay unas explicaciones de orden físico y biológico, pero las y ha también éticas. Resultaría igualmente raro, que alguien se extrañase de estar borracho luego de ingerir media botella de ginebra, de tequila o de vodka…, como si una cosa fuera beber y otra embriagarse; además, no es igual beber: agua, leche, soda, cerveza, arsénico, amoníaco, gasolina, etc., pues en cualquier caso importa mucho el contenido y la cantidad, porque los efectos también serán diferentes…. Tanto el suicidio como la embriaguez tienen una causa: el primero es darse un tiro en la cabeza; y el otro es beber excesivamente, por arriba de la propia capacidad.

En el terreno de la ética, Emmanuel Kant no hacía tales separaciones en orden a la conducta humana, como hoy en día se ve. A veces se llega a separar con toda "naturalidad": lo ético y lo económico, lo ético y lo político, lo ético y el trabajo profesional, por mencionar algunos campos donde nos desenvolvemos muchas personas. Se nota a las claras, una especie de divorcio o separación entre la inteligencia (y la conciencia moral) con la voluntad, en la que van entremezcladas: algunas costumbres, las modas, el "status", la imagen personal, etc.; y de otra parte, probablemente como contrapeso y protesta a la hipocresía o falsedad de algunos, adoptan una postura de "autenticidad" o "espontaneidad", que también es perjudicial por permisiva.

Ahora casi todo es lícito o permisible, justificable, o… allá cada quien. En otras palabras, el relajamiento moral (ético) es algo que se respira en muchos ambientes, y si el aire está contaminado, más tarde o más temprano, termina dañando los pulmones o el aparato respiratorio, pues no podemos dejar de respirar: la asfixia, como resultado final. Nuevamente dirigimos la atención a E. Kant, quien afirmaba con plena seguridad, que para comportarse éticamente era preciso: *"No actuar nunca de otro modo que se pueda convertir mi criterio en ley universal"*.[79] Dicho con otras palabras: debo actuar de tal manera, manera tal que mi criterio o norma de conducta pueda convertirse en ley para todos. En caso de que ese tipo de conducta o criterio de acción, no pudiese traducirse en ley general, esa acción es inmoral o anti-ética, es decir, mala.

Po ser el hombre un "animal social" (además de racional o precisamente por ello), la inmensa mayoría de sus acciones, no quedan dentro de sí mismo o le afectan sólo a quien las realiza, sino que se proyectan amplificadas muchas veces en los demás. De aquí que Kant hablara de una "ley universal", no de una ley que sea válidamente sólo para mí, o en este caso concreto, o mientras no cambie de parecer. Además de que la ley de suyo es general o universal, nunca particular, porque no se legisla para un individuo sino para la comunidad. De aquí que sean cosas muy diferentes: que un individuo quede incluido o caiga dentro una o varias situaciones que contempla una ley general; y de otro lado, que un individuo se encuentre contemplado en una ley hecha "ex profeso" para él (cosa inaudita e inválida, además de injusta). No se puede arrojar una piedra con los ojos cerrados donde sabemos que: "algo" puede ocurrir y "alguien" pueda salir perjudicado, y luego argumentar, como prueba de inculpabilidad, que no había intención de hacer ningún daño, puesto que se tenían vendado los ojos...

---

[79] p. 257, n. 6

3. La Libertad

La inmensa mayoría de las personas llegando al "uso de razón", con quien con más quien con menos claridad, certeza y veracidad, se van dando cuenta o aprenden a juzgar y hacer u omitir lo bueno y lo malo; aunque estas mismas acciones tengan también otra connotación en otros ámbitos de la actividad humana. Aprendemos a distinguir el bien del mal, como aprendemos un idioma o matemáticas, geografía, a tocar un instrumento musical, etc. Diferenciamos también el orden físico y biológico del ético o moral, tan sencillo como saber: que no es lo mismo estar sano que enfermo, que no da igual decir la verdad que una mentira…, y pagar el precio de un objeto o robarlo; que trabajar y estudiar o dejarse ganar de la pereza, tienen resultados positivos o negativos, etc. Son actitudes o hechos que traen consecuencias de diversas magnitudes, según los casos. Lo sabemos porque unas veces lo hemos aprendido en el propio hogar o mediante el estudio, observando la conducta de otras personas, buenos y malos consejos recibidos, además de que la misma vida nos lleva de un lado a otro, dando lecciones a veces inolvidables.

En parte estas y otras cosas, hacen posible que en muchos casos, se vayan conformando una serie de normas o principios de conducta y a la vez se establezca entre ellas cierta jerarquía, aunque posteriormente y por diferentes motivos, se realicen algunos cambios, a veces para mejorar y a veces par empeorar. Una verdad aplastante nos pone en bandeja, Alfred Adler, sobresaliente discípulo de S. Freud, sentenciando: *"Es más fácil luchar por unos principios que vivir de acuerdo con ellos".*[80] Vivir conforme a un conjunto

---

[80] p. 2, n. 8

de normas éticas, no es fácil, pues además del egoísmo, que aparece muy en primer lugar, está también el orgullo personal que dificulta reconocer los propios errores o los justifica, en ocasiones culpando a otros de los propios errores; y desde luego, otro elemento que hace más difíciles las cosas es la humana debilidad. Otro obstáculo a vencer, que se presenta con relativa frecuencia, es la pretensión de estar por encima de las leyes o buscar la excepción del propio caso; y luego, junto a las inevitables pasiones, está el ambiente y las modas, que influyen más o menos en la inteligencia y en la voluntad, con lo que las cosas se complican más... Fouché, inteligente protagonista del periodo de la Revolución Francesa y allegado a Napoleón, dejó escrito en sus "Memorias", lo difícil que es hacer verdadera justicia, poniendo a la vez al descubierto la fragilidad del ser humano: *"Muchos se han equivocado, hay pocos culpables"*.[81] ¿No ocurrirá ahora algo semejante respecto de la falta de ética o moralidad de muchas acciones humanas, o en muchas personas? Para poder rectificar es necesario antes advertir el error o el mal hecho, y reconocerlo; pero antes, hay que poseer la regla que mide el mal y el bien.

Por si no fueran pocas las dificultades u obstáculos que encuentra el hombre para procurar llevar una vida digna, es decir, conforme a su propia dignidad y a las leyes naturales, bien podrían considerarse estas palabras de F. Bacon, que parecen dichas cierta sorna pero que llevan buena dosis de verdad: *"Generalmente se encuentra en la naturaleza humana más de locura que de sabiduría"*.[82] Obviamente que la naturaleza humana no está desquiciada ni mucho, pues de ser así, el mal privaría sobre el bien dando como resultado

---

[81]   p. 161, n. 9
[82]   p. 26, n. 1

una humanidad que va al desfiladero o degenerada cada día más. Sin embargo, mirando a nuestro alrededor comprobamos que el mal físico y el moral existe, mas con todo, la persona siegue siendo libre y responsable de sus actos, a la vez que, gracias a su inteligencia, va encontrando soluciones oportunas o atinadas y buenas a muchos problemas que debe resolver y a situaciones complejas de no poca categoría, e incluso sabe adelantarse a semejantes dificultades, se trate de asuntos de carácter natural o creados por los mismos hombres. La bondad y la heroicidad de muchas personas, millones de ellas desconocidas, hacen una suma mayor que la de los hombres verdaderamente maliciosos, perversos o degenerados, faltos de toda norma ética y enemigos de la paz, la justicia y el orden social. Lo que es innegable es que la persona humana puede hacer tanto el bien como el mal a diferentes niveles y de variadas consecuencias, y tiene a la vez un gran recurso siempre a la mano: la rectificación.

Hay algo que con bastante frecuencia se pasa por alto, y es de gran importancia cuando se aborda el tema del *ethos* en el hombre (carácter ético de los actos humanos), y es que: ningún hombre es tan malo que no posea algo bueno, y nadie es tan bueno que no pueda tener algún defecto o carencia. No existe ningún hombre perfecto. Por otra parte, la persona, aún dentro de una posible ignorancia o en el caso de encontrarse una situación extrema, por lo general hace aquello que le parece "bueno", al menos para el caso y situación que le afecta, aunque puede equivocarse, pero habitualmente generalmente es difícil engañarse a sí misma, aunque a veces lo hace con otras.

Al lado de esto, se presenta un asunto de suma importancia: acertar positivamente en cada caso dando con la verdad y con el bien, como los dos pies sobre los que camina el hombre... Consideremos otra de las enseñanzas del Estagirita sobre este tema: *"Todo arte y todo método, y del mismo modo toda acción y elección, parecen tender a algún bien: por eso se ha dicho, con razón, que el bien es aquello a que todas las cosas tienden"*.[83] O sea que, aún equivocándose el la acción o decisión, la persona busca lo bueno o lo mejor, al menos a su entender. De aquí también la importancia de la instrucción, la experiencia, y la consulta cuando sea necesaria, y no actuar solamente por mimetismo, moda, respetos humanos, por singularizarse o llamar la atención, por ser "diferente", o por mero sentimentalismo cuando no es la pereza mental de sopesar los motivos o razones antes de actuar. Nadie está exento de errar, pero todos tenemos el deber de obrar el bien y evitar el mal. Y si se es consciente de haber obrado mal, se debe rectificar o reparar el daño hecho.

---

[83] p. 19, n. 11

IX. NATURALEZA Y HABITOS

1. El deber de la perfección

La existencia del bien y del mal es una realidad comprobable a diario y en mil formas distinta, en el orden material o físico y en el moral (espiritual). Estas dos nociones no son huecas, vacías, responden a la experiencia de la humanidad misma desde hace bastantes milenios. Es ineludible tener que pensar, también ahora, en este tema, lo que nos obliga también a hacer una referencia directa a los buenos y malos hábitos, es decir, a las virtudes y los vicios. No es posible una omisión en este terreno, no hay que dar nada por supuesto. Nuestro punto de partida es la evidencia de que el hombre es un ser imperfecto, pero también "perfectible". Esto significa que no está "hecho del todo" cuando viene al mundo.

El perfeccionamiento de la persona se inicia desde la concepción en el vientre materno, de aquí que no sea viable un embrión de tres días o de cinco semanas, por ejemplo, y en cambio sí lo es a partir de los siete meses, generalmente, y con mayor garantía cuando es parido. ¿Esto, no nos dice algo?... La persona humana al nacer, en incapaz de valerse por sí misma, y serán necesarios varios lustros y mil cuidados, atenciones y servicios, ayuda en una palabra, para que pueda lograr cierto grado de autosuficiencia. Nacemos sin saber nada, ni los instintos y los sentidos están suficientemente desarrollados o maduros para contar con ellos, aunque pasen meses y años... Pues así como se puede hablar del desarrollo o perfeccionamiento desde la perspectiva biológica (como todo ser vivo), también cabe hablar de la perspectiva ética, exclusiva del hombre. La perfección humana supone el ejercicio de todas sus facultades: las materiales y las espirituales.

Es la propia persona, de cada individuo, quien ha de intentar su mayor perfección, para lo que debe contar con el apoyo imprescindible de sus semejantes, pues de otra manera resulta algo imposible. No sucede, al menos en algunos aspectos, como en el caso de tantos animales que, luego de nacidos, apenas transcurrido unos días o pocas semanas, adquieren un nivel considerable de autonomía. Lógicamente que entre ellos, se da igualmente y en diverso sentido, un "acompañamiento" y cuidados de parte de sus progenitores, y permitiendo a la vez una cierta "modelación", en la que por descontado intervienen decisivamente las leyes de la naturaleza. Si la persona humana dejara obrar solamente a las leyes, probablemente no sobreviviría un período de tiempo muy breve, y sin alcanzar el desarrollo de las facultades que lo tipifica: la inteligencia y la voluntad (no conseguiría siquiera la categoría de "cachorro humano"). Comparativamente con otros animales, por regla general, consideramos que: el ave que no vuela, es menos perfecta que aquella que sí vuela; y es mejor, hay más perfección en caballo adulto que en un potrillo de dos semanas, etc. No se requiere mucha ciencia para aceptar el hombre que razona es más "hombre" que aquel que no razona o no puede hacerlo (un niño de dos o tres años), o que está impedido por a alguna enfermedad..., pero no es "menos" en cuanto a su naturaleza sino atendiendo a la individualidad, porque el que es más mayor en edad y siendo debidamente instruido además de tener buena salud, es más perfecto, y puede ir mejorando hasta el final de su vida. Toca a muchas ciencias y artes, que la persona alcance una vida sana, confortable, culta o civilizada, etc. Pero por lo que a la calidad moral de sus acciones, éstas caen en el campo de la ética o de la moral.

A estas alturas no es más fácil entender que todas las acciones humanas realizadas de modo libre y consciente, tienen una finalidad o intención, y siempre les siguen unos efectos o consecuencias. El ser humano, no actúa "por que sí"…, o "sin más", o "a ver qué sucede"… Aunque es cierto también, que en ocasiones actúa sin pretender directamente algo que escapa a sus experiencias, conocimientos o previsiones. Pero siempre tiene un motivo para actuar. Y es obvio que los actos que escapan a su voluntad, no tienen un contenido ético, y nos explicamos de la siguiente manera: cuando alguien ingiere un alimento o bebe, cierto que decido qué comer y beber, pero la digestión no lo puede controlar según lo desee, porque se realiza necesariamente; y quien duerme, lo que sueña, normalmente no cae bajo el querer personal, a menos que se hubiesen tomado previamente algunos estupefacientes… Solamente se es responsable de los actos libres. Por lo que también, en el supuesto caso de que alguien decidiera cruzar en su automóvil una calle a toda velocidad estando el semáforo en rojo, para ver qué ocurre, lleva la responsabilidad de lo que "ocurra", y si no provoca ningún perjuicio a nadie, al menos tiene a su cargo la infracción correspondiente de haber desobedecido un ley de tránsito. No hay "responsabilidad cero" en los actos deliberados.

Ya dijimos que los actos humanos intentan un fin, tiene un objetivo previamente elegido, porque el hombre es libre e inteligente. También los animales con sus acciones pretenden algo, sus actos están orientados a un fin (alimentarse, descansar, cazar, jugar...), pero no son conscientes de ello, no obran deliberadamente, aunque su energía y sus sentidos estén orientados y empleados en una acción concreta y conseguir el "éxito", como el león cuando caza o el perro que "guarda" la casa del amo, o como el castor que construye una pequeña represa..., etc. Actúan de manera instintiva, es como si la Naturaleza obrase en ellos, y ellos actúan según su naturaleza específica..., (un león jamás construirá una represa ni un castor vigilará la casa de un hombre, ni un perro cazará cebras o antílopes, etc.); no "conocen" lo qué están haciendo, ni para qué, como tampoco pueden dejar de hacerlo, llevados por su instinto. Aristóteles afirma rotundamente que: *"La naturaleza no hace nada en vano"*.[84] Tanto el perro como el castor o el león están dotados de un "equipo", facultades o medios propios (como ejemplo: de hocico, patas, garras, cola, pelo, plumas, etc.), para poder cumplir o hacer lo propio, para vivir en su "habitat", procurándose lo necesario conforme a su naturaleza o modo de ser.

El toro y la hormiga, la rana y el canario, el salmón y la tortuga, por ejemplo, aún siendo diferentes y teniendo conductas diversas también, por ser irracionales, actúan con un fin sin saberlo y sin proponérselo. El hombre actúa según su naturaleza específica (racional y libremente), pero además puede influir y modificar la Naturaleza, dentro de ciertos límites. En resumen, los animales están naturalmente dotados de lo que les es imprescindible para cumplir con los fines impuestos por la Naturaleza; no les faltan las escamas a los peces, tampoco alas y plumas a las aves, ni las patas a los bípedos o cuadrúpedos, y un largo etcétera. Respecto del orden natural, K. Linneo nos dice, como consecuencias de

---

[84] Ibidem., n. 18

sus múltiples observaciones: *"La naturaleza no procede por saltos"*.[85] En la evolución de las especies, éstas se han ido modificando paulatinamente, y los cambios se dan dentro de la misma especie para mejorar, y algunas con el tiempo o el medio ambiente o incapacidad de subsistir, han desaparecido. (El "eslabón perdido" no da muestras de su existencia, ¿es que sigue perdido?, ¿y quién demuestra que no está perdido sino que simplemente esa cadena termina ahí precisamente?)

2. Las leyes

La "naturaleza" no es *algo*..., tampoco es un ser pensante, ni la suma de los seres inertes y los seres irracionales, sino más bien mucho de ello le antecede al ser humano y ahora coexisten con él, pero no son obra de sus manos. Diremos de forma negativa que es "natural" todo lo que no es "artificial", aquello en lo que no ha intervenido directamente el ser humano (el aire, el mar, el sol, los bosques y desiertos, los animales y plantas, etc.). Es válido también decir que el mármol es algo natural, pero no así la estatua o figura cincelada por el artista; también lo es la madera "trabajada" para hacer un violín o una guitarra, pero la guitarra o el violín, son artefactos fabricados por el hombre al igual que la música producida con ellos, pues no son algo dado en la naturaleza. De la misma manera sucede con las plantas y los animales, los minerales, etc., pues forman parte de la naturaleza, sin embargo: el adorno floral, el anillo de oro engalanado con piedras preciosas, o un penacho de plumas de ave, no son naturaleza. Entonces, son artificiales, *grosso modo:* una escuela, las fábricas de cemento o de automóviles, y así un

---

[85]   p. 282, n. 4

bolígrafo o un libro, un cuchillo, etc., aunque se empleen elementos naturales. Los artefactos o instrumentos fabricados por el hombre, son cosas artificiales.

La naturaleza no "obra" inútilmente; por regla general puede afirmarse que no sobra ni falta algo en lo que interviene. Además, establece unas leyes que rigen a los "seres naturales", y estas leyes están al mismo tiempo como insertas en los propios individuos o sustancias a la que afectan, según lo que ellas son. Sin embargo, hay quienes piensan o argumentan la ausencia de leyes o normas que rigen el mundo, nuestro universo. Si nuestro mundo no es un caos sino un mundo organizado, ordenado y finalizado, es porque existen esas leyes que llamamos naturales porque a ellas están sujetas todas las cosas naturales. Al menos, observamos que prevalece el orden sobre el caos. En caso de suceder algo "anormal", es como una "excepción" a la ley, es algo que sale de lo establecido por la "norma", por lo mismo, debido a la igualdad y constancia con se renuevan y repiten los hechos o fenómenos de muy diversas clases, pueden predecirse muchos tipos de acontecimientos, que previamente a su realización, algunos son considerados como "probables" y "posibles", y otros como "imposibles", en atención a esas leyes.

¿A qué obedecen estas categorías, como lo real o irreal, material y' espiritual, posible o imposible, probable, etc., si no es precisamente a la existencia de unas leyes y normas que rigen multitud de "sucesos naturales" a también los "seres naturales" están sometido? Baste pensar en el orden y armonía que existe en nuestro sistema solar o en la galaxia a que pertenecemos en el espacio sideral. ¿Acaso no percibimos una secuencia rítmica y repetitiva, por ejemplo: en los giros que hace la Tierra en torno al Sol, y la Luna en torno a nosotros y su influencia en nuestro planeta; y así podemos contar el tiempo, por ejemplo: el año solar, las cuatro estaciones, y también medimos tiempos y distancias en minutos horas..., y meses; o medir distancias en milímetros, metros y kilómetros, etc. Otro tanto hacemos con el peso de las cosas y los períodos de vida de plantas, animales y hombres, haciendo posible de esta manera conocer cuánto tiempo vive un determinado animal o cuánto tiempo requiere para su gestación, etc. Esas son leyes naturales o de la naturaleza, y lo mismo hablamos de excepciones o anormalidades, cuando las cosas no se ajustan a esas normas o leyes, como por ejemplo la "ley de la gravitación"... Puede haber, y de hecho así sucede, interferencias u obstáculos (a veces conocidos y otros ignorados), para que una ley natural tenga cabal cumplimiento, para que una causa produzca su efecto correspondiente.

Las afirmaciones y negaciones relativas a una suceso cualquiera, o tienen un fundamento y son válidas, o de lo contrario son falsas o no pasan de ser suposiciones, conjeturas. Es verdad que conocemos la naturaleza y mucho de lo que ésta es o hace, aunque el "nombre" lo aportamos nosotros. Preguntamos entonces: ¿en qué se fundamentan quienes afirman que algo tenga verificación o no, que aquello otro sea "posible" o "imposible"?, ¿es un molusco o es un vertebrado?, ¿se trata de un equino, un bovino o un paquidermo?, ¿es oro, plata, cobre o bronce?..., etc. Si afirmamos o negamos algo (no en el terreno de lo opinable), es que hay razones o motivos para ello. A final de cuentas, son esas "leyes" que acabamos de mencionar las que están de por medio, y hacen que pueda preverse o deducir del comportamiento de los seres inertes y de los seres vivos, y también, conocer su esencia o naturaleza, porque no son asuntos que dependan del propio gusto o del deseo personal, o de una votación mayoritaria.

Hay leyes físicas y biológicas, y ningún científico serio lo pone en duda, y a ellas recurrimos porque las conocemos. El renombrado I. Newton, afirma rotundamente: *"La naturaleza es verdaderamente coherente y confortable consigo misma"*.[86] En consecuencia, se puede afirmar que la naturaleza actúa conforme a unas leyes, o que ella está sujeta a unas normas que no pude incumplir..., o sea, que la naturaleza no obra caprichosamente, la naturaleza no juega ni al azar ni a la ruleta. Tampoco puede ser sustituida, y en todo caso, según condiciones, medios y circunstancias, se le puede: impedir que obre, dejar que obre por sí misma o coadyuvar en su "tarea"; probablemente se le pueda en algunos casos; y la razón, parece simple: porque el resultado dejaría de ser "natural", ni siquiera cuando se actúa en vez de ella (se le sustituye); y en el caso de imitarla, no es más que eso, una "imitación", más o menos parecida, así que se trata de "una burda o maravillosa imitación". La naturaleza no puede ser suplida; mas cuando el hombre lo intenta, estamos frente a una imitación o algo artificial, en última instancia es una "manipulación".

Las "leyes humanas" en cambio, pueden ser modificables en cierta medida, unas veces es conveniente y otras veces es necesario, y hasta suprimirlas o sustituirlas Estos cambios han de realizarse para beneficio de la sociedad, procurando el bien común, lo que Cicerón con acierto nos señala al respecto: *"La ley es la suprema razón fundada en la naturaleza que ordena qué ha de hacerse y prohibirse lo contrario"*.[87] También para el gobierno del hombre o de una sociedad, es la naturaleza (punto de referencia seguro), la que indica cuál ha de ser la conducta de la persona y de la colectividad: no actuar nunca contra la naturaleza, pues el mal o el daño, tarde o temprano se revierte sobre quien viola o ignora la ley natural.

---

[86]   p. 351, n. 11
[87]   p. 85, n. 14

En un lenguaje "vulgar" y corriente, por ejemplo, decimos a diario: "el sol *sale* por el oriente y después de unas horas, se *pone* u oculta por occidente", etc., y luego "llega" la noche haciendo que aparezca la Luna en un cielo oscuro y estrellado. Hoy es bastante sabido que la Tierra gira alrededor del Sol en una órbita de 365 días y a la vez gira sobre su propio eje en un lapso de 24 horas, y tiene como satélite a la Luna. En lenguaje científico y en lenguaje vulgar nos referimos a los mismos sucesos con palabras diferentes. Sin embargo es una ley física (natural) por la que los tres (Sol, Tierra, Luna) están ligados, y gracias a eso es una realidad: el calor y el frío, el día y la noche, la vida, y muchas otras cosas (supuestos su masa específica, atracción, lugar en la Vía Láctea y nuestra Galaxia, que a su vez está entrelazada con otras, etc.). No hay poder humano que detenga el Sol y haga que la Tierra deje de girar, o la Luna nos muestre la "otra cara". Aquí se descubren algunas *leyes* que gobiernan: estrellas, planetas y satélites, con sus respectivas órbitas y velocidades, etc., en las que interviene el volumen, el peso y lejanía o cercanía entre unas y otras, sean estrellas, planetas, cometas, astros, etc.

La "ley de la gravitación universal", no la inventó Newton sino que le descubrió y la tradujo en una fórmula que explica este fenómeno. Después fue aplicada a los cuerpos o seres materiales de nuestro planeta. Esa ley existía muchos siglos antes de que Newton viviera, e incluso antes de que tuviera principio la humanidad. Y en el ámbito biológico, por dar otro ejemplo, dos animales de especies diferentes no pueden cruzarse..., por ejemplo: lobos y osos, perros y gatos, aún tratándose de mamíferos; tampoco pueden hacerlo un canario y un buitre, una codorniz y un águila, siendo aves (ovíparas). Una especie o una estirpe se mejora entre los mismos individuos que la componen o aquellos que son fértiles entre sí. ¿Podría ser diferente el caso de la raza o especie humana? No parece que pueda conseguirlo si el hombre se lo propone, dentro de unos límites, como ya dijimos. Entre los otros seres vivos o animales superiores no se da "naturalmente". ¿Por qué ellos por qué no se cruzan?, ¿es que saben que son infecundos?, o será ¿la ausencia de una "costumbre"? En el orden de la física, nos podemos plantear: ¿por qué los elementos de la tabla periódica tienen siempre el mismo peso atómico, el número de electrones y protones, y comportamientos regulares a ciertos niveles?, ¿cómo se explica que en determinadas mezclas o combinaciones el resultado siempre resulte el mismo, ya se trate del O, del C, del H, de la Ag, y así sucesivamente? (oxígeno, carbono, hidrógeno, etc.). Si pasmos al hecho de la evolución dentro de las especies, no se ha dado ésta de cualquier modo sino como despojándose de lo peor o menos bueno, para mejorar no para degenerar, y como si persiguiera una finalidad. De otra parte, el orden y concierto universal hace pensar que no sería posible la existencia del hombre en le Tierra de no darse unas ciertas y concretas condiciones en el sistema solar, pues al decir del Estagirita: *"Dios y naturaleza nada hacen en vano"*. [88] Si tenemos ojos, son para ver; los pulmones son para poder respirar y sin aire no podríamos vivir; sin un esqueleto óseo no sería posible que camináramos erguidos...

3. La experiencia

Acerca de nuestro universo hay mucho todavía por conocer, y las preguntas aumentar a medida que más se sabe..., y algo de lo mismo ocurre respecto del micro que del macro mundo. Siempre hay lugar para nuevas preguntas y nuevas respuestas o soluciones a los problemas que se presentan, y se

---

[88] p. 20, n. 6

continúa investigando incansablemente. Cuando no se puede dar con seguridad una repuesta satisfactoria, lo menos que puede hacerse, honestamente, es decir: "no lo sé", lo que es muy diferente de afirmar: se trata de una "casualidad" o "así se dieron las cosas", y peor todavía espetar algo así como "esto es imposible" (porque "yo" no me lo explico); y otras respuestas cortadas de la misma tela. Muchas veces cuando no hay a la vista una respuesta basada en la experiencia, resulta que eso..., no es posible.

Pues bien, el método de la experiencia es válido solamente para las ciencias "experimentales", no para el resto, pues cada ciencia o saber humano tiene su propio campo y sus métodos. Cuando se usan silogismos o se argumenta mentalmente, no es algo experiencial solamente, en el sentido de que deba ir a comprobarse al laboratorio, y aunque la mayoría de nuestros argumentos son lógicos, se desprenden de la vida diaria, de hechos, es de decir, de la realidad misma. Y en las Matemáticas y la Geometría hay también leyes, tesis, hipótesis, axiomas, etc. De manera que dos más dos es igual a cuatro, no es posible comprobarlo física ni químicamente; de la misma manera que no tienen la misma finalidad la Medicina o la Filosofía...

¿Podría decir un astrónomo que no existen los átomos y los elementos más pequeños que los conforman, porque no los ha visto través del "telescopio", instrumento excepcional y necesario para su tarea científica; o el biólogo podría sostener que no hay más planetas y estrellas que las que alcanzan a simple vista, y porque a mirando por el ocular del "microscopio", únicamente ve seres minúsculos?... No puede negarse que hay realidades que escapan a los sentidos, que están fuera de su alcance, incluso del campo experimental los mejores laboratorios empleados por la Física y la Química, y ahora también por la micro-biología y la bioquímica. ¿Cómo podrían explicarse fenómenos y hechos como el amor o el odio, la heroicidad o la ruindad y bajeza de una persona?, ¿son sólo reacciones químicas, o descargas eléctricas neuronales, un respuesta al estímulo, cuestión de moda, mimetismo...? Eso lo explica la Filosofía, y la primera respuesta, y sin llegar a fondo, podemos decir que el hombre no es sólo cuerpo, sino que tiene alma, y por lo mismo es inteligente y libre, capaz de amar u odiar..., sin descontar los hechos que propician esas actitudes, y en su parte corporal o sensible, las pasiones..., en última estancia porque es libre y puede reaccionar o actuar como le venga en gana. No toda la realidad se reduce a materia.

En suma, el universo no es un caos, sino un universo ordenado, gobernado, dirigido. Vemos, conocemos y actuamos la realidad en que nos movemos, de acuerdo a la regularidad establecida por las "leyes naturales" a las que estamos sujetos todos los seres corpóreos vivos e inertes, racionales y carentes de razón,. El orden que percibimos y no es obra humana, no es consecuencia de un primitivo caos que va en degradación y transformándose paulatinamente en orden, estabilidad, etc. Esta realidad no responde a unas intuiciones vagas o meras suposiciones de nuestra parte, porque la inteligencia humana "conoce" el universo sin inventarlo, pues, conforme a lo que señala Max Scheler: *"Podemos definir la inteligencia como la comprensión súbita de un nexo, entre cosas o valores en el mundo circundante"*.[89] La realidad la conocemos no la inventamos, y las relaciones y nexos o dependencia entre los seres que formamos parte del universo, son igualmente reales.

---

[89]   p. 444, n. 8

X. EL ORDEN Y EL CAOS

1. El caos y el azar

Podemos preguntarnos ahora: ¿por qué del caos surge el orden? No parece lógico del caos surja el orden, pues la multitud de leyes que contemplamos y comprobamos que el mundo está sujeto, nos hacen pensar lo contario. Quizá el orden pudiese degenerar en un caos, no al revés. Un conjunto de piezas o se reúnen y colocan en orden y ensamblan perfectamente entre sí, de no hacerlo "alguien", ¿cómo podrían ellas saber el lugar que les corresponde y con qué otras piezas o elementos deben conjuntarse, combinarse o repelerse?... Las interrogantes en este terreno pueden multiplicarse al infinito. Quien ensambla las partes de cualquier cosa se llama: ingeniero, relojero, zapatero, sastre o cocinero, etc. Un automóvil tiene cientos de piezas, ¿cómo pueden ensamblarse esas partes, o en base a que principios o causas deciden o son obligadas a unirse haciendo un coche?... Pues acaso ¿no es más extenso y complejo nuestro universo que un automóvil, o un reloj o unos zapatos...?

También es oportuno clarificar que el "caos" no es lo mismo que el "azar", pues el primero supone un absoluto desorden, una especie de "todos contra todos". El caos carece absolutamente una finalidad o intención, no pretende objetivos, además, presenta la ausencia total de cualquier clase de leyes y normas, excepto el continuo y permanente desorden, así indefinidamente. Entonces: ¿por qué habría de terminar el orden o un resultado concreto y definitivo? Con cierta ironía y seriedad, A. Einstein, admirado y a la par plenamente convencido, desde su profundo conocimiento científico del universo físico, resume sus experiencias así: *"Lo más incomprensible del mundo es su comprensibilidad"*.[90] Un nuestra parte pensamos que el azar admite ciertas probabilidades, no "cualquier cosa"; existen posibilidades, se presupone unos elementos previos que entran en "juego", se manejan o conjugan las partes en cuestión, las cuales nunca darán por resultado "algo imposible" sino algo "relativamente previsible"; podrían obtenerse unos efectos entre varios posibles, pero no todos a la vez ni cualesquiera otros que no estén incluidos en la naturaleza misma de esos elementos. Como ejemplos, pensemos que en una moneda echada al aire, "solamente" hay dos posibilidades de acertar cuál cara cae hacia arriba; y en el juego de póker no se puede ganar con siete cartas iguales, o sea, con siete Ases; y un dado que gira, únicamente existen seis posibilidades de acertar, no tres ni ocho. No son lo mismo el caos que el azar.

Todo lo que tiene principio o inicio, antes o después se acaba, es decir, tiene una duración como "tal cosa", como lo que es. Por ejemplo, el sol es una estrella que tuvo un principio hace millones de años, y dentro de otros millones de años dejará de dar luz y calor, se acabará, según han previsto los astrónomos. Son también los científicos quienes afirman que ahora estamos percibiendo la luz emanada por algunas estrellas que "ya no existen", cosa que saben porque la luz (energía) se deslaza o "viaja" a una velocidad concreta

---

[90]   p.131, n. 11

(300,000 km/seg), y son tales las dimensiones del universo, que habiendo desaparecido esas estrellas, su luz aún continua viajando, y por eso podemos "verlas" ahora, un determinado lugar del espacio, sin estar ya ahí. Estando así las cosas, nos viene casi de inmediato a la mente una pregunta semejante a ésta: ¿"vemos lo que no es"?, ¿captamos lo que no existe? Sin embargo, es un hecho que esos efectos (la luz) perduran formando parte de nuestro universo hoy, no obstante que existieron probablemente hace miles o millones de años luz (quizá "años luz").

La vida de: un cactus, de una palmera o un roble, igual que la un tiburón y de una tortuga o una trucha, y lo mismo de un canario o un halcón, varían entre sí, aunque algunos tienen ciertas semejanzas y diferencias, es decir, en términos muy generales unos vegetales, otros peces y otros aves; y sin embargo todos coinciden en: ser engendrados, nacer, reproducirse viviendo un tiempo para luego morir, dejando de ser lo que eran. El hombre no es la excepción. Todo lo que es corpóreo o material, sufre un desgaste y antes o después se acaba; y también, mediante el cambio se muchas veces se generan otros seres, algo nuevo, a veces igual y a veces diferente, pero no el mismo individuo: nada ni nadie se da el o la existencia a sí mismo.

Hay un desgaste o degeneración de la materia, y también se da origen a otros seres de la misma o distinta naturaleza. Los seres vivos, normalmente engendran otros individuos de su propia especie o naturaleza; y entre los seres inertes, de la combinación y mezcal de algunos elementos se originan otros distintos, como de la unión de dos moléculas de hidrógeno y una de oxígeno resulta el agua, la cual a su vez pude descomponerse en su elementos constitutivos o combinado con otros producir otros elementos físico o químicos. Todo tiene una duración.

Atendiendo a los fenómenos que son objeto de estudio de la Física, se afirma que la energía (materia) no se crea ni se destruye, sólo se transforma. Este principio es aplicable a todo ser corpóreo o material. Parece una perogrullada, pero vale la pena recordar que (hasta hoy), ningún sujeto o individuo, inerte o vivo, racional o irracional, es eterno: todo tiene "su" tiempo. Lo que está por demostrar es que la "energía" que dio "origen" a cuanto ha existido y existe, no tuvo principio, pues si todo cuanto produce o genera tiene principio y fin, parece lógico que ella igualmente tenga un principio y un término, aunque la razón o la imaginación no nos permitan calcular ese tiempo, que es finito, por más dígitos que se le añadan. La teoría del "Big Bang", aunque no está demostrada, tiene a su favor argumentos más sólidos y fundados que la tesis que sostiene la eternidad de la materia. Y si la materia o energía se transforma, y todo lo material tiene un fin o al menos ha tenido principio, ese origen o principio, llamémosle causa necesariamente ha de ser carente de materia, porque se le aplicarían los mismos parámetros que hemos mencionado, así que no queda más salida de admitir una causa eterna inmaterial del ser, previa, por supuesto a todo ente material.

2. Lo bueno y lo malo

Si en cualquier fenómeno o suceso de nuestro universo están presentes de una manera u otra un conjunto de leyes, de diferentes clases o de diversa índole, sean físicas, químicas o biológicas, etc., las cuales solemos denominar Leyes de la Naturaleza (leyes naturales), veamos que pareciendo paradójico, existen también *leyes morales*, mismas que orientan la conducta libre de hombre, algunas de las cuales son establecidas o impuestas por él mismo y otras que se derivan de la naturaleza misma. Las leyes humanas tiene competencias diversas, regulan diferentes ámbitos de la actividad humana, porque, como sabemos el hombre no es solamente un cuerpo vivo sujeto a las leyes físicas y biológicas, sino que actúa libremente. La libertad y la ley no son realidades antagónicas ni contradictorias.

Si todo ser o criatura se encuentra bajo leyes concretas, el hombre también lo está en aquello que en el orden natural coincide con ellos, pero en lo que tiene de diferente, es preciso que sean otra clase de leyes las que ordenen su comportamiento, por ser libre e inteligente. ¿Algún cuerpo o ser material está exento de las leyes físicas?, o ¿algún ser vivo no está sujeto a las leyes biológicas? Y el hombre: ¿solamente está sometido a las leyes naturales físco-químicas y biológicas? Ya antes hemos visto que no es así. A las denominadas leyes de la naturaleza está plenamente sometido, quiéralo no. Por el momento basta considerar que: no puede lanzarse de lo alto al vacío y quedar suspendido en el aire; tampoco puede volar como las aves, por más brinque y bata los brazos en el aire; y no puede permanecer debajo del agua cinco minutos o más sin respirar, pues no es un pez; como no le es posible caminar días y kilómetros por el desierto sin beber; o, arrojarse a un horno encendido y salir ileso..,, y mil cosas más, por estar sometido a las leyes de la naturaleza, como los demás seres inertes y vivos indistintamente.

Pero hay otras leyes a las que también está sujeto, sean generadas o impuestas por él mismo o por "otro". Lo anterior no significa que por ser libre no debe someterse a ninguna ley, y en todo caso, solamente a las que él mismo se imponga voluntariamente. La "autonomía" del ser humano no es total independencia de cualquier ley "heterónoma" (que venga de otro o emanada de alguna autoridad que no sea él mismo). ¿Por qué no admitir que, si el hombre es un ser natural

—pertenecemos a este mundo o universo como los demás seres que lo habitan—, también le alcancen algunas leyes naturales, y específicamente le afecten a él en exclusiva?

El hombre no ha creado nada del universo en que habita, exclusivamente ha transformado muchas cosas, las ha combinado o mezclando, ha operado algunos cambios, y, en una palabra, manipulado a los seres que le rodean. Tampoco se puede negar que no se ha dado el ser a sí mismo, sino que tiene un principio, como todo. Puesto que la naturaleza gobierna la totalidad de los seres corpóreos que la componen, el caso del hombre: ¿habrá algún motivo para estar exento de esas leyes o normas, en lo tocante a su conducta como ser inteligente y libre? De una parte, es un hecho innegable nuestra sujeción a las leyes físicas y biológicas; y de otra parte, las mismas leyes u ordenamientos humanos (igualmente reales) "presuponen" la libertad del hombre, pues de lo contrario ¿qué caso tendría establecerlas e imponer a la vez un castigo o pena a sus transgresores? No está mal que se imponga leyes a sí mismo y establezca algunas normas que faciliten la convivencia y mil cosas más… Las leyes naturales le afectan en cuanto es un ser natural; las humanas (civiles y morales), porque es libre e inteligente (las conoce y obedece voluntariamente), de ahí que establezca cierta normatividad de acuerdo a su dignidad y a los diferentes fines que pueden proponerse y conseguir, teniendo en cuenta también la libertad de las demás personas.

No es indigno e impropio del hombre estar sujeto a unas leyes, hecho que, por otra parte, no significa privarle de su libertad. Lo que es impropio, lo que está mal, es conducirse contrariamente a su dignidad y naturaleza, por lo que debe obrar conforme a su esencia o naturaleza, o sea, como ser racional y responsable. Estas normas que hacen referencia directa a la libertad humana, y son de orden ético y civil, desde luego no son aplicables los demás seres del universo.

Es claro que vemos existen multitud de fines intentados por la inmensa cantidad de seres existentes, muchos de ellos procurados de manera prefijada, invariable e inconsciente, y otros fines de modo libre y consciente como el hombre. De igual manera, algunos de esos fines son conseguidos y sobrepasados, mientras otros son frustrados. No sería ilógico suponer que si tantos si no es todos los seres persiguen diversidad de fines, también el también lo tenga; mas como la materia carece de inteligencia no puede proponerse una finalidad, y sin embargo parece dirigirse a un fin, no absurdo pensar que Alguien lo fijó un fin u objetivo. Hay un principio de carácter ontológico, según el cual: *todo agente obra con un fin*. Ya vimos que no existe el caos y el azar no justifica ningún orden ni ley sino que las presuponen. Así, por ejemplo, el cazador cuando va de cacería, va con la intención de cobrar las piezas, pero la cantidad puede variar por diversos motivos, unos debidos al propio cazador y otros ajenos a él (el cazador puede ser un hombre o un animal...).

El hombre pude proponerse innumerables fines u objetivos en su vida, de manera sucesiva o simultánea, de índoles y categorías variadísimas, a los cuales otorga diferente importancia, en razón de una valoración o jerarquización de los mismos fines; de aquí que muchos de ellos estén subordinados entre sí o dependan unos respecto de otros. Y precisamente por ser inteligente el ser humano, toma en consideración las leyes que rigen la naturaleza de esa gran cantidad y variedad de seres que conoce y con los que maniobra, que unas veces les concede la categoría de fines y algunas veces la de medios o instrumentos. (Sobra decir que a nadie se le ocurre navegar en un automóvil o volar en una locomotora, ni alimentarse con tierra, etc.). Esas leyes a las que está sometida la persona humana son también leyes naturales, como si las llevara incorporadas en su propio modo de ser. El pez "aprende" a nadar nadando, como el ave "aprende" a volar volando, y el león cazando "aprende" a cazar. Guardando las distancia y proporciones debidas, digamos que el ser humano aprende a ser hombre pensando (es inteligente) y usando su voluntad (es libre), porque esa es su esencia o naturaleza, es el modo de ser propio y específico de la persona humana, completamente diferente del modo de ser de los demás seres vivos. En consecuencia, los actos específicamente humanos, son los actos libres.

3. Clases de leyes

Como es sabido, las leyes naturales se cumplen o aplican invariablemente, sin excepción: es propio del fuego calentar y quemar así como dar luz, y nunca enfriar o mojar; y de modo similar es propio del pino dar piñones y naranjas el naranjo, pero no el manzano ni el roble. Si el hombre es un ser libre e inteligente, sus actos han de ser o estar fundados en su inteligencia y voluntad, no en los instintos, aunque simultáneamente esté sujeto a múltiples leyes de índole natural. Además las leyes naturales hay otras que son éticas o morales, que califican la conducta humana y señalan (prohíben o mandan) aquello que es bueno y lo que es malo, por ejemplo: que es malo mentir y bueno decir la verdad, o también es bueno respetar la propiedad privada y es malo robar, etc. Estas normas de conducta no proceden de un acuerdo universal o mayoritario de personas o de países, o de la ONU o algunas otras instituciones internacionales, aunque normen las actitudes y decisiones de los países o Estados asociados.; ni quedan tampoco se en una simple costumbre o un aprendizaje de cortesía y formalismos para una convivencia pacífica. O es que ¿alguien prefiere que le mientan a que le digan la verdad, o le da lo mismo que le roben o respeten sus propiedades o el sueldo, que le quiten la vida o lo mutilen sin razón alguna...? Estas leyes naturales no son impuestas por el hombre a sí mismo, sino únicamente conocidas, enunciadas, y en ocasiones: sancionadas por él mismo, sino que son impuestas por la misma la naturaleza, siempre. En ejemplo muy simple que pude ilustrar lo anterior: si alguien intenta saciar su sed bebiendo gasolina o amoníaco, jamás lo conseguirá, y además ese individuo ser hará un daño grave, probablemente ocasione su muerte.

La existencia de las normas de carácter moral no representan una coacción o una forma de limitar la libertad, sino más bien la presuponen libertad y la orientan, y también en ocasiones establecen un límite, una vez rebasado el cual, se ocasiona un perjuicio. Existen algunas normas que de suyo sean preceptivas, prohibitivas, y otras que sólo aconsejan, porque en última instancia siempre decide la persona, precisamente por ser libre. La leyes naturales y las humanas no quitan o privan al hombre de la libertad, antes bien la presuponen (puede no observar las leyes, pero lo mismo si las respeta que si la infringe, se siguen consecuencias de diverso tipo). Las leyes naturales son inmutables y universales, mientras las humanas pueden cambiar y aún suprimirse. Pero la libertad humana no puede ser o consistir en estar exento o al margen de cualquier tipo de ley, porque eso es imposible, y porque la libertad tiene una finalidad.

El mundo y las leyes (naturales) que lo gobiernan, parece que persiguen un fin. Veamos un ejemplo: las leyes físicas no quitan al arquitecto o al ingeniero la libertad para construir cualquier clase de edificios, pero han de tener en cuenta ciertas leyes físicas si no quiere que se caiga o destruya su edificio; así como el veterinario y el agrónomo no pueden ignorar biológicas y otras específicas para animales o plantas, si de verdad desean desempeñar competentemente su trabajo y obtener un bien; y otro tanto podría decirse de los químicos, ya que no pueden desconocer el conjunto de cualidades o características y propiedades de cada elemento de la tabla periódica; y en otro aspecto, quien desee fabricar o construir un radio o un refrigerador no puede desconocer las leyes de la electricidad, etc. Y hoy en día, vale lo mismo respecto a leyes de la electrónica, etc. El desconocimiento y la inobservancia de unas leyes determinadas, en el orden físico y biológico, tienen necesariamente consecuencias.

De modo similar, la infracción o incumplimiento voluntario de leyes de orden civil o ético, también acarrea consecuencias y responsabilidades. Por esto no es igual cumplir una ley que no cumplirla, y tampoco es lo mismo que se apliquen o no determinadas sanciones. Por ejemplo, si una persona coge con la mano un cable de alta tensión, seguramente morirá por la descarga eléctrica, lo mismo da que conozca o no sus efectos; y quien por error ingiere cierta cantidad de insecticida en vez agua, se hace daño..., queriendo o sin querer. Las leyes destinadas a regular la conducta humana (libre), incluyen una penalización o castigo al infractor, y a veces un premio, son éstas las consecuencias. Puesta la causa, surgen los efectos, pero aceptarlos o no, es otro asunto. El hombre sigue siendo libre. *"Manda el que puede y obedece el que quiere"*, (tomado de un diálogo), leemos en la conocida novela *"Los novios"*.[91] A todas luces, al decir de Manzoni, una cosa es la autoridad y otra la obediencia; manda quien legítimamente está autorizado para ello, y obedece el súbdito, "si quiere", porque es libre; pero no obedecer es una infracción de la ley, por tanto, es un delito, y tipificado el delito, debe aplicarse la sanción, una vez demostrada la culpabilidad, de acuerdo a la responsabilidad y libertad de la persona.

Bien puede concluirse que, siempre que se atenta o desafían las leyes naturales como si son respetadas, hay

---

[91] p. 306, n. 4

consecuencias: unas negativas o malas y otras positivas o buenas. De aquí que si se trata de una infracción grave o seriamente perjudicial para sí mismo o para otra persona, esa acción es de suyo (independientemente de su intención), "mala" éticamente, y "buena" si obra conforme a ella. Además, el Apóstol de los gentiles dice en su carta a los fieles de Roma: *"Pues donde no hay ley no hay transgresión".*[92] En el orden moral, el pecado o injusticia y desobediencia a Dios, consiste en transgredir sus leyes, pues para que algo sea considerado como delito, ha de estar previamente establecido como tal por la ley, promulgada por la legítima autoridad, pues de otro modo no existe.

Por lo demás, únicamente se establecen o imponen leyes a un ser libre, pues esas otras leyes que llamamos estrictamente "leyes naturales", son intrínsecas a las cosas mismas, tanto en los seres inertes como en los vivos, como por ejemplo: la piedra lanzada a lo alto tiende finalmente a caer, baja, lo sepa o no, lo quiera o no; para que la semilla brote y dé fruto debe ser enterrada, regada y abonada, echar raíces, podarse si es necesario y recibir una serie de cuidados que exigen su propia condición...; y el animal, además de ser criado, requiere madurar para desplegar todas sus facultades, teniendo como un primer principio (que desconoce), conservar la propia vida o también llamado instinto de conservación, que es más fuerte que el de reproducción. Al hombre no se le ocurre imponer normas de conducta a los animales, sería inútil y absurdo hacerlo, ya que carecen de razón para entenderlas y de voluntad para obedecerlas o sujetarse a ellas.

---

[92]   p. 365, n. 7

4. Libertad y las leyes

Repetimos que, además de esas normas o leyes que la naturaleza impone y mediante las cuales es regido y funciona el mundo-universo, afectan al ser humano por ser parte de ese universo. Junto a esto, el hombre es capaz de imponerse a sí mismo determinadas leyes, según hemos visto, algo que ningún irracional hace; ellos están sometidos a leyes externas, y nosotros a las externas (físicas en sentido amplio) y las internas (éticas o morales). Aquí una diferencia abismal entre uno y otro. Esto pone sobre el tapete, de una parte: su inteligencia y capacidad para proponerse y alcanzar fines u objetivos propios; y de otra parte, su libertad: para elegir y decidirse por unos fines desechando otros, y también de proponerse algunos nuevos habiendo conseguido o fracasado respecto de los anteriores, etc.

Algunos ejemplos de leyes humanas, pueden ser: las leyes de tráfico, las leyes o normas de un contrato de trabajo, las reglas de múltiples deportes y juegos, o también las leyes de la Economía, las cuales no son naturales sino netamente humanas: después de observar el comportamiento la ley de la oferta y la demanda como otros fenómenos del mercado, escasez y abundancia de insumos, mano de obra, etc., normas y conductas que descubre o inventa, e incluso elabora teorías para explicar determinados sucesos de carácter económico, y con frecuencia recurre a otras ciencias como las Matemáticas, la Estadística, la Psicología, la Sociología o a la política, intentando esclarecer ciertas reacciones y dependencia en ello de los gastos e inversiones de los ciudadanos, sus gustos, confianza en la banca, y otras cosas más.

"*Vivimos bajo el mismo cielo pero ninguno tenemos el mismo horizonte*".[93] Este pensamiento bello y realista del ex-presidente alemán K. Adenauer, de feliz memoria, ofrecen una la solución a algunos de esos problemas arriba planteados, atendiendo a la relativa independencia que tiene las personas entre sí, pues aunque son muchísimas las semejanzas con bastante frecuencias las pequeñas diferencias tienen mayor peso, y generalmente la causa se encuentra en la libertad. Los hombres, siendo iguales por naturaleza, somos también muy diferentes considerados individualmente. Sin ir muy lejos, basta mirar en la proia familia la variedad de opiniones como juicios que hacemos respecto del mismo asunto, y las pocas coincidencias que hay, y cuán difícil es la unanimidad. Vale la pena recordar aquí el consabido dicho popular, según el cual: "*en gustos se rompen géneros*". Esta es una verdad indiscutible. Otros, en cambio, lo expresan de otro modo: *cada cabeza es un mundo*"...

Las preferencias y gusto como opiniones y pareceres son de lo más dispares, aún la misma persona cambia de en estos puntos con relativa facilidad o en poco tiempo, fenómeno que en ocasiones afecta también los principios personales. ¿Qué es esto sino un síntoma de la libertad humana? ¡Tan amplio es el campo de la cultura humana, que en vano se buscarían dos personas que coincidan en todo!... Más fácil es encontrar las diferencias, aunque sean de poca monta. "*Difieren mucho las vidas de los hombres*".[94] No representa novedad alguna esta sentencia aristotélica explanando la disparidad de que existe en los actos y pensamientos humanos. ¡Qué diferencia respecto al comportamiento siempre igual de los brutos!

---

[93] p. 2, n. 5
[94] p. 19, n.4

Es verdad que hay muchos caminos y miles personas los transitan, pero también es verdad que cada quien lo recorre a su modo y a su paso; como hay otros tantos van haciendo su propio camino, mientras algunos únicamente los trazan para utilidad de nuevos caminantes... De nuevo nos encontrarnos con el fenómeno de la libertad humana. Consideremos, a modo de ejemplo: dos o más generales de un ejército que, a pesar de tener el mismo grado, los méritos de cada cual pueden ser diferentes como desigual el tiempo empleado en conseguir esa graduación, y distinto también el modo de desempeñarse en los grados inferiores, lo mismo en tiempo de guerra que de paz, y otro tanto si fijamos nuestra atención en el modo como se desenvuelven en el cumplimiento de las órdenes de sus superiores, etc. Los ejemplos abundan en todos los quehaceres humanos, teniendo en cuenta diversos ángulos visuales, como: lo referente a las vidas de dos o tres hermanos, las carreras políticas de tres personas, los resultados de cinco empresarios o de varios empleados de una misma institución, etc. Y, al lado de esto, si se desea, saltarán a la vista para otros tantos elementos como: motivos, condiciones, circunstancias, edad, oficio, nacionalidad, aficiones, estado de salud..., etc., que ya de suyo marcan ciertas diferencias.

Procurando, como dice el vulgo, "coger el toro por los cuernos", no hay más remedio que enfrentarse al toro, o sea, *plantarse de frente al hecho irrefutable de la libertad humana*. Indudablemente que hay quienes la niegan, pero solamente si entienden por "libertad" la ausencia de todo vínculo o compromiso de la persona, es decir, no estar sujeto a ninguna ley. Bien, pues entonces no habría libertad, pero tampoco habría hombre. No existe una libertad absoluta, incondicional. De hecho tenemos unas cuantas leyes a las que estamos sujetos querámoslo o no, como sucede con las leyes físicas y biológicas, según hemos vista. Mas para dejar claro por el momento algo de suma importancia, pensemos que:

si no hay leyes o no se obedecen de manera libre (aunque algunas generalmente se realizan casi automáticamente, como: ver, oír, respirar, masticar, etc.), esto es, queriendo, el ser humano viviría en un desconcierto constante en un mundo donde la "ley" es "lo impredecible", en otras palabras, no podría sobrevivir. Para terminar, siguiendo el hilo, tampoco habría conseguido poner en pie en la Luna... ¿Qué hubiera sucedido si se no hubiesen tomado en cuenta las leyes físicas y biológicas, ya fuese por ignorancia o por desprecio?... *"Poseemos una revelación más antigua que otra cualquiera escrita, la Naturaleza".[95]* Estas palabras no pertenecen a un físico nuclear o un premio Nobel, sino de un destacado filósofo alemán del siglo XVIII, se trata de F. Schelling. Repetimos una vez más, sumándonos a miles y millares de voces que sostiene lo mismo: "la naturaleza es un libro abierto"..., para quienes quieren aprender.

5. Las normas éticas

En el nivel ético o moral sucede algo parecido que en el orden natural, pero no exactamente igual. En el mundo específicamente humano, esas normas de carácter ético no son dictadas al ser humano por sí mismo, sino que están inscritas en la misma naturaleza del hombre, del mismo modo que lo están leyes físicas y biológicas que rigen en todos los seres corpóreos, inertes y vivos. Las leyes o normas éticas, no son inventadas (creadas) e impuestas por el hombre mismo. Algo muy distinto es que sean promulgadas o codificadas por él; pues de otra manera, no podrían ser conocidas por personas de menos capacidad intelectual o exigidas y sancionadas por

---

[95] p 444, n. 9

una autoridad competente. Por eso hemos señalado antes de diversas maneras, la diferencia fundamental entre las leyes naturales (de la Naturaleza) y las leyes humanas.

Las leyes naturales se cumplen inexorablemente, (como la ley de la gravitación o el instinto de conservación, etc.), mientras que en el orden humano, por ejemplo, son requisitos: la promulgación, que sea factible su cumplimiento y sean justas. Mas para el caso del hombre, también resulta necesario conocer o descubrir las leyes naturales para observarlas, pues sus efectos se producen necesariamente, según antes hemos visto; y este "conocimiento" responde a la calidad de ser inteligente el hombre, no así en los demás seres vivos e inertes. En todo caso, lo que ocurre generalmente, es que debido al conocimiento que tiene de esas leyes, incluye algunas en sus ordenaciones jurídicas y éticas.

Repetimos nuevamente, que el ser humano posee un alma espiritual (inmaterial) que vivifica su cuerpo y le da unidad a todo se ser. Así, la persona humana íntegramente está compuesta de cuerpo y alma (una parte animal y una parte racional). Existe igualmente una jerarquía y orden en las leyes, también acordes con su naturaleza. El hombre al conocerlas, puede ordenarlas y jerarquizarlas, reconociendo a la vez en ellas unos valores que han de conservarse o alcanzar; y por eso pueden estar reconocidas, incluidas y sancionadas en las leyes humanas, como por ejemplo: respetar la vida humana o la propiedad ajena, y prohibir el homicidio y el robo, etc. O visto en sentido negativo, sería ilegal e injusto, y por tanto, no obligan aquellas leyes que son contrarias a las leyes naturales (ley natural).

De otra parte, existen muchas leyes y normas establecidas por el hombre, a fin de gobernar con orden, paz y justicia, la convivencia entre los ciudadanos y los pueblos. Son las leyes civiles. Una vez aprobadas y reconocidas, queda sujeto a ellas y, por tanto, debe obedecerlas y respetarlas, so pena de incurrir en un delito. Además, la infracción o desobediencia libre de una ley justa, generalmente está penada o castigada. Existen diferentes clases y niveles de leyes, entre ellas, se encuentran por ejemplo: las leyes penales, comerciales, políticas, religiosas, deportivas, etc., y también de tráfico (que regulan la circulación de vehículos en las ciudades y carreteras, etc., para beneficio y cuidado, seguridad, etc., de peatones y automovilistas). Las normas que regulan el tránsito vehicular, por ejemplo: no privan a la persona de su libertad, sino que más bien le indican o señalan unas medidas que debe observar para llegar a su destino, evitando en lo posible un percance, poner su vida y la de otros en peligro, etc., facilitando además el bienestar y la seguridad de los viajeros. Los conductores pueden obedecerlas o no según quieran; depende de voluntad de cada quien, porque la persona humana es libre; y así también con los peatones. Pero una actitud desobediente o despreciativa de esas leyes, podría significar un obstáculo para llegar lugar donde uno se dirige, pudiendo así causar daños a otras personas o perjudicarse a sí mismo, o los peatones: volcándose, saliéndose de la autopista, chocar con otro vehículo, o atropellar a algunas personas, etc.

Las leyes de tránsito son útiles y necesarias, y así tenemos que: los anuncios y avisos a los conductores, no van a ninguna parte, pero ayudan a llegar a las personas a donde se dirigen. Tampoco quitan la libertad a quienes conducen los vehículos, porque se les puede ignorar o bien observar; únicamente advierten que hay un máximo de velocidad, una curva peligrosa, o un puente estrecho, una zona donde no debe rebasarse, un vado adelante, y advierten que algunos animales podrían atravesarse sobre la carretera, e indican también dónde hay una gasolinera o un teléfono, etc. Los ejemplos pueden variar y aumentar los ya mencionados, por lo que por ahora los omitimos.

Acudiendo a la historia de la Filosofía o a los tratados de Ética, nos encontramos con una variedad de filósofos que han elaborado un sistema o al menos reconocido algunos principios o normas éticas según las cuales debe comportarse el hombre para no solamente ser bueno o ético, sino también feliz. Por lo demás, la felicidad también está emparentada con la plenitud o mayor perfección que la persona puede conseguir en esta vida. Pero son pocos coinciden en algunos principios y normas de conducta, difiriendo igualmente en qué consiste ser feliz y cuál sea el fin último del hombre. Esto significa al menos, que no todos tienen la razón, pero que tampoco están todos equivocados.

Puesto que no es éste un tratado de Ética, ni es el lugar y momento para hacer un estudio sobre las diferentes corrientes éticas y sus representantes, etc., deseamos dejar claro que por naturaleza, y no por gusto, afición, moda, simpatía, por unos u otros: la persona humana tiene necesariamente una conducta ética, conducta que puede o no coincidir con alguno o varios enfoques, principios o resultados de ciertos filósofos, y aceptarlos porque los considera como más verdaderos, sólidos, claros o concluyentes. Y por supuesto que "libremente" puede hacerlo. Sin embargo, así como el ser humano no puede renunciar a su parte constitutiva corpórea, como ser vivo y sensitivo, como tampoco le es posible hacerlo respecto de su parte anímica o espiritual. Y aquí está la raíz de su conducta inteligente, libre y responsable, esto es, que su conducta sea ante todo ética.

La parte más noble del hombre, el alma, "asume", sin modificarla, la parte o elemento material (físico-químico-biológico), mientras la parte animal, "incorpora" a sí el alma humana, formándose de esta manera un "unum" indivisible (hombre individual), y en consecuencia, sus actos físicos tienen también una carga ética, o sea, que están sujetos a normas éticas. Actúa el hombre entero (la persona). No pueden tampoco separarse, aunque están perfectamente identificados, sus elementos o ingredientes que físicamente lo constituyen: los minerales que contiene, mas la cantidad de agua, todo su aparato vegetativo y el animal, pero es el "mismo sujeto" quien realiza todas y cada una de esas acciones, no una parte ni un miembro o cualquier elemento químico que también participa en su composición. Si separamos el oxígeno del hidrógeno, por ejemplo, ya no tenemos agua, sino dos cosas diferentes, y si se unen resultará ser agua, y es el agua la que actúa. De modo similar el hombre en la conjunción sustancial de alma y cuerpo.

Entonces la moral o la Ética no queda reducida a la mera actividad moral o religiosa o a la pura conciencia, tomada simultáneamente como juez y parte: quien establece "sus" leyes, luego las cumple o no, y posteriormente juzga y dicta sentencia: alabando o recriminando éste o aquel acto, e imponiendo la pena correspondiente, o quizá dejando suelto al reo aún siendo culpable.

6. Hombre y religión

Hablar de obras y acciones "buenas" y "malas", no es simplemente usar unas palabras ya muy trilladas, el recurso fácil a un "lugar común". Son palabras que admiten múltiples sentidos, sin que haya en ellas algo de trascendencia sino que son un tanto convencionales cuyo significado es variable o acomodaticio, dependiendo de las personas y circunstancias, en ocasiones depende "quien lo diga"... Cierto que por la analogía del ser y con ello de las palabras (con las que designamos la multiplicidad y variedad de seres iguales, semejantes, y diversos o contrarios, etc.), las palabras, son "sonidos convencionales" con los que nos referimos las cosas y personas en todo lo que a ellas corresponde. Pero, también, esas palabras o sonidos significativos tienen una traducción escrita mediante signos, o sea, la palabra escrita. Por esto podemos decir, de Juan que es un *buen* hombre, y que éste perro ("roy") es un *buen* cazador, o que brindamos con un *buen* vino, etc. Se sobreentiende que esa "bondad" a la que aludimos en estos tres casos, cada uno tiene un sentido diferente, aunque en otro sentido coinciden. Del hombre decimos que es bueno, en sentido moral o ético; del perro en cuanto es diestro, hábil para la cacería; y del vino, en cuanto es sano, sabroso, que tiene cuerpo y color y otras cualidades. Pero hablar de "bien" o "mal" en estricto sentido, corresponde primariamente al aspecto ético, a la dimensión moral y religiosa del ser humano.

Ya hemos hablado de la verdad, del bien y el mal, etc., y es que el hombre naturalmente es un ser "ético", es decir, que sus acciones no son un mero hacer u omitir, decir, pensar, etc., porque rebasa el automatismo y lo instintivo, pues todas esas actitudes, mientras estén realizadas en conciencia y libremente ejecutadas, posibilitan y exigen ser juzgadas, alabadas o reprochadas, y castigadas o premiadas, porque son "buenas" o son "malas"; y esto solamente en razón si son conformes con una ley justa, diremos que son "justas" o "injustas". Si el ser humano posee ojos es para ver, y tiene oídos es para escuchar…, y si dispone de inteligencia es para conocer y voluntad para elegir o decidir, por tanto, tiene libertad, y con ella capacidad de compromiso y responsabilidad; pues, ¿si no fuese así, para qué sirve la voluntad libre? Por naturaleza, la voluntad es libre, y otra cosa es que es le impida obrar o se le imponga algo por la fuerza; e igualmente la inteligencia tiene una capacidad natural para conocer, y específicamente, conocer la verdad. Cuando una de ellas falla en lo que naturalmente le corresponde, entonces hablamos de: elegir el mal o el bien, y hacer el bien o el mal; o de conocer la verdad, ignorarla o estar en el error. Pero, la voluntad no se equivoca o decide falsamente, ni la inteligencia quiere o no quiere; conocer, compete a la inteligencia, y querer es competencia de la voluntad solamente.

Puede suceder que por ignorancia, información falsa o un conocimiento erróneo, la voluntad se decida por alguna opción, y entonces elige o hace algo malo el individuo; como también la inteligencia, puede ser "violentada" por un capricho de la voluntad, o incluso una causa ajena a ella, y entonces concluirá o mostrará las cosas al "gusto de la voluntad" como una especie de "autoconvencimiento" o "autoengaño", si se quiere ver así. Esta actividad de la inteligencia tiene que ver: con los prejuicios, la terquedad, la obnubilación o el orgullo. Hay, pues cierta influencia de la inteligencia sobre la voluntad y viceversa, cuando no es honesta la voluntad o la inteligencia es engañada o conoce defectuosamente.

Por lo general, una verdadera religión incluye entre sus componentes una moral (la normatividad que rige la conducta libre del hombre, y que juzga la bondad o la malicia de sus actos conforme a unos principios concretos), dirigida a sus miembros o fieles; además, una fe (conjunto de verdades aceptadas y creídas); y, una liturgia, que regula el modo de dar a la divinidad o al Ser Supremo. En caso de faltar alguno de esos tres elementos mencionados, no se trata propiamente de una religión, aunque tenga cierto parecido con ella, sino más bien de una ideología o una filosofía, o quizá de una secta religiosa (mitología, superstición, etc.). El dogma hace referencia a la inteligencia; la moral a la voluntad (caridad o amor); y la liturgia a los actos mediante los cuales la persona religiosa adora y sirve a su Dios o a sus dioses.

La persona humana es por naturaleza un ser religioso. Hechos fehacientes nos los ofrecen a pasto: la Arqueología, la Paleontología, la Antropología, la Filosofía, la Historia y las artes. Lo sabemos de modo claro y positivo, por la multitud de fósiles humanos y restos de utilería e instrumentos de carácter religioso desde antiguo. Estas evidencias, muestran, entre otras cosas, la diversidad de cultos practicados hace millares de años en diversas culturas en muchas comunidades establecidas en los cinco Continentes. De aquí que con razón se hable del *homus religiosus,* así como del *homo sapiens sapiens,* o quizá sea más correcto decir que *el homo sapiens es también homo religiosus.* Tratándose del hombre como ser religioso, significa sobre todo la existencia de una "relación" con ser un real o con un Ser superior a todo cuanto existe, hecho que no se reduce o limita esta actitud eminentemente racional a una "etapa" o "época" previa a la "civilización", como algunos se han referido en tono despectivo al "hombre mítico" o "era de la superstición" (también hoy —siglo XXI— encontramos hombres incivilizados y supersticiosos e ignorantes), mientras que millones de hombres continúan siendo creyentes, esto es, religiosos en el sentido estricto de la palabra (tienen y/o practican una religión). Ni el positivismo de Comte, ni el cientificismo, ni el ateismo, ni algunas filosofías materialistas, como tampoco las múltiples persecuciones y propósitos de suprimir a Dios de la vida humana, han logrado erradicar totalmente la actitud y actividad religiosa del hombre, ni han conseguido que la religión desaparezca del horizonte humano, particularmente los últimos siglos; sería preciso que el hombre desapareciera para que dejase de existir la religiosidad.

Así como el hombre es "*sapiens*" por naturaleza, también es "*religiosus*" por naturaleza, lo mismo que es: "*faber*", "*oeconomicus*", "*socialis*", "*artisticus*", etc. Es posible que, por las múltiples facetas que muestra el ser humano en su conducta racional, algunos no reconozcan no un parentesco entre la Ética y la Moral, pues ambas hacen referencia a la bondad o malicia de los actos humanos libres. Aparecen también como una muestra de su inteligencia y libertad, la variedad de éticas que se han ido proponiendo a lo largo de la historia, con semejanzas entre sí algunas de ellas y opuestas completamente otras, cosa que denota también la búsqueda de la verdad y el bien, así como el anhelo natural e insaciable de felicidad. Nada tiene de extraño que, debido a las diferentes ópticas de las éticas en que se apoyan diversas concepciones del hombre, no sean coincidentes en algunos principios y normas o valores, verdades, etc.

Por otro lado, el ser humano de hecho intenta numerosos fines y puede proponerse a sí mismo objetivos de diversas clases mientras le dura la vida, y de la misma manera que alcanza muchos de ellos, otros nos los consigue y algunos los abandona a propósito, amén de que no está impedido para hacer nuevos intentos y modificar algunos de sus objetivos. En cada caso existen circunstancias favorables o positivas, como también aparecen pequeños y grandes obstáculos, cuando no justificaciones y pretextos para hacer o no hacer, para intentar nuevamente o dejar de lado proyectos e ilusiones… Sin embargo hay, debe haber, dada su naturaleza libre y racional, un fin último, radical, que da razón de ser de todos los otros.

Los demás seres (inertes y vivos) no se proponen fines ni obran con un objetivo propuesto (por ellos mismo) sino impuesto por la Naturaleza. Por el modo de obrar o comportarse, lo mismo los seres inertes que los vivos, los conocemos en su esencia o naturaleza, eso también nos permite distinguimos, y así vemos, por ejemplo, que: todos los seres obran según su esencia o naturaleza propia: todos los gatos y todas las golondrinas, como todas los salmones, tienen entre sí el mismo patrón de conducta, y puede decirse otro tanto de lo de los vegetales según su especie o naturaleza, sean vides, olivos o naranjos, etc., sucediendo algo semejante con los seres inertes, según antes anotamos. Los animales no se equivocan cuando siguen ("obedecen") sus instintos, en cambio el hombre que solamente sigue sus instintos, muchas veces se equivoca, pues ante todo debe usar la razón (obedecerla).

Ahora bien, si todos los seres obran según su propia naturaleza o esencia, y los seres irracionales obran "como si conociesen" el fin al que se dirigen (operaciones de nutrición o reproducción o defensa de la vida propia, etc.), de modo semejante a como el proyectil se dirige al blanco, se repelen los polos negativos y positivos, un cuerpo "actúa" según la ley de la gravedad, y un animal no come o bebe por principio algo nocivo, etc., con el hombre no es menos. Unos son sus fines personales (subjetivos), que incluso puede compartir o imponer a otros o sumarse a los de alguien más, y otro, que es el "fin último", el cual le corresponde "objetivamente" (a todos)en razón de su naturaleza como ser vivo, inteligente y racional; y este fin último o más radical, es el fundamento de los demás, es único (de otra forma no sería el "último", además que no es posible que existan muchos fines últimos, pues perderían su razón de ser tales). Por donde llegamos a saber que no son iguales todas las éticas ni poseen u ostentan los mismos valores y verdades, aunque haya algunos puntos en común en varias de ellas.

En consecuencia, es preciso que una sola se la verdadera Ética, pues no tampoco es razonables que todas se encuentren el error, que sean absolutamente falsas. Y no se resuelve la cuestión con el recurso al sincretismo, porque a fin de cuentas se trataría de una selección, hecha por un individuo o una sociedad, de aquello que juzga(n) bueno, verdadero o valioso de lo que "ofrecen" las diferentes éticas, porque fácilmente puede esconderse o disfrazarse más que nada, alguna actitud (poco recta o poco ética de suyo) de: conveniencia, de utilidad, de moda o de agrado y facilidad, para cumplir ciertos preceptos, y aceptar como verdades aquellas que no pasan de ser opiniones, falacias, sofismas o estadísticas, etc., formando finalmente una "ética a la carta". Dicho sea de paso, la exigencia siempre resulta un poco incómoda. La verdad y el bien han de ser conformes con la naturaleza del ser humano, y no una simple postura acomodaticia a gustos, opiniones, deseos, mayorías o minorías, simplicidad o complejidad, ideas o creencias, etc. Ha de ser, pues, una Ética que contempla al hombre en su integridad y genuina constitución, que conoce su fin último trascendente, al que han de ordenarse todos sus actos y desde el cual son medidos o calificados.

7. El hombre: ser ético

Puesto que el hombre es un ser con libre e inteligente, la libertad la que exige el contrapeso de la responsabilidad. Ser "libre" no consiste en "hacer lo que se quiere" sin más, obrando ajeno a toda ley, sin prever las consecuencias y ausente a toda responsabilidad. Una libertad sin responsabilidad no es libertad y viceversa. A nadie se puede hacer responsable de un acto que no es consciente y libre. A nadie le es extraño que a ningún ser irracional se le pida "cuenta" o que "responda" de sus actos, o sea, "no se le hace responsable" de sus acciones por meritorias o atroces que resulten. Por ejemplo, si un león escapara de su jaula en un circo o un zoológico, y causara la muerte a varias personas, a nadie se le ocurre hacerle un juicio o llamarle criminal, asesino...: se le coge y encierra nuevamente o se le sacrifica. En cambio, si el guarda se olvida o descuida de cerrar la reja de la jaula de manera segura, etc., a éste sí se podría enjuiciar, habría que "pedirle cuentas"... Algo muy diferente es entrenar o amaestra a un animal para que realice una u otra clase de actos, que se comporte de una determinada manera ante unas circunstancias u órdenes" recibidas, pero no lo haría voluntariamente, no tiene opciones: solamente hace lo que aprendió, aquello para lo que fue adiestrado.

Cuando una persona pertenece a una comunidad religiosa, normalmente significa que acepta la moral propia de su religión, otra cosa no tiene sentido. Y en el caso de un escéptico o de un ateo, no se pude decir que por el mismo hecho de tener ningún credo, etc., está exento de observar tales o cuales preceptos, unos de orden natural y otros derivados de autoridades civiles, por ejemplo. Es verdad que no están obligados a vivir conforme a la moral o principio de alguna religión (que además no profesan), pero su conciencia sí les exige actuar éticamente (conforme a la Ley Natural), también conforme a las normas establecidas por la legítima autoridad de la sociedad temporal a la que pertenece, pues todo el hombre es un ser libre y responsable. La sociedad demanda a sus ciudadanos, como mínimo, la aceptación y respeto (obediencia) de los preceptos que favorecen y benefician la convivencia justa, pacífica, ordenada y dirigida al progreso de ella misma. El Estado, la Comunidad o la Sociedad de la que forman parte sus súbditos o ciudadanos, asociados, etc., pide cuentas de los actos, cuando éstos son contrarios a las normas establecidas legítimamente.

Mas para quienes hacen una especie de *"puchero ético propio"* con mezclas y revolturas o sobrantes de algunos sistemas éticos e ideologías, etc., bien se les pueden aplicar estas palabras de Baudeleire: *"Un ecléctico es un navío que querría navegar a los cuatro vientos"*.[96] Por desgracia no son pocas las personas que no acaban de arribar a puerto seguro (tierra firme), porque navegan frecuentemente con el riesgo de naufragar (sin rumbo fijo) y expuesto a borrascas y días sin viento o sin sol..., en cualquier mar; y otros se pierden porque carecen de mapa y de brújula... La vida no es un juego, y la conducta humana ética, no funciona con un "recetario de

---

[96] p. 34, n. 1

buenos modales". ¿Quién se atreve a navegar por alta mar, sin vela o sin timón: con la vela va rápido, pero a ninguna parte si le falta el timón; y sin vela, soplando buen viento, el mejor timón no conduce la nave a ningún lugar; en ambos casos se va a la deriva.

La alas sirven para volar y las aletas para nadar, como las patas para andar o correr... Una libertad que no se ejerce, por estar impedida física o moralmente, no es libertad. Una libertad que no se ejerce, no tiene justificación: ¿para qué la guarda o protege esa persona concreta? La libertad es "para" ejercerla, para comprometerse, pues si no es así, para qué existe. Y por el contrario, si a alguien se le exige que dé cuenta de sus actos, es que se presupone la libertad. También es lógico pensar que si la inteligencia y la voluntad están emparentadas con la responsabilidad, es que debe haber un fin u objetivo que justifique las facultades humanas espirituales, como son la inteligencia y la voluntad.

En ningún ser humano existe o sólo la voluntad o sólo la inteligencia, así, pues, ni voluntad sin inteligencia ni inteligencia sin voluntad. ¿De qué sirve la inteligencia que conoce o piensa y juzga, si es incapaz de decidir?, y qué sentido tendría una voluntad con una gran capacidad de amar, escoger o decidir, si no sabe nada, no conoce ya que en este sentido es ciega? ¿Conocer, sólo: para qué? ¿Decidir, elegir, amar: a quién o sobre qué cosa? La "responsabilidad" es una consecuencia lógica y natural "alguien". La persona humana, sabe o conoce lo que quiere y hace, lo mismo que hace, quiere y elige lo que conoce. Y eso que conoce, es conocido como portador de ciertas cualidades o defectos, y también lo conoce como "bueno" o "malo", beneficioso o dañino (material o espiritualmente) para sí o para los demás. Por esta razón, es "responsable" de su "elección" o "decisión", y de la acción u omisión determinada, etc. Cada persona responde de sí misma.

Con relativa frecuencia se oye hablar en asuntos de cierta envergadura o comprometedores, con palabras semejantes a éstas: "yo tengo mi propia ética", o "yo actúo de acuerdo con mis propios principios", o "para mí no hay moral o ética que valga, hago lo que quiero sin importarme si eso está bien o mal", "no tengo por qué ser juzgado según los principio o las leyes de los demás", "lo que hagan los demás me tiene sin cuidado"... Que los demás (los otros) juzguen como buenos o malos y den el calificativo de "éticos" o "no éticos" a sus propios actos y a los de otros hombres, no es una mera costumbre, es algo que responde a la actitud natural (racional) de comprender a la persona humana y que sus actos no son puras acciones de orden físico, sino que son portadoras de "algo más", al margen del placer, la utilidad o beneficio que le puedan reportar; además de que puedan demandarlo así (en algunos casos): la amistosa conveniencia, intereses, una moda, y la admiración, aceptación o rechazo de la sociedad (pues generalmente se trata de valores relativos).

Aún el caso de que el individuo hubiese aprendido a enjuiciar sus actos o los ajenos conforme a un patrón religioso, familiar, social o ético, más tarde o más temprano, de ser honesta la persona consigo misma se percatará de que no es infalible ni defectible, que alguna o muchas veces podría estar en el error o quizá en la verdad, que no contaba con todos los elementos para emitir un juicio acertado, o probablemente fue engañada, o también que tenía una conciencia estrecha o muy laxa, o indiferente a determinados valores, normas o principios, etc. Caben muchas posibilidades y motivos para adoptar una postura u otra. Pero ha de aceptar también, que el bien y el mal existen, y que hay actos humanos buenos y malos, no solamente feos o bonitos, admirables o repugnantes, heroicos o viles, etc.

Aunque fuesen cambiantes sus "criterios", no podría vivir en paz consigo misma la persona que no realizase ningún tipo de juicios sobre sus acciones o el comportamiento de otros, no es humano (racional) obrar sin sentido, sin una dirección o pretendiendo un fin, cualquiera que sea su calificación: bueno o malo. El sentido común y la experiencia, junto al estudio, llevaron a E. Gilson a una conclusión tan simple como verdadera: *"Hay un problema ético en la raíz de nuestras dificultades filosóficas: los hombres somos muy aficionados a buscar la verdad, pero muy reacios a aceptarla"*.[97] Todos obramos con un fin, con alguna intención, más o menos conscientemente y mayor o menor libertad. No es un acto humano aquel que no proceden de la inteligencia y voluntad libres, en la mente de que no existe la libertad absoluta, y que: la ignorancia como la coacción física o moral, al igual que el miedo y las pasiones pueden aumentar o disminuir la responsabilidad personal, pues estamos expuestos a múltiples elementos que influyen en nuestro conocimiento y nuestras decisiones.

Veamos nos entre muchos ejemplos, la capacidad y necesidad de juzgar las mil y una decisión que cotidianamente tomamos. Tratándose del propio bienestar: ¿por qué recurrir a un médico para recuperar la salud o prever una enfermedad? Porque justamente existe o la certeza o la duda de que hay "algo" no funciona adecuadamente, y es posible que de ahí se derive un daño grave o al menos de poca entidad, pero es mejor consultar. Esa anormalidad en el cuerpo lo percibimos y "juzgamos" como nocivo (malo), y obramos en consecuencia. Otro caso es la consideración de que es bueno estudiar seriamente y con tiempo, preparando el examen de alguna asignatura para aprobarla satisfactoriamente, y no retrasar el plan de estudios o volverla a cursar por insuficiencia..., así que es "bueno" estudiar, trabajar. Pues si hay enfermedades

---

[97]   p. 185, n. 1

o males que afectan al cuerpo, los hay también para el espíritu, y esta salud o bienestar espiritual no es menos importante y exigente que la del cuerpo; y decisiones con efectos beneficiosos o perjudiciales de diversa magnitud. No cualquier medicina cura todos los males... Para ser ingeniero, abogado o médico es preciso estudiar unas asignaturas determinadas y aprobarlas; no es igual estudiar cálculo que anatomía o el código penal.

Para el filósofo existencialista S. Kierkegaard, la libertad es un vértigo. *"La angustia es el vértigo de la libertad"*.[98] No deja de tener algo de razón en esta comparación del filósofo danés, pues en último caso el vértigo solamente lo padece el hombre cuando se encuentra en unas determinadas situaciones (físicas); y también cuando debe tomar una decisión (aspecto moral), cualquiera que sea, porque incluso la "abstención" ya es decidir algo: no decidir en ningún sentido, lo que trae también consecuencias y presume una cierta responsabilidad (hay qué saber de qué se abstiene y por qué). Aparece nuevamente la intervención del binomio inseparable: inteligencia y voluntad. Hay momentos o situaciones en que la abstención no es una salida o evitarse responsabilidades, y otras es deslindar responsabilidades o el rechazo de un cierto mal. El animal nunca padece esta clase de vértigo, porque no es libre, y ante el peligro generalmente huye sin hacerle frente o se enfrenta al mal cuando se siente capaz de vencerlo.

No le faltaba razón a A. Daudet, cuando lanzaba esta pregunta a quien desease responderla: *"¿Dónde estaría el mérito, si los héroes no tuvieran miedo?"*.[99] Por su parte, Ortega y Gasset, afirma con igual seguridad que serenidad: *"Vivir es decidir lo que vamos a hacer"*.[100] Y es verdad,

---

[98]   p. 262, n.11
[99]   p. 109, n. 1
[100]   p. 357, n. 15

pues de continuo vamos tomando decisiones, aunque no lo parezca, ya se trate de asuntos triviales o que solamente reparamos en los de cierta categoría, de continuo decidimos de esto y de aquello y de lo demás allá... Además de que cada quien tiene en este aspecto una escala de valores, las hay decisiones urgentes, importantes y de escasa monta, ordinarias y extraordinarias, así como decisiones de mucha categoría y serias consecuencias como de asuntos triviales, etc. Digamos que podemos ir desde la elección de la corbata que hoy nos ponderemos o los zapatos que vamos a usar, como el ayuno matutino afectado por las prisas de ir a la escuela como el menú de la reposada comida entre amigos, y también están los asuntos del trabajo, de la salud personal o las relaciones de noviazgo, un compromiso deportivo o de diversión, y tantas cosas más. Y siempre, por lo general con suficiente libertad para obrar, mas no como la que atribuyen a Henry Ford (industrial) en cierta ocasión que dijo: *"podrán escoger el color del coche que quieran, siempre que sea negro"*.[101] Desde luego que esto no es libertad, sino un simulacro o una burla. (Escoja Ud. el automóvil que le guste: todos son negros, el mismo modelo y la misma marca...). ¡Viva la libertad!

---

[101] p. 160, n. 6

XI. EL ALMA Y DIOS

1. Las mutaciones

Es de sobra conocido por muchos que la persona humana posee un cuerpo (es "su" cuerpo), pero no es sólo un cuerpo blando, coloreado de unas determinadas dimensiones y un peso concreto y otras tantas propiedades comunes y características individuales, sino que especialmente se trata de un "cuerpo humano". No es el cuerpo de un animal más listo que los demás irracionales, o mejor desarrollado, el más complejo, o quizá el más bello, o de un diseño muy peculiar, y otros calificativos que podrían venir a la mente, y que la hacen muy diferente de todos los otros, comparándolo por ejemplo, con el cuerpo del tigre, del cuervo, de una trucha o un pingüino, el de una paloma, o el de una orquídea o un tulipán...

Es evidente que el cuerpo humano es el de una "persona", individual y exclusivo, propio y diferenciado, capacitado para realizar las funciones, operaciones y actos que le son típicos, naturales: los actos y reacciones que corresponden también a los entes materiales, a los inertes y a los vivos, más los suyos propios. Su cuerpo no en simplemente una organización diferente de los elementos materiales integrantes. Siendo material tiene una conformación propia, con una estructuración organizada, que le hace disponer de los diferentes miembros, órganos, sistemas y aparatos, y realizar funciones y actividades vegetativas y sensibles, pero con una finalidad: precisamente porque está vitalizado o animado por un alma espiritual, que, sirviéndose del cuerpo al que está unido sustancialmente, conoce y razona, quiere y ama. Dicho de otro modo: el cuerpo humano es el más apto para ser el cuerpo de un ser inteligente (el hombre), porque los cuerpos de un orangután, de un gorila, como de un chimpancé o cualquier otro primate, no son capaces ni aptos para actuar racionalmente, de manera libre y consciente; y no es cuestión solamente de la postura erecta o de la oposición del pulgar y capacidad craneana, etc. Eso es relativamente importante.

Con la evolución de los *homínidos* y/o los *antropoides* (parientes más cercanos al hombre), según demuestran estudios y descubrimientos más o menos recientes (en África, Europa y Asia) por algunos antropopaleólogos, antropólogos, arqueólogos y paleontólogos, filósofos, etc., y como también lo muestra la Naturaleza junto con la Historia del hombre (*homo sapiens-sapiens*), pertenecemos a otro linaje. La inteligencia humana no podría estar en cualquier otro animal. Cada género y especie o subespecie, estirpe, etc., muestran cómo los animales que han sobrevivido a determinadas catástrofes naturales y a nuevas condiciones de vida cambiantes desde hace siglos y siglos, los supervivientes continúan con la misma estructura: no se han convertido o evolucionado, en "algo diferente", digamos: una clase de trucha en cangrejo, ni la piraña ha evolucionado hasta llegar a ser una especie de tiburón, y tampoco un tipo de cuervo en un buitre, ni una sub-especie de naranjo en un cactus, etc. Las cosas en sí, tienen sus límites. No todo (cualquier cosa) es posible, y no todo lo posible ocurre necesariamente, tan sólo es probable.

En el género o especie de los primates, con el paso de millares de años es indudable que han sufrido diferentes cambios o modificaciones, sin dejar de ser primates irracionales, hasta hoy día. Aunque es muy posible que desde miles o millones de años hayan tenido un antecesor o tronco común, y posteriormente, dadas ciertas condiciones externas e internas, hubo separaciones y ramificaciones, una de las cuales pudo ser el más apto para que se originase el al cuerpo humano, al "homo sapiens". La diferencia fundamental entre el *homo sapiens* y los *primates* y póngidos e incluso los *homínidos*, es que el primero piensa y decide no así los demás, aparte de que le pensamiento no consecuencia de un cambio o evolución de la materia, ni producto de una sensibilidad etérea, más sutil, de modificaciones de estructura (órganos, músculos, aparatos o sistemas), etc., es más de carácter genotípico que del fenotipo. El genoma humano (nuestro "código de barras"), muestra orígenes diferentes.

Por su parte, el "hombre" (*homo sapiens*), independientemente del lleva habitando la Tierra, miles o millones de años, por muy rudimentario y arcaico que fuese, siempre dejó huellas evidentes de racionalidad, de poseer inteligencia: razonaba o discurría, imaginaba e inventaba, etc. Igualmente tuvo conciencia de sí mismo y de su diferencia con su entorno: aprendió a fabricar utensilios para muy diversas aplicaciones (cocinar, cazar, cultivar...), y "resolver" sus necesidades fabricando nuevos y variados instrumentos útiles como el cuchillo de piedra, el hacha o el jarro y el plato..., y otros objetos de ornamentación y de culto; todo esto orientado desde la supervivencia del individuo como de la colectividad o pequeña sociedad de la que formaba parte. Desde entonces, el hombre ha ido inventando (creando o fabricando) todo lo "artificial", y por supuesto el arte y la técnica... Respecto de la pintura diría el Maestro da Vinci muchos siglos después: *"La pintura más digna de elogio es aquella que tiene más parecido con la cosa reproducida, y digo esto para rebatir a aquellos pintores que quiere mejorar la naturaleza".*[102] Pensamos que la naturaleza puede ser "imitable" hasta cierto punto, pero no es "sustituible"; lo que se haga en vez de ella, no es ella la que actúa, es el hombre.

Con todo, el cuerpo humano es específico y diseñado para múltiples actividades de diverso signo, no tiene o desarrolla una actividad específica y concreta sino múltiples y de índole diversa. Coincidimos con el escritor W. Whitman, cuando pone en uno de sus personajes novelescos, pone estas palabras: *"Si existe algo sagrado, el cuerpo humano es sagrado".*[103] Definitivamente el cuerpo humano no es sagrado de suyo, sino el más digno entre todos los existentes, y un motivo más está en que posee (hasta hoy día), entre los seres vivos el cuerpo que está en la cumbre de todos que habitan este mundo. Así es, no obstante que muchos seres irracionales le superan en: visibilidad, fuerza, sensibilidad, audición, agilidad o destreza y velocidad, y algunas otras cualidades; sin embargo, el hombre con su inteligencia y su voluntad, les ha aventajado con su capacidad de invención gracias a la experiencia e inteligencia, como por ejemplo, fabricando: el microscopio y el telescopio, máquinas muy ponentes para cargar, golpear, lanzar objetos, construir y destruir, así ocurre con algunos medios de locomoción más veloces: desde la bicicleta al avión supersónico y los cohetes que navegan en el espacio sideral; y en otro orden, están la penicilina, el suero, la quimioterapia, la cirugía, etc.

Y para terminar, hacemos solamente mención de la ciencia, la técnica y el arte, para demostrar la superioridad del hombre sobre el animal irracional, haciendo el uso adecuado de su propio cuerpo y sus miembros (ojos, oídos, manos, pies,

---

[102] p. 499, n. 10
[103] p. 507, n. 14

etc.) para conseguir estos logros, "cultura" o "civilización", que no podría conseguir con un cuerpo diferente, porque dispone del mismo también para el descanso que para la diversión, el arte y manifestar el culto religioso, entre otras cosas. El hombre no está "encerrado" en su propio cuerpo, lo trasciende y no se encuentra "atrapado" en el universo porque también supera todo lindero material.

2. Tiempo y eternidad

Una de las perfecciones divinas o del Ser Supremo, es la eternidad. No puede ser de otro modo, pues si lo colocamos dentro del tiempo, significaría que se habría dado el ser a sí mismo (cosa absurda); otra alternativa es que fue creado, en cuyo caso no se trataría de un Ser Supremo, pues sería superior aquel que le hubiese concedido la existencia. Ha de ser aquel que le compete ser en mismo y sí mismo, absolutamente perfecto e independiente, cuyas perfecciones posee en grado eminente; y está afuera del tiempo, pues el tiempo es la medida de las cosas o acontecimientos de los seres que cambian, y el cambio normalmente supone conseguir algo que no se tenía (alcanzar una meta, algo que perfecciona al individuo; y de otra parte están la generación y la corrupción, que presuponen un comenzar a ser o dejar de ser, como por ejemplo, comenzar a vivir o morir; o también, dejar de ser lo que se es para ser algo distinto, como la madera que arde y se consume, convirtiéndose en ceniza mediante la combustión, etc.)

El cambio, pues, como también vimos en su momento, supone cierta imperfección. De la misma manera estar en un lugar y cambiar de lugar, es algo semejante a ser una cosa y pasar a ser otra. El cambio se da en el tiempo y en el espacio. Y lo que cambia de lugar, por necesidad ha de ser un ente corpóreo, y todo lo material tiene cuerpo, y además, se corrompe, lo que significa que un Ser Superior tampoco puede ser material, ni sufrir modificación alguna ni cambiar de lugar, etc. Tal eternidad supone también la inexistencia de un antes y un después, no hay sucesión ni continuidad y por el contrario tampoco discontinuidad. El tiempo es una medida de permanencia y cambio sucesivo: antes, ahora y después, siendo arbitraria la unidad que se emplea, como: segundos, días, siglos...

En otra línea de pensamiento, esa "independencia" de todo otro ser, que también puede entenderse como trascendencia, nos facilita entender que, si en el universo como el nuestro, muchas veces y de muchas maneras constatamos que las cosas, "todos" los seres, tienen su origen o son causados por otros (de una u otra amanera todos son efectos), esto exige una causa "primera" de todo cuanto es, una causa que a su vez no es efecto de otra previa, así, se requiere de una "causa incausada". Y también, este mismo ser, es necesario absolutamente, pues igualmente comprobamos que, todos los seres son contingentes, pues no llevan consigo la necesidad de existir, y es de hecho que existen, entonces es del todo imprescindible un Ser necesario, tal que justifique la existencia de los seres contingentes, prescindibles. Finalmente, si "nadie (nada) da lo que no tiene", todas las perfecciones que encontramos en los seres del universo, las tienen recibidas, pues ninguno tiene o es la propia perfección y si la tiene la posee en un cierto grado o mediad, por tanto ha de recibirlo de Otro.

Retomando la noción de tiempo, muchas veces usamos el término "lugar", aunque más bien hace relación al espacio, y suele emplearse para "situar" en la línea o sucesión del tiempo, tanto a las personas consideradas individualmente como colectivamente (sociedades) con su propia historia y también a modo de colocarlos en la Historia misma (son "situados" o ubicados en el tiempo y el espacio), y también los sucesos y datos que ella nos narra, que recoge y nos ofrece dicha Historia o historias... Sea por costumbre o porque así es la realidad, de este modo nos manejamos, y es normal referirnos a tres tiempos fundamentales: el pasado, el presente y el futuro. En sentido estricto, el *pasado* "ya" no es, sino que fue, poco importa si es un segundo que un día o un siglo o más; pero le concedemos una cierta realidad o presencia mentalmente, pues se trata de hechos o sucesos que fueron reales, en su momento, porque: hay acontecimientos y personas que en cierto modo, sobrepasan su propia vida o historia, por lo que su "permanencia" no se reduce en este mundo solamente a sus años de vida, pues continúan sus obras o sus pensamientos influyendo en el presente, y probablemente preparando el futuro. Por ejemplo, Américo Vespucio existió, vivió unos años concretos, fue un gran navegante y descubrió lo que hoy llamamos el Continente Americano; y de semejante manera decimos las pirámides del Sol y de la Luna, fueron construidas por los aztecas como un centro religioso, y aún existen (ruinas), con igual presencia y realidad, y a la vez como manifestaciones concretas de culturas diferentes, comparadas con: las pirámides de Egipto y la Acrópolis de Atenas, y otras por el estilo.

El *presente*, es más fácil de definir o referirnos a él, ya que por lo general nos referimos a él diciendo: hoy, ahora, en este momento, o frases similares. Pero el hoy, que no es exactamente "el día" de hoy aunque lo incluye, sino que es el momento o instante que está transcurriendo, esto que "está sucediendo", o bien lo que está "siendo". Así el tiempo viene a ser una sucesión de instantes o momentos no mensurables (como décimas, milésimas o millonésimas de segundo..., detenemos el tiempo), porque aún en ese movimiento o cambio "del tiempo y de las cosas" (todo cuanto es), parece que hay una cierta estabilidad o permanencia en el tiempo, como si la "realidad" fuese la secuencia y no el paso, el dejar el lugar al momento siguiente. Las cosas son tan reales como el proceso "sucesivo" del tiempo; mas el tiempo "estático", no existe. (Se puede, por ejemplo, hacer una fotografía de las cosas y el lugar donde están, pero no del tiempo). Valga la comparación, el tiempo es como el agua que corre en el cauce de un río, siendo el cauce el tiempo y el agua corriente múltiples acontecimientos que se van sucediendo.

Y, en tercer lugar, el *futuro*, que no obstante que todavía "no es" o "no existe" aún, ya le estamos concediendo cierta entidad, como si se tratase de una realidad que está por-venir, como si estuviera oteando el horizonte.... Tiene como una de sus características la "incertidumbre", partimos del supuesto de que "será", pues a pesar de que deseamos e intentamos ya desde ahora a pre-verlo, organizarlo, valorarlo, distribuirlo, contar con él, y mucho más, pues también se dan por supuestas o hechas "para entonces" algunos sucesos. Por ejemplo, para el futuro se da ya como un hecho a todos sus efectos, que: el tren, el avión, el barco o el autobús "llegarán" a su destino u objetivo del viaje, en el tiempo y lugar previstos; o se "cobrarán" unos intereses sobre una cuenta bancaria de ahorro; y otro tanto por lo que toca a la fecha en que se "firmará" un acuerdo o contrato, etc. Por este motivo (costumbre o sucesos repetidos de la misma manera), decimo: "mañana" haremos esto o aquello... Resulta un tanto curioso, hay algo de extraño pero algo convencional y casi normal, prestarle más importancia al futuro que al pasado, y en ocasiones que al mismo presente.

En fin, nos parecen tres momentos o etapas de la realidad, cuando lo único que realmente existe es el momento fugaz, ligero, apenas aprensible. El futuro más parece un mañana anticipado que es hoy, ahora; como el pasado es el presente que acaba de marcharse, de pasar. Y, a pesar de todo, el pasado tiene más entidad que el futuro porque de ello hay evidencias miles; mientras que pareciendo más valioso el futuro (planes, proyectos, deseos, etc.), más prometedor, esperanzador..., es más una ensoñación: lo por-venir puede no venir, lo pre-visible podría no suceder conforme a lo esperado: es lo más sutil, frágil e inseguro de la vida humana. ¡Oh, paradoja!

Hay que "revalorar" en especial el tiempo presente (es lo normal), más aún, nos parece lo más coherente, aunque el presente es algo muy "elástico", un tanto fluido y aparente, porque puede incluir literalmente no sólo el día de hoy (en el deberán transcurrir 24 horas y el reloj apenas marque las siete...), sino también mañana, y en ocasiones más tiempo hacia el pasado (lo ya transcurrido en el mismo día). También existen personas que parecen vivir en el pasado y escudriñan el presente sin mirar al futuro, sus ojos no miran siempre hacia por dirigirlos hacia atrás, o quizá al piso y a sus pies. Otro grupo de personas que dan la impresión que están solamente ocupados en administrar y prepararse para el futuro, dando la impresión que ya vivieran en él, disponiendo del presente (semi-conscientemente) a modo de plataforma para un lanzamiento, sin disfrutar el momento. Sin embargo, existiendo solamente el presente, nos manejamos en estros tres modos de emplear, medir, o usar y aprovechar el tiempo, en cualquiera de sus consideraciones. Claro que todo esto los decimos en un sentido genérico y figurado. Pero, para Juan Benet: *"En realidad el presente es muy poca cosa: casi todo fue"*.[104] Sin comentarios.

Pues a pesar de que parece que todo fue o ha sido, también es verdad que algo (poco o mucho) tendrá que ser, será. Habrán de suceder muchas cosas de las que muchos seremos testigos o protagonistas, y de otras no.

---

[104] p. 39, n. 8

Esta la condición de la persona humana, pues nuestra vida es: única, finita, limitada por el tiempo y el por espacio en este mundo. Mas no todo termina con la muerte, porque al parecer de Horacio: *"No todo morirá"*.[105] Muchos estamos de acuerdo con él, porque a esta vida les sigue otra... ¿Será que entreveía que el hombre supera la materialidad de su ser con un *plus* incomparablemente superior que es el alma humana...? Sea así o no, tiene razón: no todo morirá en el hombre, cosa diferente de "no todos morirán"... Con gracia y con verdad, Moliere, pone en boca de unos de sus divertidos personajes: *"No se muere más que una vez, y es por mucho tiempo"*.[106] El espíritu humano (el alma), es inmortal. El apóstol y evangelista San Juan, escribía en su primera carta: *"A Dios nadie le ha visto"*.[107] Dios es un espíritu purísimo, y los ojos humanos no pueden ver lo incorpóreo, de ahí que tampoco veamos nuestras almas, y menos aún a Dios, a Quien puede verse solamente después de la muerte. Si todo lo corpóreo o material cambia, es afectado por otros, se gasta, se consume y degrada, y según la naturaleza de éste puede que incluso haya dado origen a otros, antes o después, perece o desaparece como tal, mientras que el ser inmaterial y espiritual, carece de partes y no se degrada ni gasta, queda ajeno al tiempo superando la corrupción del cuerpo que anima al que sobrevive para siempre, es decir, le espera un futuro inacabable, imperecedero, y no obstante que ha tenido principio no tendrá fin.

---

[105] p. 223, n. 10
[106] p. 33, n. 11
[107] p. 42, n. 13

3. El yo

Cualquiera de nosotros, me refiero principalmente a quienes ahora vivimos, podemos hablar de un presente porque, hoy, ahora "somos". Igualmente podemos referirnos al pasado, conforme a la edad y experiencia personales, pues también "fuimos" (tenemos una historia) en un pasado más o menos cercano y con clara repercusiones en el presente; y contamos "disponemos" (sin ser real todavía), con un "futuro" incierto para cada uno, pero previsible o programable.

Pero, efectivamente ¿podemos hablar del futuro? Hemos visto ya en qué sentido podemos hacerlo, es decir, podemos referirnos a él como si dispusiéramos ya de ese tiempo del que absolutamente desconocemos si se existirá para todos los que hoy somos, es por ellos que hacemos "planes" o diseñamos "proyectos" y adquirimos compromisos, dando por "cierto" que disponemos al menos de unos años... Pasa algo similar como al manejo de dinero: tengo una determinada cantidad de la que puedo disponer, y por ello me es posible comprar, alquilar o adquirir de diferentes formas, mil cosas distintas (casa, acciones bancarias, automóvil, alimentos, medicinas, ropa, viajes, etc.), porque el dinero es "transformable" en cosas...

Así, voy gastando o invirtiendo "el capital" de mi vida en una gran variedad de negocios y asuntos. Sin embargo, poco o nada sabemos con certeza del mañana: pensamos que se presentará con mucha semejanza al día de hoy, y como tantos otros días ya transcurridos. Con todo, nadie puede "garantizar" el mañana o "su" futuro, aunque disponga anticipadamente de él: solamente lo esperamos y distribuimos o "jugamos" con posibilidades y presuponiendo ciertas circunstancias y condiciones que habitualmente se dan sin cambios exagerados, para nosotros y para los demás, lo mismo a nivel familiar que de cualquier otra sociedad o comunidad de la que somos parte (por razones laborales u otros motivos), lo mismo en la ciudad donde habitamos que en cualquier otra parte del mundo...

A esto, añadimos la experiencia inmemorial de que la gente mayor o ancianos, son los más propensos a morir, ya que mientras menos años se hay mayores posibilidades de alargar la propia vida; mientras más juventud, mayor futuro, pensamos con cierta lógica, porque habitualmente es lo que sucede por regla general. Hay que sumar a lo anterior, que "nuestro" pasado (el de cada quien), pervive en nosotros, es parte de lo que ahora somos y muy probablemente también de lo que seremos. El "propio pasado" es algo que nos va acompañando durante todo el recorrido de nuestra vida. Nuestro hoy, el presente, va acumulando minutos, horas, días, semanas y años..., en los que han sucedido "tantas" cosas, algunas quizá ya olvidadas o borrosas en la memoria, otras que dejan huella permanente, y otras que querríamos olvidar; pero, la totalidad de nuestro pasado es parte importante de nuestro presente.

No estamos hablando de un tiempo lineal, o una especie de tiempo que transcurre como si fuese un "algo" que envuelve y marca todo lo que se ve afectado por él (la vejez, la falta de vigor o de salud, y la pérdida como ganancia de otras cosas...). Más bien nos referimos a un tiempo "personal", que está en un avance constante, algo continuo y a la vez irrepetible e insustituible: tiempo que no se pude desacelerar o hacerlo más rápido, sino que marcha siempre con el mismo ritmo. Otra cosa es que alguien viva con mayor intensidad su vida y acontecimientos como si por el contrario tiene la impresión de que las cosas ocurren lentamente. Podríamos decir que lo consideramos (el tiempo) como una especie de recipiente, en el que están y suceden las cosas. Nos parece más real que cada persona tiene "su" tiempo y durante ese lapso pequeño o grande, va coincidiendo con otras personas, decenas o millares, tal vez... millones, en etapas, circunstancias y lugares diferentes. El inigualable poeta medieval Virgilio, se refería al tiempo de esta manera: *"El tiempo es breve e irreparable"*.[108] Parecería como un juego de feria, el "tiovivo" o un "carrusel" que va girando, dando vueltas a la misma velocidad, y la gente (niños y adultos, hombres y mujeres) suben y bajan, después de haber dado cuatro, cinco, diez veces o más giros..., y se acabó. El tiempo, diríamos que además de irreparable es sobre todo irreversible; y la brevedad, es más propio de la duración de las cosas y el punto de referencia que se tome.

El dinero, por ejemplo, se puede guardar, multiplicar, gastar, perder, recuperar, etc., pero no así con el tiempo, pues una vez pasado, jamás vuelve. El futuro, apenas se hace presente, y forma ya parte del pasado do modo instantáneo, casi sin percibirlo, es como un hálito. Sólo una vez se vive y se muere una vez. Salidos de este mundo jamás volveremos a él. Mientras hay quienes se lamentan de morir mientras se alegran: este fugaz momento (no la agonía) tan fugaz como trascendente, es unos algo deseado y esperado mientras resulta inaplazable y aterrador para otros, según la propia perspectiva; y aunque este hecho sobrecoge, frecuentemente más se tema a lo que viene después de la muerte que la pena de dejar este mundo. Sobre este hecho ineludible, C. Tillier comenta, no sabemos si con sarcasmo o con optimismo: *"La muerte no es el fin de la vida, es su remedio"*.[109] Viéndolo con una carga de pesimismo, en efecto es un remedio, pero "remedio" a todos los males de este mundo, porque la vida no es una enfermedad.

---

[108] p. 500, n. 19
[109] p. 472, n. 12

Y es que la vida termina con la muerte de la misma manera que la muerte acaba con la vida. Otro personaje que alude a la cortedad de la vida humana, es M. Quintana, ofreciéndonos una bella alegoría: *"Más rápido que una flecha vuela hendiendo los aires, el tiempo vuela y muere, muere el tiempo y no renace".*[110] En definitiva, en diferentes medidas, la vida trae para todos: venturas y desventuras, gozos y sufrimientos, penas y alegrías, sueños y pesadillas, negaciones y promesas, salud y enfermedad, miserias y riquezas, carencias y bienestar..., pero todo se queda aquí: no nos llevamos nada, sólo nuestras obras nos acompañan. Es corriente contemplar cómo los hombres nos encaramos a la vida, pero sobre todo a la muerte: con desprecio, con miedo, con dolor, con sorpresa, o ignorándola, rechazándola, rehuyéndola, festejándola, buscándola, esperándola y aún anticipándola... Pero, es del todo cierto que vamos a morir.

En nuestra vida nos cruzaremos con otras vidas, o sea, con otras personas de lo más variopinto, en situaciones y circunstancias muchas veces imprevisibles; cosa que a los demás ocurrirá también. Esta vida tan dispareja en todos, se desarrolla con más o menos intensidad y variedad, con una convivencia y trato más cercano para con ciertas personas y más lejano con otras. Jamás conoceremos aquí a todos nuestros contemporáneos, así es de limitada también nuestra vida. A fin de cuentas, la existencia es siempre un "problema personal", una responsabilidad cargada de posibilidades abiertas al futuro, algo que podría compararse también a un conjunto de relaciones como hilos que forman una trenza más o menos gruesa, fuerte o débil, según los casos, pero siempre algo muy personal, íntimo, participable y en cierto sentido incomunicable por ser algo que atañe y afecta

---

[110] p. 402, n. 10

exclusivamente al propio individuo, aunque ese manojo de relaciones y encuentros con los demás, acaba por darles a ello una participación mayor o menor, importante o menos importante en nuestra propia vida, formando parte de uno mismo y permitiéndonos simultáneamente introducirnos en sus vidas siendo también parte de las suyas.

¡En cuántas cosas estamos involucrados! Y habrá, hay tantas otras que, sin saber, también nos afectan de un modo u otro, porque nadie está solo en este mundo.... Yendo a otro lugar y otro tiempo, encontramos un ejemplo de ello, acudiendo al sabio Pascal, que en uno de sus *"pensamientos"*, hace reflexionar sobre asuntos que parecen fútiles, y luego resulta que no lo son tanto, rebasando un pequeño círculo de personas y la lógica del momento, trasponiendo límites de tiempo y lugar... *"La nariz de Cleopatra: si hubiera sido más corta, toda la faz de la tierra hubiera cambiado".*[111] Y de nuestra parte, añadimos: o más larga..., pues ¿qué decir de la nariz de Cyrano de Bergerac, aunque se trate de ser un personaje literario? A veces un pequeño defecto puede resultar simpático, raro, y quién sabe si atractivo o repugnante, y los hay. También los personajes creados por genios de la literatura, de la música y otras artes, "cobran" vida en la vida de muchas personas, y son en ocasiones modelos o la encarnación de vicios y defectos de las personas y de las sociedades.

Con todo, ¿podemos abrigar la esperanza de que sea verdad lo dicho por T.S. Eliot respecto al tiempo? En esta reflexión: *"El tiempo presente y el tiempo pasado —están tal vez presentes en el tiempo futuro— y el futuro contenido en el tiempo pasado".*[112] De fondo, parece percibir esa

---

[111] p. 371, n. 8
[112] p. 32, n. 1

"continuidad" o permanencia en el tiempo por parte de la persona, mientras se prolonga su presente con todas las afecciones que tiene el pasado, al igual que sus temores como remansos de paz, junto al placer de un futuro mejor, o peor por el contrario, pleno de angustias y sinsabores... A este respecto, hemos de tener en mente algo que no por ser evidente es menos importante: tenemos los ojos en la cara para ver y caminar hacia delante, no para ir hacia atrás sino de frente. Famoso escritor y pensador ingles de nuestros tiempos, C.S. Lewis nos pone sobre aviso sobre el futuro, diciéndonos algo que no está de mas recibirlo al menos como consejo, y la razón está en que: *"El futuro es algo que cada cual alcanza al ritmo de sesenta minutos por hora, haga lo que haga y sea quien sea".*[113] También podría extenderse esta cifra de tiempo al presente, porque para todos sin excepción, el día tiene 24 horas, con los mismos minutos y segundos..., y ¿qué hacemos de ellos? Tiempo que se va no vuelve.

Es verdad que el tiempo transcurre a la misma velocidad para todos los hombres, pero unos lo aprovechan mejor que otros. Para algunas personas el tiempo o su vida, tiene una duración muy corta (días, meses, dos o tres o siete años); en cambio otras tienen una vida longeva (setenta, ochenta... y más años), su tiempo es largo. De manera semejante hay gente muy saludable y gente que nace y vive enferma, y quienes padecen por temporadas cambiando de malestares con efectos más o menos molestos y de diferente gravedad, así como mejor o peor llevadas. Paralelamente, nos topamos con multitud de personas mejor dotadas para la vida que la mayoría de los mortales, y que han recibido gratuitamente más talentos o cualidades naturales, a las que luego añaden las que por propio esfuerzo y mérito consiguen. Y abundan

---

[113] p. 281, n. 4

también quienes son muy pobres en talentos naturales, de los que obtienen buena ventaja o muy poca, y quizá —como a veces decimos— con poca suerte. Recorriendo a la vez la gama que va del más desgraciado en dotes naturales hasta el genio. *"No todos, somos capaces de todo"*, dice Virgilio en una de sus Eglogas.[114] ¿Quién podrá negarlo? En fin, de todo hay en este mundo nuestro. Queriendo ser objetivos y con ánimo optimista, ayudándonos a valorar el tiempo y con ello la propia vida, intentando sacar el mayor provecho y dar el mayor fruto posible de nuestra persona, miremos atentamente lo que el Libro de la Sabiduría pone ante nuestros ojos: *"Así nosotros, apenas nacidos, dejamos de existir"*.[115] Nada mejor que vivir el día con intensidad y honestamente, sin perder el sueño por el mañana ni tener pesadillas por el pasado. Lo que es, es. Y, para mejor morir, vive como si cada día fuese el último.

---

[114] p. 501, n. 7
[115] p. 430, n. 9

XII. LOGICIDAD Y CONSECUENCIALIDAD

Es relativamente frecuente escuchar palabras semejantes a éstas: *"la naturaleza es un libro abierto. En él podemos aprender tantas cosas como queramos, excepto quienes no lo intenten como y los "analfabetos"; aunque hay analfabetos que no sabiendo leer, sin embargo son duchos en las cosas de la vida porque por experiencia han aprendido buenas lecciones que las naturaleza y la vida misma les ha dado. Acudiendo a lo fantasiosos, L. Carroll, pone esta interrogante en la mente de *Alicia* (en el país de las Maravillas), esta interesante cuestión: ¿*"Para qué sirve un libro"* pensó Alicia *"que no tiene ni ilustraciones ni diálogos?"*.[116] En efecto, hay que aprender de la naturaleza y con la naturaleza. De manera insospechada se da a conocer, sin condiciones ni trucos, sin maquillaje se muestra tal cual es al hombre: no deforme y con disfraz, no es esquiva y tampoco agresiva; pero hay que "mirarla con respeto"... Unos la conocieron para explotarla y se repite esta intención todavía, otros para manipularla, otros para admirarla, otros desean saber su pasado y prever su futuro aprovechando lo que ella misma ofrece, etc. Repitiendo lo mismo, también un refrán

---

[116] p. 72, n. 3

popular afirma algo parecido: *"el mundo es como un libro abierto"*. Pero entendámonos: además de que su contenido está escrito, hay que saber leerlo. Un libro en blanco, no sirve para aprender sino para escribir en él; y un buen libro, por muy rico que sea, es poca cosa para un analfabeto, carece de utilidad y nada le aprovecha, su mirada es superficial y acaso despierte su admiración o curiosidad..., si lleva algunos dibujos o ilustraciones.

Otro aspecto importante está en que, si el mundo es "coherente", por fuerza debe serlo el pensamiento humano si realmente quiere conocerlo tal cual es (no como desea o imagina), pues antes hemos dicho que el hombre aprende de la naturaleza. Por tanto, debe haber una "mutua correspondencia y adecuación" (como el espejo con el objeto reflejado), pues de lo contrario no hay un conocimiento verdadero. Podríamos hacer otra comparación para mejor entenderlo: la cámara fotográfica hace una "re-producción" a escala de la realidad que enfocada (un paisaje, un rostro, un bodegón, etc.); a diferencia del pintor puede representar el mismo objeto o plasma en el lienzo, pero cuántas veces lo hace a su gusto o según se sensibilidad artística, según le parece aquello que observa atentamente y copia, que puede deformar o representar a su estilo, pero esa pintura podría hacer irreconocible el objeto, por lo que en este caso la realidad (la naturaleza) depende cómo lo exprese el pintor. El gran maestro Leonardo da Vinci, afirma: *"La pintura más digna de elogio es aquella que tiene más parecido con la cosa reproducida, y digo esto para rebatir a aquellos pintores que quieren mejorar las cosas naturales"*.[117] La naturaleza tiene una belleza y expresión insuperables, aunque el hombre también hace cosas bellas.

---

[117] p. 499, n. 10

1. Lógico y consecuente

Al denominar este capítulo con los títulos de "logicidad" y de "consecuencialidad", queremos sobre todo señalar que existe una lógica mental o trabajo que desarrolla la inteligencia humana, por lo que es un instrumento sumamente eficaz, imprescindible para conocer y razonar. Bien puede decirse que es el modo natural de obrar de la inteligencia para conocer cuanto le rodea, efectuando un proceso o una secuencia que le es propia, y de suyo apta para llegar a saber no sólo que las cosas son (existen), sino también qué son las cosas, al captar su naturaleza o esencia. Así como el ojo es una facultad natural para ver o mirar, la inteligencia lo es para conocer; pero así como solo el ojo ve y ninguno de los demás sentidos pueden ver, tampoco ellos pueden conocer la esencia de las cosas o entes, puesto que únicamente perciben lo singular y material, en cambio la inteligencia va a la esencia.

La lógica de que hablamos, es como un arte que empleamos los seres humanos para pensar o discurrir, haciendo generalmente: con orden, con certeza y sin error, conforme a unos principios naturales que se encuentran en la realidad extramental, y que de acuerdo con ellos realizamos el proceso cognitivo, entrelazando diferentes conceptos entre sí, según la realidad misma a que nos referimos. Esto no significa que la lógica sea infalible, ni que sea cuestión de pocos segundos resolver cualquier asunto o cuestionamiento. En la medida que la idea o concepto es equivalente al objeto conocido, y se adecúa a él es verdadero, mas luego hay que ligar los conceptos para hacer juicios y obtener conclusiones conformes con la realidad, para que sea verdadero nuestro conocimiento. Pero, además, la inteligencia o razón, también se ocupa o estudia ese mismo proceso natural por el que conoce, y posteriormente lo expone de modo ordenado o esquemático. La Lógica es un "arte" según el Aquinate, pero no lo hay que interpretarlo del mismo modo que las "bellas artes", pues dice claramente que se trata de un: *"Arte que dirige el acto mismo de la razón por el cual nos es posible proceder con orden, sin error y con facilidad al razonar".*[118]

Por otra parte, llamamos "consecuencialidad" a aquellas consecuencias o efectos que se siguen de poner unas determinadas causas o antecedentes en el orden real o en el nivel práctico, muchos de ellos son previamente conocidos o al menos previsibles, deducibles ordinariamente de los mismos hechos. A modo de ejemplo, solemos afirmar con cierta razón: la carne cruda es indigesta para el ser humano, y en ocasiones puede ser dañosa; o en otro orden de cosas: es imposible que un analfabeto "lea" aunque "vea" las letras de un anuncio o de un libro, y lo mismo si se trata de un poema o de una carta, etc. Cuántas veces decimos en el transcurso de una jornada que tal respuesta o conclusión es lógica, o bien que tal o cual suceso era un resultado esperado, o es una consecuencia lógica según determinadas premisas o condiciones, etc. Así como los pies son para caminar, la inteligencia es para razonar.

Dados unos antecedentes o una vez conocidos éstos, presuponemos y esperamos que se presenten unos efectos concretos. De los antecedentes *eidéticos* se seguirán consecuencias también de orden racional o lógicos; y de unos antecedentes reales, las consecuencias serán también reales. Habiendo una relación cierta entre lo real y lo ideal, ya que todo lo que es real es posible conocerlo, podemos igualmente pasar del orden ideal al orden real: porque el mundo es cognoscible, explicable, comprensible y coherente.

---

[118] p. 475, n. 12

Probablemente le asista la razón a W. James (filósofo norteamericano), cuando se pronuncia de esta manera acerca de las ideas y la realidad: *"Las ideas verdaderas son las que podemos asimilar, corroborar y verificar. Las falsas son las que no podemos".*[119] Es válido también decir que algunas ideas falsas muchas veces tienen visos de realidad, y puede demostrarse su falsedad, más todavía, existen personas que toman lo falso por verdadero, y así funcionan o van por la vida...

Si existe una coherencia en las cosas del mundo, y podemos conocerlas, preverlas o deducirlas, es que tenemos una "lógica" (secuencia natural o real a la que debe corresponder una secuencia ideal o formal), que es como una réplica conceptual de la realidad, o sea, hechos y pensamientos han de ir de la mano. En el supuesto caso de no ser así, no podríamos conocer verdaderamente, y nuestras ideas estarían falseando la realidad, porque es verdad que puestos unos antecedentes (premisas, causas, condiciones), se dan necesariamente uno efectos (consecuencias, resultados, etc.). De todos modos, podríamos hacernos algunos cuestionamientos para verificarlo: ¿cómo podríamos decir que conocemos algo si no sabemos qué es?; o, a modo de ejemplo, ¿en base a qué decimos que: $2 + 3 = 5$?, ¿cuál es el fundamento de la verdad de una afirmación como ésta: A es diferente B, y B es diferente de C, por tanto: A es diferente de B y de C? Podemos sustituir estas letras y números convencionales: A, B, C, 2, 3 y 5, por otras cosas y los resultados no cambian (peras, naranjas, caballos, hombres, etc.).

No cabe la menor duda de que los ojos son para ver, y por ello debe existir algo que ver; como los oídos son para escuchar algunos sonidos, y por consiguiente han de existir,

---

[119] p. 238, n. 6

etc. La vista el oído y los demás sentidos no son inútiles, elementos de ornato del cuerpo de muchos animales y de los hombres. Es falso que "la función crea el órgano": ¿cómo podría pintar artísticamente alguien sin manos o privado de la vista?, ¿por qué los topos y los murciélagos no acaban de ver con los ojos o no los tienen? Y ¿por qué las moscas por más que se lo propusieran jamás producirán miel o cera?... Con bastante tino asevera el filósofo francés Bergson: *"Es el cerebro quien forma parte del mundo material y no el mundo material quien forma parte del cerebro"*[120]. Es nuestra inteligencia la que se adecúa a la realidad y no al revés; el mundo se nos da no lo inventamos sino que lo comprendemos.

Mas hay que tener cuidado que a veces nos engañan los sentidos, o lo permitimos por no indagar y buscar la verdadera causa de las cosas, nos conformamos con la impresión momentánea... Un ejemplo muy trillado: nuestro planeta tiene un movimiento de rotación sobre su propio eje (no vertical sino inclinado), y simultáneamente otro movimiento de translación alrededor del Sol. En primea instancia o sensiblemente, no se siente ninguno de los dos movimientos (el que marca el día y el que señala el año), y más bien da la impresión de que el Sol girase en torno a la Tierra. Estos fenómenos han presentado ciertos problemas resueltos hace ya siglos. Pero atendamos a los dos comentarios siguientes, el primero de E. Henmigway, dice así: *"¿Has sentido moverse la tierra?"*[121]; y este que pertenece a Galileo: *"Pese a todo se mueve"*[122] (hay alguna diferencia de siglos entre los dos). Ambos tipos o clase de movimientos son reales (rotación y translación), pero parecen imperceptibles, o mejor dicho, una cosa nos dicen los sentidos y otra la ciencia, que tiene razón. Añadiendo otro

---

[120] p. 42, n. 10
[121] p. 211, n. 11
[122] p. 171, n. 1

punto de vista, atendamos a la percepción que nos ofrece Leonardo da Vinci, que dice: *"El sol no se mueve"*.[123] No se mueve respecto a la Tierra en la realidad, pero en la galaxia o Vía Láctea, sí que se mueve. Podemos equivocarnos al atenernos exclusivamente a los sentidos, pero con la ayuda de la ciencia (inteligencia), salimos del atolladero y se resuelve la cuestión Puede que la solución tarde en llegar o quizá hay que rectificar alguna vez la ciencia ante nuevos datos, y no sería la primera vez.

Existe una correspondencia entre el conocer y ser, no son dos mundos separados pero sí diferentes aunque complementarios, no suplementarios. El conocer (conocimiento) se subordina al ser, porque primero es el ser y después el conocer, primero el ser y luego el obrar (aquí tampoco la función crea al órgano: primero pienso y pienso..., y luego aparece la inteligencia que se irá perfeccionando). En consecuencia, advertimos que primero es el ser (lo que existe) y luego el "conocer" (la acción), no al revés. Esta inversión y conversión de cosas e ideas, o de teoría (*theorein*) y práctica (*praxis*), ha dado mucho que pensar, hacer y deshacer, enmendar y confirmar...

2. Mundo y coherencia

Ya hemos visto que el universo entero es "coherente consigo mismo", recogiendo con palabras similares las afirmaciones de Isaac Newton y de Albert Einstein[124]. Las leyes, si efectivamente son tales, se cumplen siempre; excepto cuando algo se interpone entre la causa y su efecto propio. Por ejemplo, el fuego quema, hace arder la madera, pero

---

[123] p. 499, n. 12
[124] Ver citas nn. 86 y 90

si está húmeda o impregnada de agua por las lluvias u otro motivo, no arderá como la que sí está seca. Una flecha puede ser lanzada con suficiente fuerza y puntería para dar en la diana, pero una ráfaga de viento puede hacer variar la dirección, o si se mueve la diana, tampoco da en el blanco... Es verdad que existe el cambio y el movimiento, pero hasta eso está sometido a leyes naturales, como un temblor que tiene su origen en un reacomodo de las capas teutónicas, o la temperatura que puede congelar o descongelar el agua, etc. El mundo está regido por una "lógica".

R. Bacon, científico y hombre práctico, afirmaba: *"La Matemática es la puerta y la llave de estas ciencias".*[125] Es verdad que las Matemáticas son un instrumento utilísimo para muchas cosas, pero la realidad no es ni se reduce a números. Pongamos un ejemplo: una piedra de mármol de forma redonda, puede ser medida y pesada por diferentes sistemas, y ni es piedra ni es redonda porque sea medida o pesada en metros o yardas, en kilos o libras, u otro nuevo sistema. Simplemente es una piedra de mármol, redonda, con un peso y extensiones concretas, propias, pero que de acuerdo a lo que se tome como unidad de peso o extensión se le adjudicarán unos números diferentes. De modo semejante un sonido determinado, concreto, con una duración e intensidad propia, si se le aplica la clave de *Sol* o la de *Fa*, se registra de modo diferente en el pentagrama; sin embargo el sonido continúa siendo el mismo.

La ciencia humana es el conjunto de los conocimientos "verdaderos", que el hombre o la humanidad posee acerca de sí mismo y de su entorno, los cuales ordena, cataloga o clasifica, conforme al método empleado para adquirir tal conocimiento, y también conforme al método y medios

---

[125] p. 26, n.10

212 JOSÉ FRANCISCO MARTINEZ GARCIA

empleados para conseguirlo. No podría decirse que es más importante la Botánica que la Zoología, o la Química que las Matemáticas, ni la Arqueología que las Matemáticas... Se trata de objetos de estudio diferentes que requieren de medios o instrumentos distintos para alcanzar su objetivo, e incluso muchas veces algunas ciencias o "saberes" humanos se subordinan a otros o se prestan determinados servicios. Así, las Matemáticas sirven algunas artes como la Música (para medir los tiempos de los sonidos), como sirve a la Arquitectura y a la Ingeniería o a la Química, etc. Pero las Matemáticas, ¿qué tienen que ver directamente con la Ética, con la Literatura (la prosa), o la Historia...? (aunque en el caso de la Historia el tiempo se mida por siglos, días o minutos, estos no modifican los hechos en sí).

La Historia de la ciencia y la ciencia misma, nos enseña algo que ya señalaba oportunamente L. Pasteur: *"La ciencia no tiene patria"*.[126] La ciencia, el saber humano, pertenece a todos. Algo muy diferente es que sea un hombre o una mujer de tal o cual nacionalidad, quien descubrió algo nuevo, algo que significa un avance científico significativo. Tampoco tiene fronteras la ciencia, porque sería incomprensible y absurdo y falso por añadidura, por ejemplo, decir que las Matemáticas son francesas, la Química es inglesa y la Filosofía es griega, como la Biología es rusa o la Electrónica es alemana, y así por el estilo.

En todo el mundo hay personas que se decidan a las más variadas ciencias, y nadie se extraña de que algunos científicos, como mucha gente de la calle, hablen dos o tres idiomas. Más todavía, casi de modo inmediato, según los casos, se dan a conocer y se aplican, en lo posible, los descubrimientos científicos recientes. La ciencia es apátrida,

---

[126] p. 377, n. 1

nos lo repite L. Vives con otras palabras: *"La verdad, en cuyas filas debemos estar alineados, no pertenece a uno sino que es patrimonio de la colectividad".*[127] El hombre, la persona es la que tiene patria y familia..., pero las verdades son de todos, y aún aquellas que descubre el propio individuo no le pertenecen como tales sino a la humanidad. Esto es lo que enriquece al ser humano individualmente y a la humanidad.

Muy distinto es en algunas artes, donde sí pude afirmarse que una obra literaria, un concierto o una estatua determinada, es de fulano o de zutana..., porque son sus autores. La ciencia está a nivel intelectual, y cuando algo se descubre o se conoce, generalmente se procura hacer del dominio público. Ionesco es de la opinión de que: *"No hay únicamente que integrar. También hay que desintegrar. Eso es la vida. Eso es la filosofía. Eso es la ciencia. Eso es el progreso, la civilización".*[128] Nosotros decimos que la unión y la separación, como la suma o adición y la resta, son igualmente operaciones mentales, que corresponden a la realidad, por lo mismo debemos de tener el cuidado mental de no separar lo que está unido, ni unir que está separado en la realidad (aunque mentalmente esto es posible y a veces beneficioso para conocer las cosas). Y eso, es lógico.

Respecto de lo anterior, tenemos que: la persona humana, el individuo es "uno", existe una fuerte unidad entre las partes que lo integran o componen, como son el cerebro, el corazón, el hígado y los riñones..., el esqueleto, los músculos y nervios, etc. Esa es la persona. Sin embargo, la ciencia médica, para mejor "conocerlo", separa y divide esas partes estudiándolas desunidas, y así sabe cómo están compuestas, cuáles son sus funciones y las relaciones existentes entre determinados

---

[127] p. 501, n. 22
[128] p. 232, n. 8

órganos y miembros entre sí o con otros, etc. Mentalmente separa lo que en la realidad está unido (la persona viva, individual), y luego une lo que ha separado (al estudiar parte por parte: diferentes huesos, órganos, músculos, nervios y aparatos...). De otro modo, resultaría sumamente difícil conocer al hombre y ayudarle a conservarse mejor, superar enfermedades o prevenirlas, etc.

3. Lo lógico

La Lógica es un arte, no una de las bellas artes, sino el arte (no ciencia) de dirigir la razón a conocer de modo natural, de manera correcta y verdadera lo que existe. Supone pensar, discurrir, concluir. Es el modo natural de pensar del ser humano, que puede ver, oír, tocar, etc. a través de los sentidos, pero que opera racionalmente procesando esos datos, de los que va formando ideas, las combina, las separa o une, como están igualmente unidas, separadas y relacionadas en la realidad. Es la razón que obra naturalmente para conocer, como usamos los pies para estar de parados, caminar o correr, o las manos para escribir, hacer y fabricar muchas cosas. Podríamos compararlo a un "puzzle", (como si tomase una fotografía de un paisaje, luego los dividiera en partes, para posteriormente volver a unirlas colocándolas en su sitio correspondiente), para darle a cada pieza su lugar propio, y rehacer el paisaje... Pero a veces los sentidos engañan, y si son falsos los datos, será falsa la conclusión; o también puede ser que ella se equivoque en la interpretación de esos datos sensibles, y resulte falsa la conclusión. De aquí la necesidad de que el hombre, conozca su naturaleza como persona humana, sus facultades y sus posibilidades, y el campo o terreno propio de cada una, sepa conjugarlas oportunamente entre sí, a fin de conocer la verdad y poder elegir el auténtico bien. Ni el hombre ni la naturaleza desean engañarse sino todo lo contrario.

"*Lo menos que puede pedirse a una escultura, es que no se mueva*", dijo graciosamente el conocido pintor Salvador Dalí.[129] Sin embargo, la estatua de suyo ha de ser algo inmóvil, independientemente del material que esté hecha, y el movimiento es contrario a su naturaleza. De la misma manera, es lógico pedir a la naturaleza que cambie continuamente, y gracias a esa permanencia suya, se le conoce mejor, "tal cual es", no obstante que el cambio es real también y es parte del ser de la naturaleza, pero en ciertos niveles, no en todos. Por ejemplo, el hombre pasa de la infancia a la pubertad, luego a la adolescencia y a la madurez para llegar más tarde a la vejez, ¡pero sigue siendo el mismo hombre!, el mismo individuo, a pesar de los cambios.

Así, pues, hay cambios que modifican al individuo su esencia o naturaleza, es decir en su modo de ser, mientras que otros tipos de cambios o movimientos que solamente son de carácter superficial o accidental, dejando intacto al sujeto o individuo. Y esos cambios también se realizan mediante leyes y no de forma aleatoria. Por ejemplo un hombre puede quedarse ciego o sordo, o tan sólo disminuir su capacidad visual y auditiva, pero sigue siendo hombre; en cambio, si muere, ya no es un hombre sino un cadáver (aunque tenga figura humana). Podría aplicarse de modo semejante esta afirmación del gran físico A. Einstein: "*Dios no juega a los dados*".[130]. Dicho de otro modo, el universo creado por Dios obra según las leyes que le fueron impuestas. Tanto lo simple como lo complejo puede ser conocido, tiene "su" lógica. El universo de suyo es comprensible, porque está

---

[129] p. 105, n. 6
[130] p. 131, n. 4

hecho racionalmente. El azar no tiene reglas, la naturaleza sí. Probablemente muchos no estén de acuerdo con ello o quizá sí, por lo que algunos podrían repetir estas palabras de Alfonso X el Sabio, con una buena dosis de imaginación: *"Si Dios me hubiese consultado sobre el sistema del universo, le habría dado unas cuantas ideas"*.[131]

Las cosas se suceden según un cierto orden. La naturaleza ha de ser respetada, y servirse de ella cuando no se generan cambios que dañen al hombre y a la naturaleza misma. Cuando el orden o las leyes que rigen el universo son conocidas, y se pueden además ser manejadas..., muy fácil es caer en la "manipulación", con lo que se ven afectados: el propio ser que conoce (el hombre), la naturaleza conocida, y los resultados de esa manipulación (se siembra la semilla para que crezca el árbol y dé frutos, y no al revés). Ejemplos los hay en diferentes campos en lo que el científico ha conseguido no solamente captar la realidad mentalmente, sino que logra atenazarla con las manos, queriendo o intentando ser también otro "creador" o inventor de una nueva realidad (según su lógica), hasta el extremo de pensar que puede crear la vida, cosa que no han conseguido todavía, por la vida no es pura materia, aunque tenga entre sus componentes elementos materiales.

Es una cosa ridícula, pero que facilita entender mejor este asunto, las palabras pronunciadas enérgicamente por la Reina de corazones rojos, en el cuento de L. Carroll, antes referido: *"¡No, no!", dijo la Reina. "Primero la condena. Luego el juicio"*.[132] Conforme a la justicia, el juicio antecede a la sentencia; y a su vez, previamente ha de estar tipificado el delito y la pena correspondiente, la cual ha de aplicarse

---

[131] p. 9, n. 8
[132] p. 72, n. 7

una vez demostrada la culpabilidad del reo. En este caso, parece que la reina por sólo su autoridad, puede mandar que el orden de las cosas sea diferente, incluso al revés. Aquí se dan cita: la manipulación, el desorden, la injusticia y el abuso de autoridad, todo al margen del la ley, la justicia y el orden... ¿No suceden cosas parecidas en nuestro mundo? Otra opción más fácil, aunque seguramente originaría una catástrofe, proviene de Diderot: *"Abolir el delito es abolir la ley"*.[133] La cosa más muy sencilla: sin leyes, tampoco hay delitos ni delincuentes o culpables de desórdenes e injusticias... Mas esto es aplicable a algunas leyes humanas, no a las leyes divinas ni a las leyes naturales, que ninguna autoridad humanas capaz de cambiar incluso apoyándose en su autoridad personal.

El universo no es un crucigrama, una pregunta sin respuesta o un acertijo: es una realidad comprensible, lógica, etc. Es nuestra inteligencia la que no alcanza a conocerlo todo, sino que va dando pasos, avanza con más o menos rapidez en unos aspectos que en otros; además, no hay ni habrá nadie que sea capaz de contener en su mente la totalidad de conocimientos de la humanidad, cosa que hemos de admitir desde el principio los hombres: nuestra capacidad limitada de conocer, y para colmo, también nuestra incapacidad de retener todo lo conocido o así llamada "pérdida de la memoria". Lo que muchas veces resulta un tanto intrincado e incomprensible, es el modo de pensar de algunos científicos y filósofos.

Una ley de la naturaleza, es la constante e invariable manera de repetirse un hecho o fenómeno natural, dadas las mismas circunstancias y condiciones. De aquí, por ejemplo, que se pueda prever si lloverá, si hará calor o frío; o en otro orden

---

[133] p. 117, n. 9

de cosas, se sabe con anticipación que del apareamiento de una yegua y un caballo o de un lobo con una loba, las crías serán: un potrillo o una potranca, o bien lobeznos hembras y machos. No hay más. Aunque, por supuesto, se presenten frecuentemente casos más complejos. Las leyes humanas tienen otros modos y condiciones para su elaboración y aplicación, porque entre otras cosas es presuponen la libertad de la persona, esto es, del ciudadano.

Respecto de las ciencias, aunque se trate solamente de una expresión (aparentemente inofensiva), K. Popper parece echar por la borda siglos de estudio y muchas vidas dedicadas a la investigación, que han obtenido óptimos resultados unas veces, y buenos o nulos en otras, por parte de algunas ciencias ayudadas por la técnica, con afirmaciones semejantes a esta: *"La búsqueda de la precisión es análoga a la búsqueda de la certeza, y tanto una como otras deberían ser abandonadas"*.[134] Tendrá motivos para hablar de esta manera, pero ¿qué sería de las ciencias exactas?, ¿no han aportado nada a la civilización? Por otro lado, la certeza no es lo mismo que la verdad, pues la primera corresponde a un estado subjetivo de la mente frente a la realidad o una verdad, es decir, la fuerza con que la mente se adhiere a una afirmación o negación independientemente que sea falsa o verdadera; mientras que a la verdad es la correspondencia entre la idea y el objeto conocido o adecuación de la mente y la cosa. Por lo demás, lo que se opone a la verdad no es precisión o imprecisión sino la falsedad; como lo opuesto a la certeza es la duda.

Si por casualidad algún científico o filósofo tomase a la letra sus palabras, debería abandonar su trabajo y dedicarse a otra cosa "más útil" y que le ayuda a aprovechar mejor su

---

[134] p. 391, n. 2

tiempo. Sería concederle la razón, y no la tiene en esto pues la precisión va con la exactitud, aunque muchas veces solamente caben aproximaciones, y aún así, hay que ver de qué asunto se trata y cual es la precisión posible, etc. La certeza, no se busca por sí misma, sino que se busca la verdad o salir de la duda; y es un hecho que muchos tenemos certezas de mil cosas, lo cual es un cierto sustento para progreso y mejora, tanto personal como científica. Ahora bien, si alguien o una ciencia se equivoca, "debe" rectificar, no es que pueda o no, tiene que intentarlo porque la necedad muchas veces es más dañina que el mismo error. ¿Es que hemos de poner en duda todo saber humano?, ¿es imposible conocer la verdad?, ¿resulta más beneficiosa la duda sistemática que la certeza o la probabilidad? A fin de cuentas, la certeza se funda en la evidencia o en una conclusión cuyos argumentos o premisas son verdaderas. Tanto la exactitud o precisión como la certeza son posibles (no en todas las ciencias), pero basta que existan algunas para caer por tierra su negación o invitación al abandono de ellas. Preguntamos: ¿no tiene otra propuesta mejor y más optimista, que invite al hombre a investigar, trabajar y progresar...?

4. La verdad, lo útil y lo inútil

La verdad, es el conocimiento de la realidad tal como es en sí, sin añadir y sin quitar nada. Es algo muy semejante a una fotografía que presenta la imagen u objeto fotografiado, tal cual es en el preciso momento en que se obtuvo su imagen. Así, la verdad es lo primero que los hombres buscamos y queremos. Un mundo de mentira es inhabitable, insoportable y absurdo, contrario en absoluto a la misma naturaleza del ser humano. Decía W. K. Chesterton: *"Sólo se encuentra la verdad con la lógica si antes se ha encontrado sin ella"*[135]. Al principio hablamos de que el asombro es una de las características del filósofo y del científico por extensión. Encontrar se con la verdad sin lógica encontrarla de repente, sin que le preceda raciocinio ni prejuicio alguno, es algo que solamente sucede con la evidencia, porque lo obvio es indemostrable, y el otro caso puede ser el de quien se topa con la verdad de frente, sin haberlo intentado ni premeditado, digamos que es la intuición (como quien encuentra una moneda de mucho valor mientras va por la calle, sin saber que estaba ahí, y por este motivo no iba en su búsqueda...).

Posteriormente se podrá y será muy conveniente, razonar sobre aquello que se nos presenta como evidencia o de modo claro, e intentar hasta donde sea posible, dar una explicación razonable. Pienso que para cada uno de nosotros, la propia existencia es evidente, no requiere demostración, basta la presencia de sí mismo en la conciencia. Lo que lo que sí es necesario es: conocernos y conocer a los demás; mostrar nuestra identidad, cuando es requerida por cualquier motivo. Sin embargo hay verdades que son "útiles" en cuanto que son aprovechables y pueden facilitar o impulsar a la acción, pero no son la acción misma, como hay también otras que son "inútiles", pues permanecen siendo sólo verdad, aunque sin ser "aplicables" o manipulables", únicamente son "verdad", y eso es más que suficiente. H. Taine en este asunto pensaba y advertía: *"Lo útil y lo verdadero no son lo mismo; invertir los límites que les separan, es destruir los fundamentos en que se sostienen".*[136] Algo útil ciertamente es útil, al igual que algunas verdades también pueden ser utilizables, como suelen hacer las ciencias prácticas y la técnica; pero *útil* y *verdadero* no

---

[135] p. 101, n.
[136] p. 465, n.13

son sinónimos. Una cosa es saber que la trucha es un pez comestible, por tanto nutritivo, pero tal verdad no nutre al cuerpo; en cambio si se pesca una trucha, se hace fuego y luego de pasarla por él se come, entonces es un alimento ese pez, no las ideas de trucha, pescar y fuego...

"*¿Qué verdad útil para el hombre no será descubierta un día?*".[137] Esta interrogante pertenece a D. Diderot, uno de lo grandes protagonistas de la Revolución Francesa y luego del Enciclopedismo. Están tomadas de su obra *Pages contre un tyran*. Bien, pues así como el asombro ha venido representando un papel de primera magnitud para el conocimiento humano, casi inmediatamente después, viene como obligada la pregunta: y, "¿esto para que sirve?". Es claro que no podemos quedarnos total y absolutamente en el puro conocimiento de las cosas, pues efectivamente, muchas de ellas representan un beneficio o reportan un servicio a los hombres; no somos espíritus puros... Pero es que también hay personas que de antemano se proponer buscar "verdades útiles", o piensan que únicamente vale la pena esforzarse por llegar a éstas, lasque aportan o cooperan en servicio de la humanidad. No está mal usar la ciencia en beneficio del hombre, antes por el contrario es muy loable. También es de mucho valor y gran conveniencia sólo saber por el saber, pasando a segundo plano la utilidad de ese saber, sin que ello signifique tiempo perdido...

Hay ciencias que son meramente "contemplativas" o "puras", mientras que otras son aplicadas; y generalmente son llamadas así porque "aplican" o procuran unos resultados positivos con las verdades o conocimientos obtenidos de las "ciencias puras". ¿Es verdad que no existen, por ejemplo, los números 6 y 17?, y sin embargo nos "sirven" o son "utilizados"

---

[137] p. 16, n. 12

para saber si alguien tiene 4 ó 5 vacas, 2 ó 17 manzanas, etc. Igual las "tablas de multiplicar", las sabemos de memoria, son ideas, pero en la vida práctica también resultan útiles para comprar, vender, comparar, etc. Las Matemáticas puras y la Física pura, son eso, y gracias a ellas existen las Matemáticas aplicadas como la Física aplicada, y así con algunas otras ciencias.

En otro orden de cosas, por ejemplo, no existen "el riñón", "el corazón", "el intestino", etc., solos o por separado, pero existen en la medida que son parte de cada persona real, porque así está constituido el ser humano, que está constituido por eso y otros órganos, etc. Luego, cada órgano tiene unas funciones propias..., y las estudia la Medicina para sanar o aliviar enfermos, mismos que existen como cosas reales (no ideales): riñones, corazones e intestinos... Por esto es muy importante, que el médico cuando atiende a un enfermo o "paciente", tenga en cuenta que se trata de una "persona", y es el corazón, el riñón o el intestino de un ser humano con nombre y apellido, etc. Así que conoce y maneja ciertos órganos vivos de una persona concreta, por lo que si se olvida que trata con personas, comienza y acaba por realizar, aunque sea exitosamente, un trabajo mecánico, casi automatizado. Ya decía el famoso G. Marañón: *"No hay enfermedades sino enfermos"*.[138] No causará sorpresa, que más tarde se termine viendo con una perspectiva diferente: la salud, la persona y la vida, etc., bajo el prisma del dinero, de la fama, de un experimento o de un mérito científico, y luego se tratará de un deseo o un intento de "cambiar las cosas".

Ahora se "trata", por ejemplo: de genes, de cáncer, de un "producto" (embrión), de un tumor cerebral, VIH, anorexia, etc., y ya se arreglarán o no las cosas; se ponen y quitan

---

[138] p. 309, n. 6

medios y remedios, con los que la persona, la salud y la vida, tienen ya otro valor o no lo tienen. Suele suceder así con las "ideas útiles". Es algo parecido a lo que ocurre con la TNT: es buena si le destina a un fin bueno, y mala si se emplea para destruir o atentar contra las vidas humanas, y otro tanto se puede decir del rayo laser, para ejemplificar. Se pasa de la "teoría" a la "práctica". ¡Cuántos beneficios y cuántos daños pueden ocasionarse con... las ideas! Soñar o imaginar con robar un banco o un dinamitar un cuartel militar, no ocasiona ningún daño real, personal, pero hacerlo efectivamente es muy diferente!

La verdad: ¿qué es?, ¿existe?, ¿quién la establece?... Cada persona, cada mente tiene "sus" verdades. No hay una verdad, hay miles, millones... ¿Por qué habla de "la verdad" o de una "verdad"?. De una parte, y a primera vista, parece que la verdad además de ser un asunto espinoso, solamente la filosofía puede ocuparse de ella, y hacerlo de manera aséptica. Por otro lado, no debe inmiscuirse en otros campos estudiados por otras ciencias, además de que cada filósofo o ideología tienes sus verdades, o creen poseerla con derecho a imponerla también.

Reflexionando un poco sobre el asunto, ¿qué tienen qué ver la Medicina o la Historia, la Geología y la Astronomía, lo mismo que la Química y la Física o la Moral, con la verdad filosófica?... A simple vista, parece que poco o nada. Parecería que cada ciencia tienes "sus" verdades, que algunas veces pueden ser incompatibles con las de las "otras" ciencias. Cada cual tiene su campo, sus métodos y conclusiones, y la verdad, en cualquier nivel, no es incompatible con otras, lo que no significa que todas o la mayoría de las ciencias tengan el mismo campo de investigación. ¿En qué contradice la Bioquímica a las Matemáticas o a la Historia, cuando demuestra que los elementos mínimos o imprescindibles para que exista la vida son: el carbono, el nitrógeno, el oxígeno y el hidrógeno? Y lo mismo sucede cuando la Matemáticas nos dicen que la raíz cuadrada de 16 es 4, mientras la Historia dice que la ciudad de México está edificada sobre el lago de Texcoco...

Es verdad que sobran filósofos y filosofías e ideologías, etc., como para confundirnos y hacer todavía más difícil dar con "la verdad". Parecería que se buscara al "hombre de las nieves". Y en este aspecto, hay quienes niegan su existencia o han desistido del intento de un probable encuentro, mientras que otros están verdaderamente empeñados en encontrarlo..., o si es necesario, "inventarlo". En ocasiones son más poderosos intelectualmente los prejuicios que los juicios, más verosímil parece la mentira que la misma verdad; y en otros casos la hipótesis supera la realidad, de manera que la realidad deberá ser modificada (?) para ajustarse a la hipótesis... Hace muchos años, Federico el Grande ponía sobre aviso a sus contemporáneos advirtiéndoles: "La diferencia que hay entre una convicción y un prejuicio es que una convicción podemos explicarla sin alterarnos".[139] Con relación a la verdad y los prejuicios o el fanatismo, se dice que mientras que aquel que posee la verdad es capaz de dar su vida por ella, mientras que el fanático elimina a los demás o recurre a la agresión.

"Dando un primer paso, se pueden recorrer cien kilómetros". Hemos afirmado algo, y eso que decimos, es cierto. ¡Ya hemos dicho una verdad! ¿Quién podrá negarlo? Por si alguien lo pone en duda o llegase a negarlo, simplemente tome en cuenta que: para caminar, hay que dar un paso (moverse), pues al estar con los dos juntos sobre el piso (en el mismo lugar) demuestra que no se camina, y tampoco se mueve la persona. Entonces, primero es preciso que al menos un pie

---

[139] p. 145, n. 12

esté en el aire y en cierta dirección; segundo, no afirmamos que todos los hombres hemos de caminar cien, ni veinte, ni un kilómetro. Pero quien quiera recorrer cualquier distancia, es imprescindible que lo haga dando un paso, y luego otros... Esto no tiene truco. Si alguien no consigue caminar esa distancia, es su problema, pero se ha puesto en marcha con "un paso", con lo que ya ha empezado a andar.

Es imposible llegar a cualquier lugar si no se camina (se mueve) hacia allí. En estos tiempos (como en otros), para ir de un sitio a otro, se puede: andar, correr, saltar, nadar, navegar, volar, etc. Esta es "una verdad", y al mismo tiempo es "la verdad", porque no presenta ninguna dificultad que miles y miles de hombres la hagan suya también. Entonces, con toda razón y seguridad, se puede afirmar: primero, que se ha dicho "una verdad"; segundo, es la misma "verdad" para todos (una, única); y, tercero, cada quien tiene "su" verdad. Coinciden estos tres aspectos. Le verdad se ha multiplicado sólo mentalmente y puede crecer el número conforme sea la cantidad de personas que la conocen. Otra cosa muy distinta es: cuántas personas hicieron el recorrido andando cien kilómetros, cuántas no, y cuántas otras lo intentaron alcanzando solamente cinco, siete u ochenta kilómetros... Cualquier caminata se inicia dando un primer paso, que no es lo mismo que con un solo paso, se alcancen 100 kilómetros.

Me parece que ejemplos, pueden ponerse muchos, por lo que nos limitaremos a uno más. Se afirma (y es verdad) que la suma de los ángulos de un triángulo es igual a 180 grados. Se puede demostrar haciendo la prueba con cualquier clase de triángulos: rectos, isóceles y escalenos. Para esto, ha de estar en la mente de quien lo acepta o rechaza como verdadero, y sepa qué es un triángulo, cuántos tipos de triángulos hay, y que una circunferencia corresponden trescientos sesenta grados (si desde su eje inmóvil, se traza a cualquier distancia, una línea haciendo una circunferencia, o haciendo que el radio dé la vuelta completa al eje). Esto es verdad, y es una verdad universal, es decir para todos, no sólo para quien lo inventó o lo descubrió. Y el número de personas que poseen esta verdad, están en la verdad, que es la misma y única para todos.

Hay que hacer notar que no solamente existen "verdades científicas…". Existen ciencias prácticas o aplicadas, que dependen de "sus" verdades en el nivel o aspecto teórico, y así lo muestran la práctica misma, en el terreno de los hechos o de la vida, por así decirlo, como por ejemplo, la Química o la Biología, la Mecánica, etc., y algo parecido ocurre con las Artes, que tienen su aspecto teórico y su aspecto práctico. Pero es que también existen verdades de tipo religioso y morales, además de leyes y principios de este orden. El hecho de que alguien pertenezca a una institución religiosa, no es un impedimento para estudiar y practicar algunas ciencias, ni determinados principios morales o éticos tienen que "mezclarse" con las ciencias. O sea, ser judío, budista, cristiano o mahometano, no es un obstáculo para estudiar Periodismo, Historia, Derecho, Matemáticas o Ingeniería, Arquitectura, Música, etc., pero no son las leyes religiosas y morales las que resolverán los cuestionamientos científicos, y tampoco al revés, ya que no se puede demostrar matemáticamente si Dios existe o no, ni la Historia podrá argumentar si es bueno o malo mentir o robar… Hemos de considerar lo que Unamuno deja bien claro en este terreno: *"La religión no es para resolver los conflictos económicos o políticos de este mundo que Dios entregó a la disputa de los hombres"*.[140] Dicho con palabras vulgares: no se pueden mezclar el agua y el aceite…

---

[140] p. 483, n. 7

Sin embargo, en le vida personal, por lo que respecta a la conciencia y la conducta de una persona, sus principios éticos o religiosos han de dirigir su vida de modo coherente, de lo contrario sería un farsante, actuaría de modo "aparente" o "convencional", lo cual estaría mal, pues no le avalan su conducta ni las Matemáticas o la Geografía, ni la Astrofísica o la Ingeniería, etc. Esto es algo que debe reflejarse, de manera honesta en toda persona aún a riesgo de quedar en ridículo, ser descalificada o maltratada, cosa que sucede con relativa frecuencia etc. Pensemos en estas palabras de un político de los tiempos modernos como M. Luther King, que no solamente se hizo famoso —sin buscar la fama— sino que ganó muchos adeptos, además de que sostenía la defensa y aplicación de ciertos derechos... *"Si un hombre no ha descubierto algunas cosas por las que morir, no está preparado para vivir"*.[141] La defensa, como la adhesión y manifestación viva de determinados principios y valores, muestra la calidad de las personas, y muchas veces, la verdad, pequeña o grande, que hay detrás de ello. La verdad compromete, la mentira... también, pero mientras que la primera representa un valor la segunda lo niega; la verdad dignifica a la persona, la mentira la degrada. Mil mentiras no hacen una verdad por mucho que se le asemejen.

5. Verdad y opinión

También pueden presentarse equívocamente la opinión con la verdad, o confundirlas cuando se sostiene que "cada quien tiene sus verdades". Son cosas muy diferentes las cuestiones o asuntos opinables, en lo que caben varias posturas, algunas

---

[141] p. 263, n. 2

de ellas similares y otras contrapuestas; pero la opinión para serlo realmente, debe tener unos fundamentos, razones, no es asunto de sentimientos, "corazonadas" o gustos; además, unas tendrán más fuerza o solidez que otras con escaso fundamento. Sin embargo no es igual aportar una verdad neta y una mera opinión por muchos partidarios que tenga. El terreno de lo opinable es muy amplio. Por ejemplo: ¿quién puede afirmar que el color amarillo es mejor o más bonito que el azul? Esto es cuestión de gustos, y es opinable, y probablemente en determinados objetos sea preferible por diversos motivos uno a otro; pero, en todo caso, respecto de la verdad, únicamente se puede definir o decir con certeza y verdad, que éste es el color azul y éste otro es el amarillo, que no pueden confundirse. Igualmente puede decirse que combinan mejor ésta corbata con éste traje que con esa otra corbata, o que convence más este partido político que aquél, según su plataforma de principios y objetivos, etc.

En no pocas ocasiones, suelen confundirse los gustos, con los deseos, las opiniones con las posibilidades, los hechos con el error y la verdad, etc. Es una verdad universalmente aceptada (y demostrada) que Miguel de Cervantes escribió *"El Quijote de la Mancha"*, pero en cuanto a su contenido y estilo literario, etc. caben estudiosos y entendidos, como también lectores de esta obra, la consideran una joya o una obra de arte insuperable (en su género), en la literatura castellana. Habrá quien no piense así... Pero, es innegable y no una opinión la existencia de tal autor y su relación con esa novela. Quien diga lo contrario, miente. Algo que, desde luego merece nuestro respeto y más tratándose de K. Kraus, señala con cierto coraje y seguridad: *"Si hay que creer en algo que no se ve, prefiero los milagros a los bacilos".*[142] Podría parecer que se tratarse de una opinión con mucho fundamento, y es cierto que a simple vista los bacilos no se ven pero existen, y pueden mirarse a través de un microscopio; igualmente, por ejemplo, existe el alma humana, que es invisible por ser espiritual, pero su materialismo (Krause) le lleva en la práctica a decir algo de lo que probablemente en este momento no lo sostendría. Las opiniones, opiniones son y siempre existe una distancia entre ellas y la verdad. ¡Vaya descubrimiento…!

La verdad, pues se da en cualquier nivel y en cualquier cosa. Y exige al menos tres elementos para que ésta sea: un ser capaz de conocer intelectualmente, un objeto o cosa por conocer, y el conocimiento mismo o relación entre el sujeto y el objeto. No hay verdad posible donde no hay nada que conocer o no hay quien conozca, o porque no es posible establecer ninguna relación cognitiva (como entre dos piedras, o un vegetal y la tierra en la que está enraizada). Por otra parte, es imprescindible que la idea o concepto que se forma intelectualmente el sujeto sobre la cosa conocida, realmente se correspondan, que exista una adecuación (como entre el sonido y el oído…). También, que aquello que se dice de la cosa conocida coincide con la cosa misma, y no es algo semejante, aproximado. Entonces, la verdad es esa adecuación entre la mente y la cosa, dada la proporción que existe entre ambos.

Así como hay una proporción entre la luz y el color con la figura y el tamaño respecto del ojo, o cuales quiera de los sentidos. Por lo mismo todo aquello en lo que no coincida el concepto y la palabra que lo expresa respecto de la cosa conocida, no es verdad. Quizá pueda ser una aproximación, algo similar, puede tratarse de un error o

---

[142] p. 265, n. 10

quizá pura ignorancia (desconocimiento). Quien refiriéndose a una palmera dice que es una zarza, está en un error, lo que dice es falso; y lo mismo quien confunde un triángulo con un cuadrilátero, etc. Un círculo cabe dentro de un cuadrado mayor que él, lo mismo puede insertarse un cuadrado en un círculo más grande que aquél; pero, un "círculo cuadrado", cualquiera que sea su tamaño, es imposible.

Con esto nos damos cierta idea del valor y la importancia de la "verdad", elementos que a diario maneja el hombre de la calle que el científico o el filósofo, es decir, tanto en lo cotidiano como en la ciencia. Es verdad también, que existen verdades que afectan o importan a una determinada ciencia y a otras no, así como hay verdades que afectan a varias ciencias en igual o diferente grado. En el caso de la persona, la verdad y la falsedad o el error, le afectan totalmente, de modo particular en el orden del conocimiento y de la ética, porque la verdad y la falsedad están relacionadas igualmente, en proporciones o medidas diferentes, con el bien y el mal (lo bueno y lo malo), aunque estas dos nociones se emplean con diversos sentidos.

Todos sabemos que mentir o robar es malo; en cambio, ser veraces y honestos, y respetar la propiedad ajena, es bueno; No es cuestión opinable, ni de modas o costumbres, de épocas, algo que solamente vale para las personas religiosas o que tenga una determinada fe, o sigan ciertos principios éticos. Esto se deriva de la naturaleza misma de "ser hombre", es algo intrínseco a la persona. Muy diferente es que se alabe o fomente la mentira o el vicio, y sea vituperada o despreciada la virtud. Y a propósito de la virtud, que es una costumbre adquirida por la repetición consciente de actos de la misma naturaleza, consideremos que: no existe vicio que no pueda quitarse ni virtud que no se pueda perder, atendiendo a lo que afirma T. de Kempis en la obra que le ha dado tanta fama:

"Una costumbre se vence con otra",[143] pero esa costumbre debe ser de signo contrario a la que se desea erradicar.

Volviendo a las cuestiones opinables, salta a la vista que algunas son claramente opuestas a lo que nos dice el sentido común, y otras, por ejemplo, "parecen" verosímiles, como algunas mentiras, pues de otra manera si la mentira fuese descubierta siempre por descarada y contraria a la verdad, no sería aceptada en ningún momento. Es en definitiva la "verosimilitud" o semejanza con la verdad, hace que una mentira aparezca incluso muchas veces más aceptable o creíble que la misma verdad. Vamos a remitirnos a dos hechos que siendo verdaderos, por el modo de presentarlos, se exagera o se queda corta la verdad, dando paso a la posibilidad de no aceptarlo..., y así serán consideradas falsas o verdaderas, incluso tratándose de personas y épocas distintas, sobre hechos concretos. Esquilo, en su obra *"Las Coéforas"* dice así: *"Toda el agua de los ríos no bastaría para lavar las manos ensangrentadas de un homicida"*.[144]

A poco más de veinte siglos de distancia, en otra época y en otro lugar, parece coincidir Chateaubriand en este asunto, refiriéndose al General y Emperador de Francia del siglo XIX, cuando asevera que: *"Bonaparte estaba acostumbrado a lavar la ropa de los franceses con sangre"*.[145] Lo que es innegable es que Napoleón fue un general que entabló muchas batallas en guerras con diferentes países europeos, y necesariamente debía haber muertos, soldados de varias nacionalidades, y también franceses como es obvio. Ahora, la cuestión será: ¿Napoleón era un homicida?..., o ¿es verdad que las manos de un homicida estarán siempre ensangrentadas?... Entretanto, el mismo Bonaparte con cierta altanería, tono burlón y su

---

[143] p. 260, n. 13
[144] p. 141, n. 8
[145] p. 100, n. 10

personal modo de ser, alardeaba diciendo: *"La bala que me ha de matar no se ha fundido todavía"*.[146] En efecto, Napoleón no murió fusilado sino en el exilio y no abandonado... Está claro que hay varias formas de decir las cosas, y otras tantas de interpretarlas. Al final, todos los hombres nos encontramos con la muerte, que llega a cualquier edad, en cualquier lugar, y cualquier día sin importar la hora..., además, se presenta puntualmente y de mil maneras distintas: la muerte es la misma para todos, lo que cambia es el difunto.

La verdad es una y es universal, mientras que las opiniones y también muchos errores o falsedades son múltiples e individuales. Mientras que la verdad unifica, el error o la falsedad: dispersa, divide, multiplica...Que un pensamiento o un argumento esté más o menos claro, no quiere decir que sea más o menos falso o verdadero... Por decirlo de alguna manera, comparativamente hay mentiras (errores) muy claras y verdades un tanto oscuras. A modo de ejemplo, tenemos que la "teoría de la relatividad" de Albert Einstein, es poco clara (inteligible) para muchos, incluso entendidos en la materia, y para muchos más que no lo son; mientras que, según las apariencias, afirmar que la Tierra no se mueve y Sol sí, porque así lo perciben nuestros sentidos, está claro, pero en realidad ocurre lo contrario, y esto requiere demostración.

La postura de J. J. Roussueau, respecto de la verdad por oposición a la falsedad, es la siguiente: *"Lo falso es susceptible de una infinidad de combinaciones, pero la verdad no tiene más que una forma de ser"*.[147] Puede haber y de hecho hay muchas verdades, aunque respecto de temas o asuntos distintos en diversas ciencias, pero se trata de verdades no contrapuestas por corresponder a campos diferentes de

---

[146] p. 347, n. 12
[147] p. 419, n. 11

conocimiento. En ocasiones, las opiniones pueden sumarse y rebasar cuantitativamente por poco o por mucho, al número de personas que sostienen una verdad, y por ese margen de diferencia (grande o pequeño), que separa a una mayoría de una minoría, hay quienes piensan: esto o aquello, ha de ser verdad porque "muchos" lo dicen. En suma, existen opiniones de mayorías y de minorías, pero hay verdades que no están sustentadas en opiniones, números, democracias, autoritarismos o simples creencias.

Con todo, puede suceder que algo que se tenía por verdadero, sea desmentido por una verdad recién descubierta o sea demostrada su falsedad. Igualmente puede ocurrir que una opinión esté más cerca de la verdad que otras. Montesquieu, hombre de letras y de política, afirmaba en una de sus cartas personales que, aquello que es: *"Verdad en una época, error en otra"*.[148] Aunque esto ocurre con algunas ciencias, de suyo es más aplicable a la moda y a las costumbres, del género que sean, podemos también incluir determinados gustos.

6. Pensamiento y materia.

El error, generalmente es originado por diversos motivos, como: por precipitación, por distracciones, tomar la parte por el todo, por ignorancia, cierta resistencia a corregir, mal uso de algún método, otras veces por prefijar la conclusión en vez de llegar a ella de modo natural sin forzar las cosas, o también debido a prejuicios, etc. Con relativa frecuencia nos topamos con verdades, falsedades y mentiras, pero ni unas ni otras son cuestión de meras encuestas y estadísticas, porque

---

[148] p. 337, n. 7

la verdad como tal no existe por contar con más de la mitad o dos tercios a su favor o en contra, etc. Bien decía Luis Vives: *"la verdad, en cuyas filas debemos estar alineados, no pertenece a uno sino que es patrimonio de la colectividad".*[149] Todos somos capaces de conocer la verdad. Ya sea descubriéndola, topándonos con ella sin más, aprendida de otros, o reconocida mediante el estudio. Esto es lo habitual de las ciencias con el uso adecuado de sus métodos propios, en su ámbito propio de trabajo. La falsedad en ocasiones toma apariencia de verdad, otras veces puede quedar oculta, y también suele ser disfrazada por su autor intelectual, por algún promotor o por quienes buscan una ventaja. Hay "verdades a medias" y "medias verdades", cuando no se miente; pero se mutila la verdad porque no se dice plenamente y a las claras, y por eso muchas veces se induce al error.

Es de muchos conocida la conclusión a la que llega R. Descartes, después de buscar afanosamente una verdad inamovible, que además fuese la base de su filosofía y de todo pensamiento humano, pues se encontró con un *maremagnum* de ideas, principios, axiomas, métodos, conclusiones en el orden científico y filosófico, que en nada garantizaban la verdad. Recurrió a la duda como método para alcanzar la verdad. Resumidamente dice así: *dudo, luego pienso; pienso, luego existo.* En el *"Discurso del método"*, Descartes afirma: *"Y habiendo notado que esta verdad: Pienso, luego soy, era tan firme y segura, que las más extravagantes suposiciones de los escépticos no podían conmoverla, juzgué que podía admitirla sin escrúpulo como el primer principio de la filosofía que buscaba".*[150]

---

[149] p. 501, n. 22
[150] p. 112, n. 14

"Pienso, luego existo", es una falsa conclusión que debió quedar en el orden mental (pienso, luego: pienso), sin dar dar el "salto" al mundo de lo real. Dicho de un modo impropio y vulgar, es un hecho que todos tenemos un "mundo mental" (lógico o ideal), y a la vez, (valga la redundancia), otro "mundo real" (extramental). Pero es el mundo real el que fundamenta el pensamiento no al revés, pues la capacidad de pensar y el hecho de pensar son reales (el hombre y su facultad racional), mientras que el resultado del razonamiento es una idea o concepto, no un ser real. Descartes solamente podía concluir, con auténtica certeza, que pensaba mientras dudaba, porque, además, la duda es un estado de la mente o inteligencia ante una realidad dada o frente a una propuesta ideal, digamos: ¿es un pino o un abeto lo que veo?, o ¿qué diferencia de temperatura hay entre estar al sol y la sombra en el mismo lugar?, o ¿cuál es la diferencia entre una yarda y un metro lineal?...

El hecho de que Descartes colocara el fundamento del ser en el pensamiento, según sabemos, dio origen al racionalismo, en primer lugar y luego al idealismo, y más tarde a otras posiciones filosóficas contrarias o distintas, etc., y para algunos filósofos ya está resuelto el planteamiento (en otras doctrinas filosóficas), mientras que para otros aún no.

Nos extendemos un poco sobre el tema, abordando someramente algunas de las causas del error. Mencionábamos *la precipitación*, pues en ocasiones por intentar llegar pronto o antes que otros a la conclusión o descubrir la verdad, se omiten pasos importantes del método a seguir y no se llega a la verdad, aunque algunas veces se aproxime a ella. Otra causa es *la ignorancia*, no obstante que alguien pudiera decir: el que ignora, nada tiene que decir sobre esto o aquello..., pero lo dice, o quizá con algunos conocimientos da una opinión, pensando que es una solución, mientras que lo opinable puede o no ser verdadero dependiendo de los fundamentos de tal opinión. Los *prejuicios* son algo muy digno de considerar, pues el hecho de tener ya una estructura mental, se pertenece a una escuela científica o corriente filosófica, o una serie de ideas respecto de algún tema o un campo de una determinada ciencia, puede hacer que se violente a la razón a demostrar tal o cual verdad, o una posible solución como si fuese la verdad única. Primero está la verdad... Con bastante firmeza, aún tratándose de su maestro, Aristóteles no tuvo empacho al decir en su *"Etica a Nicómaco"*: *"Han sido nuestros amigos los que han creado la teoría de las ideas. Pero hay que seguir el parecer de que para salvar la verdad es preciso sacrificar nuestras preferencias (...) Se puede amar a los amigos y a la verdad, pero lo más honesto es dar preferencia a la verdad"*.[151] La amistad es algo grande, pero más grande es la verdad, podemos concluir.

No es fácil desprenderse de aquello que se ha tenido como verdadero, por lo que significa personalmente o porque pone en juego en la propia vida, etc. Por eso existe una resistencia mayor o menor al cambio y a reconocer el propio error, si es el caso. En ocasiones por todo lo que puede implicar esa rectificación, a veces poco y a veces mucho: cuestiones materiales, científicas o de carácter moral o práctico, etc., y no pocas veces por orgullo personal... No es una novedad que se fuercen algunos "argumentos" para concluir en lo que previamente se quería; lo que demuestra que en este caso manda la voluntad y no la inteligencia, se le da prioridad o un valor mayor a al querer (algo "es" como "quiero"), frente al conocer ("esto es así"). Dicho de otra manera, es como quien argumenta a partir de una conclusión, buscando las premisas que le acomoden, en vez de concluir a partir de las premisas. La cuestión sobre la metodología, corresponde a

---

[151] p. 19, n. 12

cada ciencia, experimental (prácticas, o teórico-practicas), y sólo teóricas (ciencias puras), como también a la Filosofía, y más en particular a la Teoría del Conocimiento o la Crítica.

Antes de terminar este breve apartado, habrá que recordar que uno de los medios por los cuales muchas veces llegamos a conocer la verdad, es el argumento de "autoridad", es decir, porque quien instruye o enseña algo, merece nuestra confianza, es una persona de crédito. No es exagerado decir, a pesar de que muchos lo niegan, que la autoridad es un recurso humano muy usado a la vez que natural o normal, pues miles y millones de personas hemos "aprendido" multitud de cosas "confiando" en la autoridad de quien nos instruye o nos dice algo. Podemos recordar tantas cosas dichas por nuestros padres y profesores..., que eran y son verdades, por ello aprendimos desde cosas elementales de la vida cotidiana, como: hablar, cantar, bailar, jugar, respetar a los mayores, igualmente que practicar algunos deportes; y también aprendimos algunas artes y ciencias, como: Gramática, Historia, Geografía, Álgebra, idiomas y mil cosas.

¿Quiénes y cuántos se han tomado la molestia de demostrar que era verdad o mentira aquello que aprendían de sus profesores en las aulas de los primeros grados de la escuela? Muchas veces ellos mismos nos mostraban la veracidad de sus enseñanzas con las correspondientes y necesarias demostraciones, y muchas otras se daban por ciertas. Por ejemplo, era fácil demostrar que una circunferencia tiene 360 grados; o que, por ley gravedad todo lo que sube, baja, cae; pero ¿quién comprobó la extensión en km. cuadrados la extensión de su propio país o el número de habitantes de éste e incluso de su propio pueblo o ciudad?; hoy pasan de un centenar los elementos de la "tabla periódica" y a mediados del siglo pasado no llegaban a noventa: ¿cuántos alumnos cedimos a la curiosidad de demostrarlo?, y así por el estilo.

Sea, pues, que la fe o confianza en determinadas personas, también es fuente de aprendizaje.

7. Origen del mundo

Nuestro mundo está pletórico de seres de una gran variedad de naturalezas y especies, muchos de ellos aún desconocidos y otros tantos no acabados de conocer por completo, de los que muchos rebasan la imaginación humana más creativa. Las ciencias pueden todavía crecer en sus conocimientos, en el campo de los seres vivos como inertes.

Los nuevos hallazgos se van sucediendo unos más rápidos que otros, pero se dan lo mismo en el macro-mundo que en el micro-mundo, a fin de cuentas en nuestro propio universo (nuestra casa), que es el único que existe. Parecería que en un "término medio" entre lo macro y lo micro, estamos nosotros, pero con una "peculiaridad" única, que ninguna otra especie posee: inteligencia y voluntad. *"Podemos definir la inteligencia como la comprensión súbita de un nexo entre cosas o valores en el mundo circundante"*, nos dice Max Scheler.[152]

Como nota de humor a la par que verdadera, son estas palabras de M. Twain, acerca de algo típico de la persona humana: *"El hombre es el único animal que se ruboriza"*.[153] El rubor, generalmente viene provocado por alguna acción propia o de otra persona, y tiene su origen en la vergüenza o pudor, lo que denota cierta ética o moralidad del ser humano. Las bestias no se ruborizan ni avergüenzan de nada, ya que para ellos, todo (lo que sea) es natural e instintivo. Aquí hay algo más que pura sensibilidad e instinto, que está

---

[152] p. 444, n. 8
[153] p. 480, n. 4

también emparentado con la educación y las costumbres. De otra parte, como señala acertadamente M. T. Cicerón: *"Por la costumbre, se forma casi otra naturaleza"*.[154] Esto sucede cuando la persona es fuerte y constante en practicar una misma acción, que entonces se convierte en un hábito y viene a ser como una "segunda naturaleza", al decir de Aristóteles. Nunca una acción aislada constituye un hábito; y un hábito adquirido, únicamente puede ser suprimido por su contrario (la laboriosidad por la pereza o la gula por la templanza, etc.).

Es de capital importancia tener o practicar hábitos buenos, los cuales nos ayudan a perfeccionarnos como personas, a ser mejores, conscientes a la vez del riesgo de caer en la hipocresía, según el pensamiento de Caio Salustio: *"Preferiría ser bueno antes que parecerlo"*.[155] No se trata de "aparentar" ser virtuoso (cosa relativamente fácil), sino serlo de verdad. Hay que convencerse, además, que no obstante que hagamos grandes esfuerzos, no alcanzaremos la perfección total, porque siempre es posible crecer en ellos, mejorar; y cuando se ha conseguido un buen hábito, hay que dar el turno a otro o a quitar un mal hábito. Esta es la condición del hombre y no debe desanimarnos, pues así, llegado el día, moriremos con menos defectos y con más virtudes o cualidades.

Hemos de reconocer también que, el hombre es el único ser que puede llevar una "doble vida"... En esta línea, no en vano el famoso N. Maquiavelo, recomendaba la coherencia, en su obra *El Príncipe*, según se lee: *"Todos ven lo que pareces y pocos ven lo que eres"*.[156] Es relativamente fácil engañar, cuidar las apariencias, los modales o las formas. Nada de particular tiene esto pues generalmente vemos, oímos

---

[154] p. 86, n. 17
[155] p. 739, n. 7
[156] p. 307, n. 2

y tocamos, etc., lo exterior de las cosas y de las personas; pero por lo que se refiere a nuestros iguales los hombres: es imposible saber lo que piensan o desean si no lo manifiestan, ya sea por medio de gestos o con palabras, o a través de signos convencionales.

No se puede leer o adivinar lo que ocurre en el interior de una persona (en su mente), y en todo caso se podría atisbar, adivinar o sospechar, pero en sentido estricto no se puede conocer. De aquí también la importancia del diálogo y la sinceridad, junto a la confianza para abrirse a otras personas lo mismo que saber escuchar y aceptar las cuitas de otras personas. Y precisamente por esta imposibilidad de penetrar en los pensamientos de los demás, se puede engañar escondiendo o fingiendo determinadas emociones y pensamientos que no coinciden con la realidad.

Otra frase que se repite con alguna frecuencia tanto en la calle como en una reunión de café entre amigos, o libando alguna bebida alcohólica..., sean intelectuales o no los contertulios, es ésta: *el hombre es un animal de costumbres (hábitos)*. Pero en esas costumbres tienen participación no solamente los sentidos externos sino también la memoria, la imaginación, la inteligencia y la voluntad (facultades físicas y espirituales), hábitos de las que generalmente se tiene conciencia (al menos en los principios), mismos que afectan positiva o negativamente a la persona, porque "se acostumbra" (habitúa) a ser desordenada u ordenada, limpia o sucia, perezosa o diligente, sincera o mentirosa, etc., pero por tratarse de hábitos, pueden adquirirse o perderse, según los casos. Todo tiene un fin o razón de ser, y con los hábitos el hombre se propone algo, por ejemplo: tocar un instrumento musical, conducir un automóvil, o también ser veraz justo, aprender otro idioma, o convertirse en un timador, un criminal, etc. Por algo el famoso y distinguido jurista Ulpiano afirmaba con clarividencia: *"Estos son los mandamientos del Derecho:*

vivir honestamente, no ofender a los demás, dar a cada uno lo suyo".[157] Si esto ordena el Derecho, se debe a que el hombre es libre, y por lo mismo puede ignorar u omitir voluntariamente el cumplimiento de estos preceptos, o vivir de acuerdo con ellos. El hábito facilita y hace amable el deber.

En los seres inferiores al hombre las cosas son dieferentes, ya que todo está previsto o programado (instinto), sin lugar para la improvisación: su conducta será siempre la misma en igualdad de circunstancias, o sea, que acciones y reacciones en todos los individuos de la misma especie o estirpe, serán iguales (no hay lugar para la "originalidad", la "genialidad", la "distinción", la "vulgaridad", nada que marque alguna diferencia). El ojo sirve para ver y la inteligencia para conocer. ¿Podrían reptar los gatos o volar las serpientes o ir a galope los gorriones...? ¿No sirven a los peces las branquias y las aletas para poder vivir en el agua y nadar?, ¿no son las alas para volar?... Todos los salmones, como todos los encinos y todos los leones o gavilanes..., hacen lo mismo; y un gato no finge ser un camaleón ni un laurel simula ser un abeto. Sólo nosotros tenemos las capacidades de disimular, aparentar o ser auténticos, pero curiosamente, en cualquier caso se requiere de ingenio, hay que pensar. El hombre humano no es un orangután con pantalones y un portafolio en una de sus extremidades o con una gorra en la cabeza; ni la mujer es una simia con zapatos de tacón alto, unas gafas oscuras y una mascada enredada al cuello...

Nosotros nos conocemos (a nosotros mismos y a los demás), y conocemos también nuestro universo (no sólo lo sentimos). Somos objeto también de nuestro propio conocimiento, cosa que ningún otro ser vivo hace. ¿Esto no dice algo especial del hombre, no marca alguna diferencia

---

[157] p. 481, n. 9

con los seres irracionales? Los demás seres que pueblan nuestro mundo, no lo conocen, o bien, algunos lo conocen pero de un modo diferente, o sea, sólo de manera sensible y de modo parcial, además, sin posibilidades de aumentarlo por medio de la inferencia (inducciones y deducciones). Ya hemos hablado algo sobre esto anteriormente, pero vale la pena recordar que somos los únicos que poseemos o hemos producido una cultura, la cultura humana, o también si se quiere, hemos dado origen a una variedad de culturas, desde que el *hombre* aparece sobre la faz de la tierra, hace un millón y medio de años, aproximadamente, según calculan seriamente algunos antropopaleontólogos.

Lamentablemente, también cabe decir que si hemos creado diversas culturas, solamente los seres humanos han degradado su condición de seres racionales, pues la Historia es testimonia actitudes y costumbres aberrantes muchas de ellas, y otras contrarias a su propia naturaleza, y esto es "algo" que no ocurre entre las bestias. Los instintos no son "tan malos" como dicen por ahí. Pero la exacerbación de los sentidos, darle preferencia a la imaginación y sensibilidad con el mal uso de la razón y la voluntad que nos hacen libres, junto con el odio o desprecio de sí mismo o de los demás..., hacen una pésima combinación. El resultado es la deshumanización y la denigración por el hombre mismo.

XIII. LAS INTERROGANTES DE SIEMPRE

ay dos o tres cosas que siempre han inquietado al ser humano, o quizá muchas otras más, pero entre las más importantes y trascendentes están cuando menos éstas: ¿Quiénes somos, de dónde venimos y a dónde vamos?, ¿el mundo es eterno?, y ¿por qué es el ser y no la nada?.... Son interrogantes a las que se les han dado muchas respuestas, que han sido recibidas con mayor o menor satisfacción y aprecio, por muy diversos motivos. Esas preguntas o cuestiones como las soluciones propuestas, solamente el hombre puede hacerlas.

1. El ser

Muy brevemente comentaremos algo acerca de estos cuestionamientos que siguen siendo actuales, no obstante que desde el principio el hombre ha intentado resolverlos, darles una respuesta satisfactoria y razonable, u ofrecer soluciones seguras, yendo a la raíz, pues que por la extensión y profundidad como por la calidad e importancia de muchos cuestionamientos, no puede conformarse con respuestas o soluciones simples o superficiales a esos problemas complejos, por sencillos que parezcan. ¿Por qué el ser...? ¿Por qué no mejor la nada? Hay que considerar, primero: que este doble cuestionamiento, sólo puede plantearlo y resolverlo un ser inteligente.

En segundo lugar, una de las soluciones podría resumirse diciendo que: solamente el *ser* puede dar razón de sí mismo; y otra respuesta sería: porque la nada no admite preguntas ni da respuestas, no es cuestionable; además, ¿quién hay que pueda interrogar la nada?; y ¿qué nos respondería puesto que no existe? Otra respuesta al mismo asunto, podría ser esta: exclusivamente podemos interrogar al ser, a aquello que existe, pues nada sabemos de la nada ni lo sabremos jamás. La nada es tan sólo un "concepto negativo", es el vacío absoluto de ser, o si se desea, una manera de referirnos a lo que "no es" (que carece de ser), lo que no tiene nombre; más aún, me atrevería a decir que resulta inimaginable e impensable.

La nada es un concepto no primario sino derivado, porque lo que se conoce es "el ser", y así "la nada" es un puro concepto sin referencia a algo, en el sentido que imaginamos o pensamos en una especie de vacío inmenso, sin fronteras "donde" no hay ser: nada hay. En ejemplo extravagante para intentar entender o explicar la nada, es como si se tratase de un gran recipiente (un cubo) inconmensurable, sin contenido alguno, y que además carece de paredes o caras que la conforman. Más parecería un truco o un acto de magia, pero no es así, pues al menos el truco se refiere a "algo" que "aparece" y "desaparece", pero sin olvidar en este caso que también existe un "mago". Así como en el concepto "ser" englobamos e incluimos cuanto existe, en el concepto "nada" excluimos todo ente o realidad, y a eso llamamos "nada".

En tercer lugar, se trata de dos conceptos opuestos, contrarios o excluyentes, etc., porque el concepto "ser" se refiere a la realidad, a todo cuanto es; en cambio el concepto "nada" no tiene referente, nada implica, nada supone ni presupone, y aún visto positivamente: se refiere a lo que no es real, no existe ni existirá. Considerados solamente como "términos" o "conceptos", son opuestos y excluyentes; no así en la realidad, porque los "opuestos" deben existir para que haya oposición... Finalmente, a un ser (ente, cosa) sólo se le puede oponer otro ser y no la nada; por ello, en estricto sentido no cabe hablar de "realidades opuestas" o excluyentes una respecto de la otra. Podemos afirmar que lo frío es lo contrario de lo caliente, o que lo oscuro es lo opuesto a lo luminoso y como lo vivo excluye lo inerte, etc. Pero entre la nada y el ser no hay relación alguna. La nada, ya hemos dicho, no tiene capacidad de hablar, no puede mostrarse a sí misma como lo hace el ser, como hace la naturaleza..., ese "libro abierto". ¿Debemos añadir algo más o es suficiente lo hasta ahora dicho?, ¿para qué ocuparse o preocuparse de la nada?, sería como crear un conflicto inexistente, sin fundamento y sin solución.

Sin embargo, sí que cabe un recurso: ir nuevamente con los filósofos de la antigüedad clásica, siglos antes de Cristo para intentar esclarecer este asunto tan intrincado e importante, pues mucha tinta se ha empleado en esta cuestión, con mejor o peor suerte, y hasta parecería banal el asunto, sobre todo para un novato. Pero sin lugar a dudas, es esta la primera interrogante que debería despejarse en la filosofía, aunque sólo fuese indirectamente. Desde los orígenes de la Filosofía, ésta pregunta se encuentra una veces implícita y otras de manera explícita, particularmente en algunos filósofos y algunas corrientes de pensamiento, incluso ideologías. También es un asunto de primera importancia en algunas religiones, resuelto de diferentes modos: unas veces permaneciendo en el mito y otras dando paso a la leyenda, y otras veces siendo tema de estudio de algunas ciencias, y por supuesto de manera capital en la Teología, cada cual con métodos y medios propios. Y, en el caso que nos ocupa, necesariamente es también un asunto crucial e ineludible para la filosofía pura, acudiendo exclusivamente a la razón, no obstante que algunos filósofos también invocan "las razones" del corazón, otros pocos a la "ciencia ficción"... Sólo para satisfacción de alguna curiosidad, sumariamente se pueden mencionar como incluidos dentro de esta problemática, a los pre-socráticos, también a Platón y su discípulo Aristóteles, varios filósofos de talla en la Edad Media, y otros tantos en la Edad Moderna (comenzando por Descartes), durante el Enciclopedismo, Kant y más recientemente Bergson, algunos existencialistas como Sartre y Marcel, así como algunos neotomistas como Maritain, Gilson, y otros más.

De manera que debemos hablar a favor del ser, pues él mismo se hace "presente" al hombre, pues donde quiera que "miramos" (intelectualmente), le vemos, nos topamos con él: "está aquí, ahí, allá...", se encuentra por todas partes, manifestándose de mil maneras distintas. O sea, que nos lo encontramos circundándonos o como envolviéndonos, y sólo se hace conocer pues podría afirmarse que es capaz de entablar un diálogo con el hombre, ser pensante, racional e intuitivo. En el libro "*De Veritae*" de Tomás de Aquino, encontramos estas palabras tan profundas y llanas como esclarecedoras: "*La verdad se sigue del ser de las cosas*".[158] Únicamente es posible conocer aquello que es, y en la medida que es.

Es preciso recodar ahora que, solamente los seres vivos son capaces de conocimiento, los animales (brutos) y los hombres, y esto conforme a su naturaleza: los primeros sensiblemente y los segundos intelectualmente. Por otra parte y dicho con propiedad, conocer es una actividad u operación de la inteligencia. Si sólo puede ser conocido lo que existe,

---

[158] p. 476, n. 1

también es imprescindible que exista el ser cognoscente, para que tenga lugar el conocimiento. Por tanto, el acto de conocer es posterior al ser, y lo mismo cualquier tipo de actividad presupone el ser (existencia) del que obra. La "acción" tiene su fundamento en el "ser", porque es alguien o algo el que actúa, razón por la que resulta un contrasentido (absurdo): una acción sin sujeto que la realice o que la acción sea la causa del ser. Para que el hombre razone o piense, es elemental que primero exista, porque no es el pensar lo que le da la existencia o el ser. Tanto el ave para volar como el pez para nadar, es preciso primero que existan.

Cuando "miramos" al ser, parece nos dijera: "¡Eh, aquí estoy! ¡Miradme!". Ya antes hemos aludido a este tema aunque indirectamente. Mas si nos preguntamos: ¿qué vemos del ser, qué nos dice de sí mismo? Muy en primer lugar: es mejor existir que no existir, mejor el ser que la nada. Si no fuese así: ¿que sería, por ejemplo, de cada uno de nosotros? Para empezar, al menos la mayoría de los hombres pensamos que vale la pena ser, vivir…, pensar, amar…; y preferimos esto que la nada o no ser, incluso muchos a quienes la vida les ha supuesto más sufrimiento o dolor que placeres…, han proclamado su preferencia por existir, por ser parte de este mundo. La existencia es ya un valor, es vida para muchos, es además algo gozoso que merece la pena compartir. En todo cuanto existe encontramos, además, que también hay bondad, verdad y belleza, en diversos grados, es decir, descubrimos o encontramos poseen estos tres valores o perfecciones en los entes. Eso ya, de suyo, justifica sobradamente el ser sobre la nada. Una última consideración: si fuese mejor la nada que el ser, los entes no existirían: no habría nada, ni siquiera la nada como tal, por absurdo.

Observando nuestro mundo vemos que no hay algo o alguien –no lo conocemos–, que posea sólo bondad, es decir, que exclusivamente sea bueno; y lo mismo ocurre respecto de la verdad, pues no encontramos algo o alguien que sea tan sólo verdad o verdadero; y otro tanto sucede con lo bello y la belleza... También la unidad como elemento de individuación y cohesión está presente en el ser, pues al estar compuesto de varias partes, juntas forman un ente "a se". Sirva como un ejemplo entre millones, el siguiente: un tucán no es un simple pájaro, sino la suma de su vistoso plumaje, pico, alas, patas, cuerpo, sistema respiratorio, reproductor, su esqueleto, y por supuesto la vida, etc., además de pertenecer a una especie de la que forma parte con otros miles de individuos como él. Es "uno" y a la vez sus partes están "conjuntadas" formando un solo ser (unidas vital vitalmente y ensambladas a la perfección), constituyendo así "éste" tucán, y así cada uno, sin confundirse tampoco entre ellos, o sea, con una individualidad y características propias; y tampoco siendo cualquier otro tipo o clase de animal...

Igualmente sucede con el incontable número de sujetos o individuos de multitudes de géneros y especies, en los que también se encuentran compartidas, en diversas proporciones y modos diferentes, esas cualidades o perfecciones a que antes nos referimos, porque en todos hay bondad, belleza o hermosura, verdad y unidad, desde los más insignificantes y pequeños de los seres hasta aquellos que poseen una gran magnitud, dándose de mil maneras en todos los entes o seres que pueblan nuestro universo. Y todo lo que tienen y son, lo tienen originalmente recibido de otro.

Dicho lo anterior, es lógico pensar y concluir que: es mejor ser que no ser (existir que no existir); máxime existiendo un Ser que tiene esas cualidades o perfecciones y muchas más, en grado sumo. No es imposible, porque de hecho existen multitud de seres que tienen las poseen, en gran variedad y en grados y medidas distintas, pues si no ¿de dónde salieron o quién las comunicó y participó?, ¿la nada? Indudablemente es mejor el ser que la nada. ¿Acaso nosotros mismos no tenemos algo o mucho más que verdad, belleza y bondad...? De otra parte, si miles y millones de personas, animales y cosas, existimos, además, tenemos multitud de cualidades y perfecciones (junto con limitaciones); y de esas perfecciones unas son recibidas y otras adquiridas, porque nada y nadie hay que tenga todas en sí mismo y por sí mismo (por ser lo que es); a lo que se añade que tampoco las posee desde siempre sino a partir de un momento determinado. Todo esto reclama un Ser (superior) que: desde sí y por sí mismo, dé o participe a otros el ser (la existencia) y sus cualidades (perfecciones). Definitivamente, es mejor el ser que la nada, y el ser vivo que el ser inerte, y el ser racional que el irracional, como también es superior el espíritu que la materia...

Partiendo del hecho de que ninguno de los seres de este universo es plenamente perfecto y sin embargo tiene perfecciones, nada de esto pudo surgir de la nada, sino de Alguien que las posee de suyo todas ellas en grado eminente. De otra parte, no puede tratarse de un ser material, pues todo ente material o corpóreo sufre un desgaste, y aunque se transforme o combine con otro (s) ser (es), pierda o gana en algún aspecto, puede llegar a convertirse totalmente en otro distinto de su principio, o al dar algo de sí mismo vaya menguando, etc. Y puesto que lo único que se puede dar o compartir sin menguar, o recibir y compartir, sin sufrir un cambio en la propia naturaleza es el espíritu. Tal ser supremo y perfecto, es espiritual, y de Él procede también la vida como la belleza y el poder y la sabiduría, la unidad y la verdad, etc. Basta hacer una reflexión tan sencilla como ésta: un pastel, por grande que sea, se puede dividir en mil trozos, y a mayor número de comensales, más pequeña es la parte que les toca...; en cambio la ciencia o la sabiduría (no es algo material), por más que se comparta, no se acaba, incluso se multiplica; y algo parecido ocurre con el amor, que puede crecer en extensión (por amar a más personas) y en intensidad (más firme y profundamente), sin que disminuya ni desaparezca. En este Ser Supremo (Dios), están todas las perfecciones perfectamente unidas entre sí sin confundirse.

Antes de terminar, preguntémonos: ¿la nada podría aportar algo? Y ¿si primero (antes) hubiese sido la nada y luego el ser? Sólo cabe una respuesta al caso: "seguiría" sin haber nada, es decir, el ser no existiría ahora ni nunca. Y sin embargo, existimos... "El ser es, el no-ser no es", decía Heráclito, hace más de dos mil años. La plenitud de la nada ´"es" nada, y su mínimo igualmente nada. Más aún, la nada ni siquiera sería un mal, sino la total ausencia de ser, y por lo mismo, parece que hablar de la nada carece de sentido, a pesar de que nos hemos ocupado de ella, al menos tangencialmente.

Una última reflexión sobre este asunto, la concretamos en algo obvio: únicamente del ser puede proceder algo, un ser solamente puede tener su origen en otro ser. La nada es nada y nada engendra. En la medida que se multiplican los seres corpóreos o materiales, como nos muestra la Naturaleza, aumentan y se diversifican multiplicándose las perfecciones de los seres, mismos que a su vez producen en nosotros un atractivo o seducción, por lo que hay de bondad y belleza en ellos, así como otras perfecciones o cualidades; también por ello deseamos contemplarlos, poseerlos, usarlos, disfrutarlos, conocerlos más profundamente, etc. En otras palabras: el ser es afín al ser.

2. Hombres y dioses

Parece obligado abordar el tema de Dios o de un Ser supremo y Perfecto. Dejando de lado el asunto del ser o la nada, no podemos más que ocuparnos del ser (como siempre), o de los seres, pues el número de ellos es inconmensurable. Partimos del hecho de que todos cuantos existen, son cada uno siempre algo específico y concreto, de manera que aún siendo innumerables poseen la misma naturaleza (por ejemplo: todos los perros, todos los gatos o todos caballos, etc.); y esa naturaleza o forma les iguala entre sí al mismo tiempo de los distingue de otros (no son iguales los caninos que los equinos o los bovinos); pero esa igualdad entre muchos, no supone identidad, por lo que se diferencian entre sí aquellos que poseen la misma naturaleza, y por ello entre los caninos (perros) existen diferentes razas, constituidas por multitud de sujetos que a su vez son diferentes entre sí. De manera que cada individuo es portador de una naturaleza más su acto de ser (que le hace existir).

Así, cada ente o cosa tiene un acto de ser propio y una naturaleza común; por eso existen y poseen una naturaleza o esencia que les hace ser de un modo específico y no de otro cualquiera, amorfos o indefinidos. Por ejemplo: éste perro, del género de los irracionales, de la especie canina (mamíferos, vertebrados, cuadrúpedos, carnívoros, etc.) de la raza Terrier, Pastor inglés, Doberman o Pekinés, etc. En esa naturaleza o raza, están implícitas algunas perfecciones necesarias (imprescindibles), propias de cada especie, y después cada sujeto tiene diferentes capacidades para alcanzar o conseguir y recibir, otras cualidades y características individualmente. De entre estas últimas, algunas pertenecen también a la especie o naturaleza y otras en cambio son exclusivas del individuo.

Pero como en todo, hay una interdependencia o influencia de las propiedades de la especie y las del individuo, influencia que en ocasiones puede afectar positiva o negativamente, de manera favorable o perjudicial, siempre y cuando no haya algún obstáculo o interferencia, como podría ser un defecto físico o una carencia, por ejemplo: la ceguera o la sordera, infertilidad, etc., y por el contrario, poseer una fuerza extraordinaria o una memoria fuera de lo común, etc. Tampoco hay que descontar el mimetismo, como resultado de la convivencia. Todos los seres estamos influidos unos por otros de múltiples formas; nada está exento de algún tipo de influencia o condicionante, al margen de que tales efectos le resulten beneficiosos o perjudiciales, en la consecución de la propia perfección.

Hay miles y millones de seres de muy diversas naturalezas o especies, pero la individualidad marca la diferencia entre uno y otro incluyendo la misma naturaleza o especie, y por lo misma razón unos son más perfectos que otros. Pero ninguno es o tiene todas las perfecciones de su especie y menos en grado máximo, sino parcial y participativamente, según antes vimos. Pues, así como todos los seres tienen muchas cosas en común, al margen de considerarlos según su naturaleza o especie, e incluso como individuos, lo más "común" o aquello que todos sin excepción tienen, es el ser o existencia: hay minerales o seres inertes (integrados por átomos, y éstos por protones y electrones, neutrones, etc.); y entre los seres vivos existe una gama de variedades impresionante, que van desde diminutos y microscópicos hasta el hombre mismo, pasando por toda clase de vegetales y animales.

Es en el ser aquello en que todos "coinciden". Y puesto que el ser es recibido de otro, nada es causa de sí mismo (es absurdo que algo sea causa y efecto de sí mismo), el ser (existir), solamente puede provenir de otro que Es, que no tiene el ser recibido sino la causa de todos los demás: el mismo Ser subsistente. Sin este primer ser, causa y origen del ser de los demás, nada existiría. (Pensar que algo o alguien tiene el ser —la existencia— por sí mismo y desde siempre, es tanto como imaginar que existe una gallina que pone el huevo del que ella misma va nacer...).

Si nos atenemos al hecho de la perfección de los entes (seres reales), advertimos que hay una jerarquía de ellos según las perfecciones, existe una cierta gradación; y entre los seres también es un hecho que todos han recibido el ser de otro; no es ilógico pensar que sin un Ser Primero o una causa primera, los demás seres no existirían, como tampoco poseerían las perfecciones que tienen de no haber Uno que las poseyese todas. El ser y las perfecciones son participadas, por lo que Alguien es la causa primera del ser y de sus perfecciones, o sea, es el Ser por esencia y toda perfección se identifica con él.

Entonces, ese Ser Supremo es Dios, o la Divinidad, pero no es la Naturaleza, ni la suma de todos los seres y sus perfecciones, etc. Es un Ser que trasciende el mundo porque no es parte de él. Es, además, Causa primera de cuanto es o existe: las causas segundas o subsiguientes, que sólo se explican por la anterior, y si la primera no existiese, tampoco habría causas segundas; y de otra parte, tanto las causas segundas como sus efectos, son contingentes (pueden ser o no ser, ningún ente es "necesario absolutamente" que exista, y sin embargo existimos los seres contingentes). Esto exige una "causa necesaria" o un "ser necesario" que justifique la existencia de los que en calidad de su misma contingencia, son y tienen una necesidad relativa, pues antes no eran o habrá un tiempo en que no serán, resultan necesarios relativamente.

Tomás de Aquino, expone cinco vías o caminos para llegar al conocimiento de la existencia de un solo Dios verdadero, espíritu puro, sabio, eterno, inmutable, omnipotente, etc.; pero estas pruebas racionales son particularmente argumentos convergentes y convincentes, no una prueba al estilo de las ciencias naturales y experimentales, ni es evidente la existencia de Dios. Y estos conocimientos son de orden diferentes, pues unos se apoyan en la razón natural o pura inteligencia, y otros en la fe (Revelación divina); por otro lado, las ciencias tienen un campo o ámbito del ser delimitado, además, atienden aspectos diferentes del ser (realidad), varían muchas veces sus métodos e instrumentos de trabajo. También hay que considerar que generalmente se interesan de las causa próximas o inmediatas de los seres (causas segundas), no de las causas últimas y radicales de cuanto es (causa primera), como hace la Filosofía primera. En suma: se trata de algo que es indemostrable por las Matemáticas o la Física, o incluso la Biología y otras ciencias experimentales, pues para ello bastaría considerar que es imposible repetir, como en los laboratorios, una situación de "vacío ontológico" (un vacío existencial o de todo cuanto hay en el universo, y luego proceder a ver o constatar que de la nada surge el ser, es imposible). El "vacío de ser" no puede efectuarse —artificialmente—, y el ser no puede ser causado por la nada...

Son suficientemente conocidos los versículos de la Biblia, narran la creación del hombre, que por la genialidad y la imaginación de un artista consumado, Miguel Ángel B., quedaron representados magistralmente (hace siglos) en la Capilla Sextina de la Ciudad del Vaticano. Es una obra pictórica vista y admirada por millones de ojos humanos, de creyentes y no creyentes, y por personas de diversas religiones: "Dios creó al hombre a su imagen y semejanza". Honestamente, esta frase solamente tiene un sentido y explicación: Dios es y dio el ser (creó) al hombre. El hombre comenzó a existir con una naturaleza propia (hecho a imagen y semejanza de Dios), con inteligencia y voluntad (libre), formado con un alma (espiritual e inmortal) y un cuerpo (material).

Algunos filósofos, pensadores, como también artistas y personas de diversas ocupaciones profesionales, erróneamente han tergiversado, cuando no invertido; el sentido de la frase, diciendo: "El hombre creó a Dios a su imagen y semejanza". Sostienen que Dios no existe en Sí mismo, sino es una invención humana, una idea carente de fundamento, que en todo caso vendría a ser la suma de nuestros sueños e ideales o de la imaginación, sin realidad, que a lo más representaría al hombre ideal, es decir, sería como un concepto en el que se integran todos los deseos y ambiciones del ser humano, excluyendo todo tipo de defectos y limitaciones. Podría ser: una superstición, la aspiración del hombre en su máxima expresión, quizá la representación de la necesidad de creer en alguien superior..., pero a final de creación del hombre, hechura humana (Fehuerbach, Marx, Nietzche y otros más).

Fuera de tratarse de un truco: ¿sería posible que gesticulara un guante sin una mano que se moviera, o el fuego quemase sin dar calor ni luz, o existiese un hombre puramente animal..., sin inteligencia? Acaso ¿sería la nada que desde su "infinita sabiduría" y "omnipotencia", generase un simple átomo de (¿...?), o que partiendo de una masa amorfa de energía, hiciese surgir un universo capaz de regirse por sí mismo? No parece posible, ni de broma. La realidad nos pone ante la vista que todo ente, cada ser obra o aquello de lo que es capaz según su naturaleza, es decir, conforme a su modo de ser. Esta es la razón por la que las abejas fabrican cera y miel, y los pájaros hacen sus nidos para vivir, y los peces nadan y desovan, etc., y siempre engendran crías, otros seres iguales a ellos mismos. Nada y nadie, ninguna causa es capaz de producir un efecto superior a sí mismo. Dios no creó otro Dios ni otros dioses, resulta contradictorio. Dios entre todas las cosas que hizo, creó "personas", hombres hechos a su "imagen y semejanza", o sea, ni iguales a Él y menos aún idénticos a Él. Si Dios hubiese creado otros dioses, esos otros "dioses" no podrían ser verdaderos dioses, ni iguales a Él, pues el hecho de haber sido significaría inferioridad y dependencia de quien recibieron el ser (tampoco serían eternos y sus perfecciones serían limitadas, etc.).

Cuando coloquialmente se dice que el hombre crea algo, puede tratarse de: una casa, un puente, un cuchillo, un traje, una partitura musical, una obra literaria, un automóvil, etc., lo que hace es disponer de un material previo, no lo saca "de la nada", pues no tiene poder para eso. Cuanto hace o fabrica e inventa, lo realiza "a partir de una materia previa" (algo preexistente al resultado), pues lo que hace estrictamente es "transformarla" en mil cosas, diferentes, considerando y dependiendo de las cualidades y limitaciones (posibilidades) del material del que dispone. Por esto, decimos, por ejemplo: que la leche, los huevos, la harina, el azúcar y otros "ingredientes", son la *materia prima* de un pastel. Son los elementos con los que la pastelera hará un sabroso pastel; el carpintero que trabaja el roble para hacer un mueble... Dios no hizo pasteles, ni muebles..., hizo hombres y mil cosas, pero de la nada (*ex nihilo*), no inició la creación del universo a partir de algo que ya existiese, pues en tal caso tampoco habría creación.

Sucede también que, la Biblia (cfr. Génesis 1, 1 y ss) nos dice que antes de crear al hombre, creó la tierra y del polvo de la tierra formó (hizo) al primer hombre, en el sexto día (última etapa de la creación). Parece lógico que algunos piensen que la materia es eterna, porque "la ciencia" no conoce el origen de ésta (cuándo y cómo), ni podrá saberlo, porque tratándose de conocimientos experimentales, habría que fabricar o crear las condiciones de un "vacío absoluto", o sea, "la nada", igual que en un laboratorio se experimentan o repiten ciertos hechos, para deducir leyes y otras cosas más, así habría de ser con este asunto. Y luego ver cómo comenzó a ser o existir la tierra o materia, o qué poder la hizo realidad, etc. También podemos preguntar: ¿quién y cómo puede lograr ese vacío absoluto? ; y después de esto, a partir de esa nada (vacío ontológico) ¿crear el ser? ¿Podrían conseguirlo la Física, la Química u otra ciencia experimental? Nadie puede probar que es eterna materia, aunque su contrario también resulta de difícil demostración, pero no toca hacerlo a la Filosofía ni a la Teología sino a las ciencias experimentales que así lo afirman. Hasta ahí llegamos. Algunos tendrán que hacer un acto de fe en que es eterna mientras que otros un acto de fe en sentido contrario, es decir, que ha tenido principio. La ciencias van avanzando a grandes pasos, baste recordar, por ejemplo, que el siglo pasado los *elementos* de la "tabla periódica" no superaba los noventa, hoy sobradamente rebasan el centenar. Hay más datos científicos a favor de la segunda que de la primera postura.

Ya dijimos que muchos hombres afirman que "Dios" es creación del hombre, y por supuesto, también debía ser "imagen y semejanza" suya. De una parte, esto no pasa de ser un antropologismo burdo. Por otra parte, muy pobre ha de ser ese "Dios" fabricado por el hombre, toda vez que es fruto de su inteligencia, de su imaginación y quizá hasta de sus pasiones; luego, será más pequeño que el hombre... Porque, desdichado el hombre que se postra y adora un ser inferior a él, y le da culto a un ser que es hechura suya..., ¿qué caso tiene?, ¿cuál el motivo? Mejor sería pensar o imaginar uno mayor..., pero poca diferencia habría respecto al caso anterior, pues aunque lo imaginara o pensase superior a él, no dejaría de ser algo imaginado o una idea, también un producto humano. En consecuencia, cualquier cosa que llegase el hombre a hacer o pensar, imaginar, etc., no será mejor ni superior a él. El ser humano, a lo más —y es mucho—, es capaz de engendrar otro ser "igual" a él mismo, es decir, otro ser humano, más real que todas sus ideas e imaginaciones, posibles..., y por tanto, superior a esas entelequias. La persona humana tiene una perfección y dignidad que supera y trasciende todo lo material.

El hombre, para hacer y fabricar o transformar las cosas, debe disponer o contar de un material previo sobre el que va trabajar. La experiencia, junto con la técnica y los conocimientos científicos que tiene a su disposición el hombre, acumulada por siglos, es formidable y de un potencial enorme, además de su principal e inagotable herramienta: la inteligencia. Sin embargo, es incapaz de crear o hacer un ser superior a él. Las máquinas y tantas obras de ingeniería admirables, como descubrimientos científicos, los ha conseguido con gran esfuerzo y tenacidad, usando su ingenio, la ciencia, la técnica y el arte más la fuerza, etc. Sin embargo, esas máquinas, por ejemplo podrán superarlo en tamaño, peso, velocidad, fuerza, y tantas cosas más, y son igualmente incapaces de crear o hacer un hombre, porque son hechura suya e inferiores a él. Basta reflexionar en que con toda la ciencia, sabiduría y poderío recabado por milenios de años, no ha podido fabricar la vida, ni hay laboratorio, ni ciencia ni técnica capaz de hacerlo.

En cambio, con qué facilidad y naturalidad los vivientes dan origen a otros seres vivos... ¿Qué es la vida o que entienden por vida –la racional, la sensitiva y la vegetativa– los científicos?, ¿por qué no han creado o producido –en algún laboratorio– la vida, a pesar de incontables intentos "científicos", incluso sabiendo cómo obra la Naturaleza y no pocas veces manipulándola? La vida es algo (mucho) más que materia; no es un "cóctel" de elementos químicos, físicos y biológicos.

El hombre "engendra" otro ser igual a sí mismo, le participa su naturaleza, su condición de ente vivo, sensitivo, racional y libre. A este proceso llamamos "generación", el cual consiste en la fecundación del gameto femenino por el masculino, formando así un nuevo ser con vida propia, aunque dependiente de la madre por meses, hasta que madurando en el vientre materno alcanza la viabilidad y es expulsado, es decir, nace (es el caso de una reproducción mediante la cooperación sexual de macho y hembra). Desde entonces su dependencia es menor mientras crece su independencia. La ciencia, puede favorecer u obstaculizar y variar algunas características del embrión o feto humano, de diversas maneras, pero no puede crear la vida o crear (hacer) un hombre a partir de sí misma, sin contar con la naturaleza y sus reglas.

Buena parte de los problemas está en el conocimiento y entendimiento de lo que ellos dicen ser Dios (dios), por lo que es preciso saber qué entienden por Dios, pues algunas veces esa idea equivocada que de Él tienen, que no coincide con el Dios cristiano, es decir, "su" Dios, no puede existir. En efecto, el dios que ellos piensan que es fabricado por el hombre, no es Dios, y ese nada tiene que ver con el Único y Verdadero Dios... Es el dios como ellos lo entienden y no del real, el Ser Supremo. A Dios se le puede conocer mediante el uso recta de la razón acompañada de la buena voluntad, y también por el don divino de la fe.

Regresando al tema del hombre como hechura de Dios, no del resultado de la pura evolución de la materia, ni como una ilusión intelectual (filósofos materialistas), cuya existencia tal vez responde a una "necesidad", aunque inexplicable, dirían algunos dirían; mientras que para otros se trataría de algo "explicable", como mera consecuencia de una actitud irracional, etc. Ya desde antiguo, varios siglos antes de Cristo, el filósofo Jenófanes de Colofón afirmaba: *"Negros y chatos, así imagina los dioses el etíope, pero de ojos azules y rubios se imagina el tracio los suyos"*.[159] Probablemente así habrá sucedido en un tiempo en algunos pueblos primitivos de la Tierra, y no solamente entonces sino todavía hoy, entre personas y comunidades con escasa cultura se presentas estos prejuicios o ideas equivocadas, por lo que mientras más nos remontemos a los orígenes del hombre, no solamente se corrobora el hecho de la religiosidad humana como algo nato y propio de él, pero no exclusivo de la antigüedad que marca una época o regiones de nuestro planeta, hasta llegar en nuestros días a ser considerado como un retraso mental o una fase del desarrollo del *homo sapiens*, cuando se identificaba

---

[159] p. 242, n. 3

con los elemento del universo, etc. Esto es lo que sucede generalmente entre paganos y politeístas, lo mismo africanos que escandinavos, americanos que asiáticos y europeos en distintas Épocas y lugares.

Lo arriba dicho, constata una vez más el carácter religioso del ser humano. Y sólo para dejar siquiera una muestra sobre ello, pensemos cómo ninguno de los regímenes totalitarios que se implantaron por la "fuerza de las bayonetas" en el siglo pasado (XX), consiguieron extinguir esa natural inclinación a relacionarse con Dios, con el Ser Supremo. Los intentos de Nerón y otros emperadores romanos, así como siglos después: A. Hitler, J. Stalin y Mao Tse Dung, entre otros muchos, han fracasado a lo largo de la historia. Mientras que aún en pequeñas comunidades ha mostrado siempre elementos de religiosidad (culto, figurillas y utensilios, grabados y arte...).

Todavía añade más al respecto Jenófanes, esta vez mediante una comparación: *"Si los bueyes, caballos y leones tuvieran manos como los hombres, si pudieran pintar como estos y crear arte, pintarían los caballos dioses caballunos, bovinos los bueyes, haciendo sus cuerpos según los tiene cada uno"*.[160] En cierto sentido es una repetición de lo anterior, adelantándose varios siglos, coincidiendo con quienes dirán posteriormente (ss. XVIII-XXI) piensan que Dios ha sido creado por el hombre, que son considerados o se llaman a sí mismos: hombres ilustres, iluminados, mesiánicos o semidioses..., que si no lo fueron en verdad, al menos tomaron esa actitud. Para colmo, Dios no pasó de moda, ni se desvaneció y tampoco murió..., y sigue reinando en este mundo donde el reinado de estos "próceres", si realmente los hubo, duró muy poco..., y no fue precisamente de servicio y amor a los semejantes sino todo lo contrario..., estaban tan alto, en la

---

[160] Ibidem., n. 4

cúspide, que se olvidaban de sus "iguales", considerándoles muy poca cosa.

Mas no deja de ser curioso que el mismo Jenófanes sostenga igualmente que: *"Hay un solo dios, el mayor entre los dioses y los hombres, no semejante a los mortales ni en su figura ni en su pensamiento. Permanece en el mismo lugar, sin moverse, sin esfuerzo mueve todas las cosas con el poder de su espíritu. Todo él ve, todo él piensa, todo él oye"*.[161] Después de todo, es llamativo que hable de un dios que está por encima de todo, así como de su espiritualidad, especialmente en su tiempo. Pitágoras, filósofo y científico, también aventajaba junto con su escuela a muchos "grandes" de nuestra época, pues aleccionaba a sus discípulos diciéndoles: *"Ayuda al hombre que trata de levantar su carga, pero no al que la depone"*.[162] El amor al semejante es natural, pero su dificultad no justifica hacer daño a nadie, quienquiera que sea. Solamente el hombre puede acabar con el hombre.

Otras veces se corre el riesgo de dejarlo todo exclusivamente al dictado de la razón, pues aunque es verdad que es el modo natural de proceder de la persona: conocer, para desear, querer o amar, porque solamente es intentado algo cuando es conocido como bueno o provechoso en verdad. Es bueno que la cabeza se trabaje con cierta frialdad, porque puede ser distraída o desviada en su tarea por las pasiones, sentimientos y emociones, que todos tenemos, y quien carece de ellas no es humano. Más fría ha de estar la cabeza cuanto más arde el corazón. Ya decía A. Daudet, en su comedia un tanto jocosa, pero con valores: *"¿Dónde estaría el mérito, si los héroes no tuvieran nunca miedo?"*.[163] Es verdad que el miedo es algo natural en determinadas circunstancias, pero

---

[161] Ibidem., n. 5
[162] p. 385, n. 10
[163] p. 109, n. 1

hemos de sobreponernos a él, dominarlo, ahí está el juego entre la razón, la voluntad y las pasiones..., y aunque muchas veces vence, otras en cambio cede, ganando el miedo; la inteligencia y la voluntad han de someter y dirigir las pasiones con su energía que traen consigo. Virgilio, también al temor (miedo) como una pasión, y en *"La Eneida"*, leemos: *"El temor le pone alas a los pies"*.[164] Indudablemente que el miedo y el temor solamente se les puede vencer con la audacia y la fortaleza, sin amilanarse, aunque por otra parte, quien no experimenta el miedo tampoco siente impulsos para enfrentase a él. La temeridad es otra cosa. Por lo general, ante una amenaza o un posible daño, procuramos de modo inmediato, otras de manera instintiva y otras más racionalmente, en la defensa o en pasar al ataque.

Por lo demás, considerada en sí misma la *pasión* como tal, es una cierta conmoción de los sentidos que incide en la parte sensible humana, que nada tiene de malo, y que repercute además de lo emocional, en la voluntad y en la inteligencia, ocasionando casi siempre algunas perturbaciones. El bien o el mal están en acceder a esa conmoción (sensible) cuando se dirige a un bien o un mal, cuando falta el señorío suficiente para orientarla y encauzarla, dejándose dominar por ella. Lo primero en el obrar humano es el acto instintivo, sensible, pero acto seguido es la razón la que debe intervenir y después la voluntad para decidir, y luego, a la obra.

Actuar sólo instintivamente es actuar como animal. En esta línea, lleva buena dosis de razón Pascal cuando afirma: *"El corazón tiene razones que la razón ignora: se sabe en mil cosas"*.[165] Tampoco esto significa que es propio del corazón (afectos y emociones) acallar la razón e ir por libre. Debe

---

[164]   p. 500, n. 15
[165]   p. 371, n. 10

procurarse o intentar que ambas partes coincidan (la razón y el corazón), y cada cual desempeñe el papel que le corresponde, sin excesos, porque de otra manera, la persona actuará más por la sensibilidad (irracional) que por motivos razonables y sin voluntad firme. Por lo mismo, hay que decir que no al puro racionalismo y al voluntarismo, como evitar también el sentimentalismo. Ambas actitudes tienen su propia tarea propia, que han de efectuarla sin interferencias o influencias negativas, perniciosas, sin detrimento de la persona misma, aunque no siempre es fácil. Muy complejo es el ser humano, y la vida, otro tanto.

XIV.
MULTICULTURALISMO.

1. Mundo y progreso

"*El mundo de los felices es distinto del mundo de los infelices*".[166] ¿Quién, leyendo estas palabras de Wittgenstein, no le concederá la razón? Aunque más estrictamente no es que exista un "mundo feliz" (al estilo de A. Huxley), y otro infeliz, sino que las personas somos felices o infelices en esta vida. Pero qué duda cabe que todos influimos positiva o negativamente en la felicidad de otros, como los demás también tienen ingerencia en nuestras vidas, y por tanto en nuestra felicidad o nuestra desdicha. Cierto es que no fácil definir lo que sea la felicidad o entenderla del todo, y quizá más difícil todavía conseguirla, pero mientras la experimentamos de diversas maneras, es igualmente cierto que también conocemos la infelicidad: las conocemos en modos y medidas diferentes. A pesar de todo, una cosa está clara: todos formamos parte de la dicha o la infelicidad nuestra y de los demás.

---

[166] p. 512, n. 1

Ahora, lo realmente importante para ser dichosos, entre otras cosas, y tal es nuestra condición, que un ingrediente imprescindible es hacer felices a los demás. La felicidad en solitario es un espejismo, mientras que hacer dichosos a otros, es también causa de la propia felicidad. Debe haber una cooperación al modo de los vasos comunicantes: cooperando en la felicidad ajena, espiritual y materialmente, atendiendo a la totalidad de la persona, no sólo a un aspecto de ella, y tampoco considerando únicamente el momento, el lugar o aquellas cosas que les resulten temporalmente agradables, lo mismo para nosotros que para los demás. Procurar de intento la desdicha de otros es síntoma de anormalidad, y no hace feliz a nadie, aunque lo aparenten. Lo que hoy llamamos "globalización" no es un obstáculo como tampoco es "la panacea"; es y debe ser un instrumento eficaz para conseguir la paz, el bienestar y la felicidad de los hombres, sin exclusivismos ni preferencias, etc. hasta cierto punto nuestra felicidad depende de los otros y viceversa. "No hagas a otros lo que no quieras para ti". (Más gana el que da que el que recibe).

El progreso de las personas y de los pueblos, actualmente se ve comprometido por la globalización y las migraciones a zonas más desarrolladas, lo que supone en parte un intercambio querido o permitido si no es que tolerado, en lo cultural, racial, económico y aún religioso, por mencionar algunos de sus elementos. Pero este progreso no puede limitarse sólo a mejorar la parte material del hombre, sino que ha de alcanzar también su parte espiritual. En asunto tan importante, decía atinadamente el filósofo español M. García Morente: *"El progreso es la realización del reino de los valores por el esfuerzo humano".*[167] El progreso ha de traducirse

---

[167] p. 176, n. 11

siempre en una mejora o superación integral de la persona humana, que la abarque por completo no sólo parcialmente, pues sería entonces un avance, sí, de carácter científico, técnico, artístico o político, económico, etc., bueno además, pero estaría beneficiando unilateralmente a la persona; sería un progreso parcial, por grande que fuese. No se puede afirmar, por ejemplo, que la "globalización" es buena o es mala, es necesario matizar, y sobre todo, ponerla en práctica buscando el beneficio o progreso de ambas partes, pues así podrán juzgarse mejor los resultados, aunque la parte teórica o de principios, generalmente es previa a la puesta en marcha. Pero ese modo de proceder no impide hacer una nueva valoración a la fecha. *Nunca hay que vender la piel del oso antes de haberlo cazado"*,[168] aconsejaba J. de la Fontaine, con una lógica aplastante.

La presunción, como los prejuicios, suelen estar a la orden del día, y rara es la persona que está "satisfecha" del todo o con todo; casi siempre hay uno o varios "pero"... El mejor negocio es aquel en el que las dos partes salen ganando. Por lo mismo no debe anticiparse sin más, la afirmación de que la *globalización*, será todo un éxito, "con cero errores"...; como tampoco de antemano se debe rechazar por incompleta, algún "pero" o por un error que tuviese, cosa que puede corregirse, pues nada hay perfecto en esta vida. Hay que decir, antes de terminar este asunto: que el oso debe ser real y el modo de cazarlo dependen del oso y del cazador.

El hombre, ser inteligente por naturaleza, es capaz de lograr mil cosas, y al mismo tiempo conseguirlas de mil maneras diferentes. A pesar deque los objetivos o metas señalados suponen una inversión variable de recursos: desde dinero, tiempo, programas, acuerdos, personal capacitado,

---

[168] p. 269, n. 7

etc., según el asunto de que se trate. No es lo mismo fabricar aviones que fabricar zapatos, que hacer productivo un vivero o construir un hotel, crear y hacer funcionar una universidad o un hospital, etc. Por esto y más cosas, es importante que existan o que produzcan una relación más estrecha entre los participantes, pero sin beneficios exclusivamente particulares sino sobre todo "globales", por ejemplo: para las relaciones entre diversas culturas, entendiendo por cultura: el conjunto de actitudes, símbolos y valores expresados en conductas, mismas que implican una manera de adaptación al medio natural y social en la cual se desenvuelve la persona, a la vez que adapta el medio natural a sus necesidades.

No pueden ser las cosas de otra manera, pues el hombre es el único ser en este planeta que no solamente se adapta al medio, sino que es capaz de modificarlo para su beneficio, como también por desgracia, puede deformarlo hasta llegar a destruirlo o desequilibrarlo..., asunto que incluye en buena medida su propio modo de subsistencia o de vida, si así se quiere ver. *"Vivir es constantemente decidir lo que vamos a hacer"*. Estas palabras son una invitación a la acción constante, diaria, estas palabras del filósofo Ortega y Gasset.[169] Hay que poner manos a la obra, particularmente quienes más responsabilidad tienen, y quienes disponen de mayores recursos personal o colectivamente, desde las asociaciones benéficas y humanitarias como las ONG, como instituciones nacionales y multinacionales, para las cuales los planes y programas deben convertirse en hechos pasando del papel a la realidad, mejor aún, trasformándola.

---

[169] p. 357, n. 15

2. Individuo y sociedad

Está de más repetir que el hombre es un animal social, animal de costumbres, etc., pero es también un ser "cultural", que ha de mirar por su mejoramiento y superación, consciente como individuo y como miembro de una sociedad, cosa que supone señalarse al menos unos objetivos o metas a conseguir, y antes que esto, "cultivarse". Conocer y usar los propios talentos. Ya he hemos visto que el hombre no es un ser acabado o terminado cuando nace, sino que es preciso madurar en un mínimo de condiciones dignas y favorables a su desarrollo armónico, tanto en lo material como en lo espiritual. El hombre no solamente necesita pan, también tiene hambre y sed de cultura, de amor, de paz, de justicia...El pan nutre el cuerpo, pero el amor y la sabiduría alimentan el espíritu. Puede superarse a sí mismo: confrontándose con el medio natural en el que busca hacerse un lugar acorde a sus necesidades y aspiraciones, y, de otra parte, esforzándose en la superación propia sin conformarse con lo que hasta el momento ha conseguido.

La superación personal es más que nada el cultivo de sí mismo, mientras que parece más propio llamar civilización al dominio y mejora de la naturaleza o medio ambiente, lo que "hace" el hombre "culto". De este modo, pueden señalarse como más propios de la cultura: a) el carácter conceptual de los bienes que la integran (transmitidos y expresados de forma oral o escrita); b) su índole social, poseída más por grupos y colectividades que por individuos; c) su naturaleza dinámica: cambios, variaciones y desarrollo, ya que la cultura no es algo fijo sino dinámico y también perdurable y continuo, por lo que comprende la historia. Y entre los valores propios de la cultura están los valores religiosos. En fin, la cultura es algo sumamente parecido a la educación o formación humana.

Por lo mismo, debemos también distinguir entre cultura como tarea (cultivo) y como rendimiento, pues las obras culturales son como el testimonio que resulta de ese esfuerzo por cultivar lo más humano del hombre mismo, su espíritu.

Es lógico y comprensible que existan culturas diversas, pues no podemos olvidar que finalmente, el desarrollo humano cuenta con un recurso del que los irracionales carecen por su misma constitución y es la inteligencia, motivo de sobra por el cual no hacen ni poseen cultura o civilización alguna; mientras que el hombre un ser abierto a todo, en los dos ámbitos de los elementos que constituyen su naturaleza: la materia y el espíritu.

Además, esa diferencia esencial tiene, entre otros factores, los siguientes: a) contextos físicos y geográficos diferentes, que en cierta medida le obligan a dominarlos apoyándose también en la técnica, dando por resultado un tipo de civilización; b) las diferentes lenguas o idiomas, que contienen un universo conceptual y variedad de matices que le distinguen de otras comunidades; c) cultos religiosos diferentes, dato comprobado por la antropología y la arqueología, etc., que regularmente también permite diferenciar unas determinadas culturas. Los valores religiosos o la misma religión no ha de quedar únicamente a nivel de la conciencia de cada persona, y para sopesarla cuando menos un poco, la inmensa mayoría de las personas que forman un país o nación, pertenecen a una sociedad religiosa, y quiérase o no, las comunidades religiosas influyen también el desarrollo de las personas y las comunidades, sean etnias o sean naciones, por ello debe reconocerse el derecho a practicarla libremente, sin pretender a la vez o suprimirla o imponerla, cualquiera que sea, porque son parte del "modo de ser" de la persona humana.

Es un tanto extraño e incomprensible, tomar una actitud semejante a la que señala el brillante escritor contemporáneo, García Márquez en una de sus obras: *"Me desconcierta tanto pensar que Dios existe, como pensar que no existe. Entonces prefiero no pensar en eso".*[170] (No es inteligente la actitud de esconder la cabeza en un agujero en la tierra, como hace el avestruz frente a las dificultades). Si alguien tiene miedo pensar en Dios, o quizá le parezca que pierde el tiempo, ha de superar ambas posturas; además, debe "pensar en el prójimo" y ocuparse de él. Todos nos debemos unos a otros, aunque, al decir de Virgilio en una de sus églogas: *"No todos somos capaces de todo".*[171] A esto, sólo añadiríamos que si somos capaces de dar algo, hemos de darlo, aunque sea poco, y si no podemos dar algo, démonos nosotros mismos, que todavía es más valioso y podemos hacerlo. Una sentencia que parece paradójica, expresa una realidad difícil de aceptar paro fácil de entender: "nadie hay tan rico que no necesite nada, ni existe alguien tan pobre que no pueda dar nada".

Ante esta variedad de elementos, parecería que no hay unidad, justamente por sus diferencias, pero muchas veces en la variedad se encuentra una cierta unidad, pues como dijimos arriba, esos tres elementos son ingredientes que se presentan en toda cultura, sea cual fuese su identidad. Más todavía: la variedad y multiplicidad de culturas pone en evidencia que, el ser humano no obra únicamente por instinto y tampoco por mera por costumbre, pues ha creado y dispone también de la técnica, la ciencia, el arte, la religión, la economía, la política, la milicia, etc. De otra parte, la persona nunca parte de "cero" para su educación o formación, pues pertenece a una familia, y ésta a una colectividad mayor o menor y de una cierta antigüedad, con un bagaje histórico, y lo que éste supone...

---

[170] p. 175, n. 5
[171] p. 501, n. 7

Un modo de entender la "globalización" es la integración de los dos hemisferios de nuestro planeta. La verdad es que siempre han estado allí, y fue hasta hace uno siglos que uno tuvo noticia del otro. Se han encontrado y mezclado varias culturas o civilizaciones, pero la raza humana es una, y hemos de respetar dentro de lo común e igual, la variedad y diversidad. No debe procurarse "unificar" en detrimento de la legítima variedad y diversidad, ni reclamar y defender a ultranza lo particular en perjuicio de la "comunidad" de la familia humana.

3. Relativismo cultural

Hay, sin embargo, un riesgo: el "relativismo cultural". Es comprensible mas no justificable, debido a la propensión frecuente y generalizada de pensar que, debe concederse un mayor valor a la propia cultura y civilización frente a las demás, dándose una especie de rivalidad o competencia que a veces degenera en enemistad entre comunidades y pueblos. Esto no significa que deban "igualarse" culturas, civilizaciones e individuos, sino que es justo y saludable respetar las diferencias naturales en los diversos ámbitos de las culturas (y personas), reconociendo que algunas de ellas son superiores en algunos aspectos pero en otros no. Una cosa es la objetividad y otra la relatividad. La persona humana tiene por sí misma, no por concesión o excepción, el mismo valor una que otra, sin importar el color, la lengua, el credo, sexo, nacionalidad, etc., aún tratándose de gente "discapacitada" o "incapacitada".

Todos los hombres, tenemos la misma naturaleza, nuestra constitución como personas es la misma, así por ejemplo: no es "mejor" quien tiene los ojos azules o verdes, marrones, claros u oscuros; tiene el pelo negro o rubio, o; quien supera los 1.80 m. de altura de manera similar son menos quienes exceden los 90 kg., de peso... Estas son características son secundarias y de escasa importancia, no son ellas las que hacen al hombre, incluso siendo ocasionalmente aspectos que merecen ser valorados, pero es que no hay diferencia trascendental (esencial) entre determinadas características o cualidades, como existe entre una "persona" y "algo" que no lo es.

Las culturas pueden igualmente influirse, como ocurre entre los individuos. Se relacionan de muchas veces por motivos económicos o políticos e incluso geográficos (como la vecindad), lingüísticos, estratégicos, etc. Lo mismo puede ocurrir para compartir bienes o valores de carácter espiritual y cultural de mayor categoría, que no se consumen sino que se comparten, entre los que se pueden encontrar, por ejemplo: la filosofía, el arte, la técnica, la ciencia, la religión, etc. que no se agotan. *"No está roto Dios, ni el campo que El ha creado: lo que está roto es el hombre que no ve a Dios en su campo"*.[172] Estas palabras tan sugerentes, son parte de una poesía de Emilio Prados, que nos ponen ante esa dificultad que muchos tienen para "ver" a Dios, lo mismo en lo ordinario que en lo extraordinario, y que en todo caso, quien está roto, es el hombre no Dios: es el vaso, la jarra, la cantimplora, el cubo o el cántaro, la cisterna en que el hombre guarda y transporta el agua que necesita beber para vivir, está perforada o agrietada, tiene alguna fisura por donde poco a poco o mucho a mucho se va vaciando... La historia abunda en ejemplos positivos y negativos, y nada bueno acarrean los odios, discriminaciones, rencillas, desquites o venganzas, etc., sino todo lo contrario. La hermandad auténtica supera todas las barreras.

---

[172] p. 509, n.4

La "globalización", a la que por sus múltiples y variados efectos y defectos, alguien se refirió a ella considerando al mundo acertadamente, como *"nuestra pequeña aldea"*, tomando en consideración la todavía inagotable capacidad y posibilidad de intercomunicación, intercambio de ideas, emociones, sentimientos, acontecimientos, intereses, asuntos y negocios de índole diversa, así como la influencia que de hecho ya existe entre las personas y los pueblos de todo el orbe, debido en gran medida a tantos instrumentos e inventos fabricados por manos humanas, muchos de ellos apneas imaginables, y los que aún está por descubrir... Es necesario y de suma importancia, preparar las actuales y futuras generaciones para aprovechar todos estos medios en beneficio de la familia humana, para no dejar marginados miles y millones de personas en zonas más o menos grandes del "globo terráqueo".

Las ciencias como la técnica han de ponerse al servicio del hombre y no el hombre al servicio de ellas. En la carrera del progreso humano, no han de competir unos hombres (pueblos) contra otros, intentando que los rezagados sean cada vez los menos y no la mayoría. Se ha de combatir el hambre, la enfermedad, la ignorancia, declarar la paz a la guerra, estrechar lazos, fortalecer la amistad, practicar la justicia y levantar al caído en vez de abandonarlo o hundirlo más. Nada peor que medrar con la miseria e invalidez de los marginados: "nadie" y "todos", son rostros humanos.

Es innoble y falta de justicia y honestidad, una actitud, de cualquier persona, grupo o sociedad, de cualquier índole, que so pretexto de la "globalización", intente adquirir poder, ventaja, ganar, vencer, obtener un beneficio o utilidad, sirviéndose de la condición de los "desprotegidos", sean pocos o muchos. Más humano y justo es contemplar esas circunstancias o posibilidades, como una "oportunidad" u "ocasión" de ayudar y servir, poniendo en segundo o tercer plano, el provecho personal o colectivo, que también es legítimo procurar, dentro de un marco jurídico justo sin menosprecio de la moral o ética. No se tratará habitualmente de situaciones extremas ni excesivamente comprometedoras o arriesgadas y peligrosas, pero es un hecho que todos estamos continuamente tomando decisiones de todo tipo, y si nos equivocamos, estamos obligados a rectificar, pero no podemos estar "esperando" a que "hagan algo los demás", porque "los demás" somos "tú y yo".

Dice Luis Vives en su obra *De Concordia*: *"Esto quiere, esto manda Dios, que el hombre ame al hombre por el mismo hecho de ser hombre; que no atienda a su naturaleza ni condición, sino a la humanidad y a Dios"*.[173] Por lo demás, la caridad cristiana no está reñida con un "humanismo" auténtico que no discrimina en forma alguna, muy diferente de un "humanitarismo" que toma "la parte por el todo", que acaba por someter al hombre a moldes e ideas o clichés preconcebidos, en vez de hacer los moldes y clichés (cuando sean necesarios) a la medida humana. Tampoco es difícil ver y valorar las cosas desde la altura del propio hombre, desde una perspectiva individual y parcial, que se puede traducirse resumidamente: desde el hombre, por el hombre y para el hombre. La auténtica mirada humana ha de sobrepasar la medida esta medida, que busca en derredor o en el mismo hombre la explicación última y definitiva de todo, cosa que no conseguirá mientras no levante los ojos al cielo, porque por encima del horizonte que hacen la tierra o la mar, es arriba donde brillan el sol y las estrellas...

En el Siglo de oro español, el conocido literato D. de Saavedra Fajardo, advertía: *"Críticos hay para todos"*.[174]

---

[173] p. 501, n. 12
[174] p. 429, n. 9

Parecería una afirmación exagerada o superada hoy en día por la "tolerancia", y porque se han salvado ya muchas barreras y han caído algunos "muros"... No es así. Los hombres somos esencialmente iguales, pero unos más parecidos a otros, por muy diversos motivos, desde el color de la piel o la edad, hasta por vicio y defectos o cualidades y gustos, etc. Más fácil es criticar que alabar, y también más fácil es destruir que construir. Sin pretender justificar los yerros, no bastan las buenas intenciones, pero mejor es el que se afana en hacer algo bueno aunque no lo consiga, que aquel que se queda en los puros deseos y peor quien nada bueno intenta, aunque en cada caso sean diferentes los resultados. "*Errare, humanum est*" (es de humanos errar). No se equivoca ni yerra quien no actúa ni piensa. El que nada hace, hace nada. No faltarán las críticas de quienes piensan, alguna vez con razón o motivos suficientes, que aquello que hacen los demás está mal hecho, o están equivocados, y en cambio ellos "harían" mejor las cosas, con más acierto...; pero en realidad nada hacen, sólo piensan y dicen. Terminemos con un comentario entre Sancho y el Quijote: "—Señor, los perros nos ladran. —Señal que caminamos, Sancho".

Es una obra de carácter antropológico en la que el autor expone de manera resumida, el pensamiento y algunas posturas que han tomado connotados hombres de diferentes épocas y culturas, principalmente de la ciencia y de la filosofía. Al mismo tiempo hace referencia a los diferentes modos de conocimiento humano, mismas que le permiten adoptar diferentes actitudes respecto de su persona, de la sociedad y del mundo. A la vez que se propone resaltar las características o elementos que integran y definitorios de la persona humana. De modo particular subraya la existencia de un elemento espiritual, imprescindible, constitutivo del hombre.